GUERRES INVISIBLES

Du même auteur

L'Affolement du monde. 10 enjeux géopolitiques, Paris, Tallandier, 2019 ; « Texto », 2020 (prix Louis Marin, prix du livre géopolitique).

Notre intérêt national. Quelle politique étrangère pour la France ?, codirigé avec Thierry de Montbrial, Paris, Odile Jacob, 2017.

Le Retour du risque géopolitique. Le triangle stratégique Russie, Chine, États-Unis, Paris, Institut de l'entreprise/Ifri, 2016.

Russian Energy Security and Foreign Policy, codirigé avec Adrian Dellecker, Londres, Routledge, 2011.

Russian Civil-Military Relations. Putin's Legacy, Washington, Carnegie Endowment for International Peace, 2008.

Double détente. Les relations franco-soviétiques de 1958 à 1964, Paris, Publications de la Sorbonne, 2003 (prix Jean-Baptiste Duroselle).

Un lycée dans la tourmente. Jean-Baptiste Say (1934-1944), dirigé par Jean-Pierre Levert, avec Alexis Merville, Paris, Calmann-Lévy, 1994.

THOMAS GOMART

GUERRES INVISIBLES

Nos prochains défis géopolitiques

TEXTO

Texto est une collection des éditions Tallandier

48, rue du Faubourg-Montmartre – 75009 Paris
www.tallandier.com

À Alain Gomart (1938-2020),
en souvenir du 8 novembre 2019.

Prologue

Mon père a eu vingt ans dans les Aurès ; j'ai fêté les miens sur la montagne Sainte-Geneviève. Engagé volontaire, il a servi quarante-deux mois en Algérie comme officier de réserve en situation d'activité à l'âge où je suivais des études d'histoire le cœur léger. Comparant nos départs dans la vie, j'y trouve un antidote personnel au « c'était mieux avant » qui encombre les nostalgiques, sans croire un seul instant au « ce sera mieux après » qui rassure les inquiets. Chaque époque est confrontée à « la même somme de bien » et à « la même somme de mal », qui « ne font que parcourir les divers lieux, les diverses contrées[1] », disait Machiavel (1469-1527). La nôtre n'est ni pire ni meilleure que les précédentes : le degré d'exposition de chacun à la violence politique dépend de la *virtù* et de la fortune du groupe auquel il appartient*.

Les liens entre générations tissent une culture stratégique à partir de laquelle chaque État construit une

* Chez Machiavel, la *virtù* correspond à l'habileté politique, c'est-à-dire la capacité à atteindre ses fins. La fortune correspond aux circonstances.

vision du monde enracinée dans sa situation géographique et ses expériences historiques. S'il affiche volontiers ses préférences, il dévoile rarement ses intentions. À mes yeux, l'analyse géopolitique doit expliquer les premières et révéler les secondes dans un même effort. C'est l'objectif poursuivi par cet essai : rendre visibles les mécanismes invisibles de la compétition des puissances. *Guerres invisibles* peut se lire comme une sorte de réponse à *La Guerre hors limites* (1999) de Qiao Liang et Wang Xiangsui. Ces deux officiers chinois y listaient vingt-quatre formes de guerre* et demandaient : « Une seule attaque de hacker compte-t-elle pour un acte hostile ? L'emploi d'instruments financiers pour détruire l'économie d'un pays peut-il être considéré comme une bataille ? », avant d'écrire que « toutes ces actions non guerrières pourraient être les nouveaux facteurs constitutifs des guerres futures[2] ». Nous y sommes.

Les théâtres d'opérations

Vingt ans après la parution de ce livre, la Chine a ravi à l'Union européenne (UE) sa place de numéro 2 sur la scène internationale, tout en continuant à convoiter celle de numéro 1. Cela s'explique par sa propre détermination, le comportement erratique des États-Unis et la naïveté des Européens, qui ont fini par croire leur propre discours sur la mondialisation, présentée comme une

* Voir le tableau, p. 29.

interdépendance irréversible entre sociétés. Or, la mondialisation, c'est aussi la compétition à laquelle se livrent les puissances de jour comme de nuit. Celle-ci prend actuellement une tournure cognitive avec le contrôle des cerveaux pour finalité principale. À l'échelle globale, les modèles de gouvernement, de consommation et de comportement sont mis en concurrence par une transformation intentionnelle, la propagation technologique, et par une transformation non intentionnelle, la dégradation environnementale.

En effet, ces deux lignes, sur lesquelles se joueront les rivalités stratégiques, les activités économiques, les mutations politiques et sociales, convergent à l'horizon. Les dépendances géopolitiques seront déplacées par les contraintes environnementales, démographiques, sanitaires ou technologiques. Logiquement, les rivalités géoéconomiques, définies comme le recours aux outils économiques pour promouvoir et défendre les intérêts nationaux, gagneront en intensité[3]. À horizon de cinq ans, on comptera 150 milliards de terminaux numériques, vingt fois plus que d'humains, dont un milliard de caméras de vidéosurveillance, avec une température moyenne en hausse et une biodiversité globale en baisse. La crise de la Covid-19 accélère la bascule de l'économie mondiale au bénéfice des plateformes numériques. Elle accélère aussi une recomposition de la hiérarchie des puissances au détriment des nations incapables de s'adapter à ce nouvel environnement technologique.

En Europe, nous n'avons pas encore suffisamment identifié les affrontements invisibles en cours susceptibles d'affecter directement notre positionnement international. En France, nous préférons les questions sociétales aux relations internationales, alors que nous devrions les relier pour débattre de la reconfiguration à l'œuvre du système mondial, et de la manière d'y prendre part. Notre vie publique reste scandée par les échéances présidentielles – 2022, 2027, 2032 – en raison des institutions de la Ve République dont la matrice politico-militaire semble de plus en plus ignorée.

Deux choses me frappent à la veille des prochaines élections. En premier lieu, nos discussions sur la mondialisation se détournent délibérément des intentions stratégiques – au sens militaire du terme – des acteurs non européens, comme s'ils étaient ralliés à notre vision de l'Histoire. Nous faisons encore comme si tout le monde voulait adopter notre mode de vie. En second lieu, nous répugnons à admettre que la politique internationale est un rapport de force avant d'être un débat d'idées. Dans la compétition cognitive, l'impact des modèles dépend moins de leur pertinence que du poids de celui qui les impose. Ce n'est pas à coups de « déconstruction » intellectuelle que nous allons faire face à nos prochains défis géopolitiques et géoéconomiques, mais en cultivant nos capacités de discernement, d'imagination et d'action.

La Covid-19 : point de bascule entre Occident et Orient

Lorsque le 31 décembre 2019, le bureau de l'Organisation mondiale de la santé (OMS) à Pékin a été avisé de l'épidémie de coronavirus à Wuhan, très rares étaient ceux capables d'en prévoir les conséquences stratégiques. Crise sanitaire dans ses causes et technologique dans ses effets, cette pandémie a provoqué un court-circuit durable de la mondialisation avec le confinement généralisé de milliards d'individus n'ayant jamais été aussi connectés. Elle a rappelé que « les vivants se tiennent biologiquement » comme l'enseignait Pierre Teilhard de Chardin (1881-1955). En positif, elle a marqué une étape supplémentaire dans la prise de conscience de l'unité du monde. En négatif, elle a catalysé des tensions latentes, potentiellement explosives. Deux caractéristiques la singularisent. La première est le décalage entre le nombre de victimes – en comparaison d'épisodes antérieurs comme la grippe espagnole – et l'ampleur des mesures adoptées par les autorités publiques à travers le monde. La seconde est la combinaison nécessaire à trouver entre la matérialité des moyens utilisés (lits d'hôpitaux, masques, tests…) et l'immatérialité des moyens mobilisés (plateformes, médias, applications numériques…) pour la juguler sur les plans sanitaire, politique et économique.

La Covid-19 modifie les équilibres entre Asie et Occident, mais surtout scelle la rupture entre la Chine et les États-Unis. C'est un cycle de quarante ans qui se referme, modifiant ainsi la nature même de la mondialisation. Le néolibéralisme de Ronald Reagan (1911-2004), importé en Europe par Margaret Thatcher (1925-2013), s'est traduit par la dérégulation et la financiarisation des économies avancées. Sa portée mondiale ne peut se comprendre sans les réformes structurelles lancées par Deng Xiaoping (1904-1997) pour ouvrir l'économie de la Chine au monde. Cette complémentarité sino-américaine, qui se met en place à la fin des années 1970, intervient sur fond de rivalité soviéto-américaine, dans un contexte stratégique marqué par la révolution islamiste en Iran, l'intervention soviétique en Afghanistan et la crise des euromissiles.

Au cours de ces quatre décennies s'est opéré un formidable transfert industriel et technologique des États-Unis, d'Europe et du Japon vers la Chine, transfert permettant désormais à Pékin de contester ouvertement la suprématie de Washington : « Les États-Unis impriment des dollars américains pour acheter des produits du monde entier, et le monde entier travaille pour les États-Unis. Tout cela est très bien. Mais en cas d'épidémie ou de guerre, un pays sans industrie manufacturière peut-il être considéré comme un pays puissant ? » se demandait ingénument, en mai 2020, le général Qiao Liang, vingt ans après *La Guerre hors limites*[4].

En créant des opportunités stratégiques, la pandémie peut s'interpréter dans cette optique. La réaction américaine a mis en lumière le degré de désorganisation de l'administration fédérale. Pendant quatre ans, le monde s'est beaucoup focalisé sur Donald Trump et ses outrances sans forcément voir la centralité que les États-Unis conservent dans le système international. L'élection de Joe Biden a montré à quel point ils demeuraient polarisés politiquement. Si le style diplomatique de Joe Biden n'est pas provocateur, il n'en demeure pas moins que ses choix révèlent un fort unilatéralisme. Les fondamentaux de la puissance américaine ne changent nullement, tout comme sa capacité à imposer ses choix. La déroute de Kaboul (août 2021) a été suivie par l'annonce surprise d'une alliance avec le Royaume-Uni et l'Australie (Aukus) contre la Chine. Cette dernière est clairement désignée comme la menace principale : parallèlement, Joe Biden envoie des messages de soutien à Taïwan. Les États-Unis comptent enrayer le « blitzkrieg technologique » lancé par la Chine pour maintenir leur suprématie. Utilisée par le procureur général William Barr début 2020, cette expression traduit la manière dont Washington voit le déploiement de la 5G comme un des multiples enjeux d'une bataille technologique décisive pour acquérir la supériorité militaire et économique : l'une n'allant pas sans l'autre.

Plus fondamentalement, la crise de la Covid-19 renvoie à des dynamiques de civilisation. Elle accélère la désoccidentalisation de la politique internationale et met en lumière les différences de conception de la mondialisation actuelle. Les Européens, et les Français en particulier, peinent à saisir leur provincialisation car leur rapport à la mondialisation post-1979 s'est principalement fondé sur la construction européenne et le lien transatlantique, qui sont l'une et l'autre en crise profonde. Pour eux, mondialisation rimait avec occidentalisation, mais la portée universelle de cette dernière fait désormais l'objet de multiples récusations.

L'essayiste indien Pankaj Mishra souligne que, pour l'Europe et les États-Unis, l'histoire du XXe siècle se définit avant tout par les deux guerres mondiales, alors que pour la majorité de la population non occidentale, elle se lit surtout à travers l'éveil politique de l'Asie[5]. Depuis des années, un courant promeut les « valeurs asiatiques ». Le diplomate singapourien Kishore Mahbubani en est un des porte-parole emblématiques : victime de son *hubris*, l'Occident n'aurait pas conscience de la vitesse à laquelle se réduirait son pouvoir global et continuerait à se comporter comme s'il était encore tout-puissant. Kishore Mahbubani considère comme « une des absurdités manifestes de notre époque » la présence du Royaume-Uni et de la France comme membres permanents du Conseil de sécurité de l'ONU. Selon lui, en 2045, date de son centenaire, le premier devrait avoir cédé son siège à l'Inde et la seconde à l'UE au risque de voir le Conseil perdre toute crédibilité[6].

L'essayiste singapourien Parag Khanna voit, quant à lui, le retour de l'Asie « dans le cockpit de l'Histoire comme une destinée naturelle » avec pour ambition non pas de remplacer l'Occident, mais de le façonner comme il l'a façonnée[7]. De son côté, la Chine se prépare résolument à s'emparer du leadership mondial. Pour Yan Xuetong, professeur à l'université Tsinghua de Pékin, cette prise de contrôle est possible dès que la puissance ascendante se révèle « plus capable et efficace » que la puissance dominante. Premier pas vers l'« autorité internationale », la « crédibilité stratégique » s'acquiert par des « actions morales » en fonction de valeurs communes de l'humanité[8]. On comprend, dès lors, l'importance de tous les moyens diplomatiques et médiatiques mobilisés par les autorités chinoises pour apparaître comme les plus efficientes : sur le plan intérieur, Xi Jinping met au pas la Big Tech pour obliger à des formes de redistribution de la richesse, alors que sur le plan extérieur, il se nourrit d'un nationalisme dur. La pression militaire exercée sur Taïwan tourne à la guerre psychologique.

L'efficacité de la réponse à la pandémie prêtée à Taïwan, à la Corée ou à Singapour est souvent associée aux « valeurs asiatiques » qui, pour simplifier à l'extrême, privilégient le groupe à l'individu. Elles ont été notamment théorisées par Lee Kuan Yew (1923-2015), ancien Premier ministre de Singapour, selon lequel l'Occident a transformé l'idée d'inviolabilité des droits individuels en dogme absolu, au détriment de la famille qui demeure la base de l'organisation sociale et à laquelle le gouvernement n'a pas vocation à se substituer. Le modèle de Singapour a directement inspiré Deng Xiaoping. Au-delà des performances économiques, du culte affiché de la méritocratie, et de l'éthique confucéenne, les autorités chinoises en ont surtout retenu la spectaculaire expansion économique, sans démocratisation politique. En revendiquant sans cesse le droit légitime au développement économique du peuple chinois, l'objectif ultime du Parti communiste chinois (PCC) reste de se maintenir au pouvoir envers et contre tout. Pour ce faire, il produit une idéologie qui n'est plus simplement destinée à la population chinoise. De toutes les grandes puissances, la Chine est celle dont le corpus idéologique a le moins changé entre la période de la guerre froide et l'après-guerre froide en dépit de sa spectaculaire modernisation économique[9].

La Covid-19 a opéré un double renversement de perspective. D'une part, c'est moins la question de l'inoculation des « valeurs universelles » en Orient que celle des « valeurs asiatiques » en Occident, par voie technologique, qui se pose désormais. De l'autre, à la question du leadership des États-Unis dans le monde s'ajoute celle de leur réponse aux ambitions chinoises. Vecteurs de contrôle et d'individualisation extrêmes, les technologies de l'information et de la communication (TIC) entraîne un glissement vers un « capitalisme de surveillance[10] » dans le cadre d'une confrontation sino-américaine hors limites. La crise sanitaire révèle la force de gouverner des entités souveraines en les confrontant au vieux dilemme entre efficacité et dignité.

Un monde sans autorité morale

Sur la scène internationale, il n'existe plus d'autorité morale capable d'imposer un ordre. En raison de leurs comportements respectifs, ni les États-Unis ni la Chine ne peuvent y prétendre. Profondément tiraillé, le reste du monde ne parvient pas, non plus, à s'incarner en autorité morale. Les Européens y aspirent confusément en faisant des droits de l'homme et de la protection des biens communs leurs étendards, mais sans convaincre. Reflets des innombrables liens invisibles, des initiatives prolifèrent en matière de coopération en tous genres, mais elles se heurtent à cette réalité cognitive paradoxale : notre pouvoir de transformation excède largement notre pouvoir d'anticipation. La technologie ne pense pas, elle façonne.

Trois constats traversent en filigrane les huit chapitres de cet essai. En premier lieu, les contraintes environnementales qui s'exercent sur le système-Terre sont devenues le cadre de tout effort d'anticipation. Si absurde que cela puisse paraître à certains, son contour est toujours dessiné par les rapports de puissance. En effet, la rivalité sino-américaine se joue sur fond de dégradation environnementale et de propagation technologique. Cela signifie que Washington et Pékin subordonnent leurs politiques climatique et numérique respectives à leur bras de fer stratégique. À l'heure actuelle, la question pour eux n'est pas de protéger les biens communs sur un pied d'égalité avec les autres, mais de prendre l'ascendant sur l'autre pour obtenir une suprématie, à partir de laquelle la gestion des biens communs sera organisée. Pas plus la Chine que les États-Unis ne parviennent à tirer une légitimité morale de la protection de l'environnement : la « civilisation écologique » promue par la première implique une complète mise sous tutelle individuelle par la technologie ; le déni climatique de l'administration Trump s'enracine dans le rapport à la nature entretenu par le Nouveau Monde depuis les Lumières : un potentiel à exploiter sans limites.

En deuxième lieu, le système international repose sur un emboîtement complexe de souverainetés et de juridictions. La Chine et les États-Unis, comme les autres puissances, cherchent à contrôler les nœuds névralgiques du système, c'est-à-dire les seuils à travers lesquels passe la coopération et s'exerce la coercition. À l'image des détroits pour la navigation maritime, ces points relient les « espaces communs ». Mer, air, espace exo-atmosphérique et « datasphère[11] » les constituent : les trois premiers correspondent à des milieux physiques distincts, alors que la quatrième les innerve, tout en se territorialisant à son tour. La supériorité repose sur le contrôle simultané d'un plus grand nombre de nœuds névralgiques que l'adversaire, et par un discours sur le monde servant de référence aux autres.

En dernier lieu, l'enchâssement de la rivalité sino-américaine dans la dégradation environnementale et la propagation technologique ne fige pas le système international, comme la rivalité soviéto-américaine avait pu le faire pendant la guerre froide, mais il dessine une mosaïque qui fluctue sans cesse. La polarisation entre les États-Unis et la Chine mobilise leurs forces respectives et, ce faisant, libère d'autres énergies, à la fois créatrices et destructives. Sur le plan militaire s'observent les ambitions de puissances comme la Russie ou la Turquie ainsi que celles de groupes armés comme Boko Haram, nés dans l'affaissement de structures étatiques. Sur le plan économique, la capacité de mobilisation de très grandes entreprises excède largement celle d'États. Au regard de l'histoire du capitalisme, puissance et richesse vont de pair : États, entreprises et individus s'organisent, ou plutôt sont organisés, pour capter les richesses du monde. Et se les accaparer en toute inégalité.

Retour aux sources

« Quelles sont vos intentions, jeune homme ? » Il n'y a pas si longtemps, l'amoureux transi était ainsi accueilli par ses futurs beaux-parents. En géopolitique comme en géoéconomie, on aimerait poser la question à des décideurs sans trop d'illusions sur la sincérité de leur réponse. Il n'empêche, percer les intentions cachées des différents protagonistes est au cœur du travail d'analyse et de prévision.

Indirectement, cet essai reflète de nombreuses discussions à l'Institut français des relations internationales (Ifri), plateforme d'échanges unique pour saisir sur le vif la marche du monde. Auprès de Thierry de Montbrial, son fondateur et président, de mes collègues et de nombreux interlocuteurs, j'ai acquis quelques réflexes. Tout effort prospectif commence par un regard rétrospectif. La hiérarchisation des problèmes suppose de commencer par bien les formuler en fonction des acteurs en présence[12]. En ce sens, le « problème international » appelé à dominer les prochaines décennies est sans conteste la rivalité sino-américaine. Autre réflexe, l'effort de prévision à court, à moyen et à long terme.

Dans ce nouvel essai, je me risque au jeu des intentions en cherchant à comprendre celles des États-Unis, de la

Chine et de l'UE. Certains objecteront que cela n'a guère de sens pour cette dernière compte tenu de sa composition et de son organisation. Il n'en demeure pas moins qu'elle exerce encore une forte influence sur la globalisation et qu'elle sert d'intermédiaire entre la France et le monde. Ces intentions sont formulées en fonction de ma compréhension de leurs cultures stratégiques et en faisant mienne, une fois n'est pas coutume, une formule de von Moltke le Jeune (1848-1916) : « Il faut apprécier sainement ce que l'on voit, et deviner ce que l'on ne voit pas[13]. » Cet exercice s'apparente à une spéculation inhabituelle, qui repose moins sur une rigoureuse analyse que sur un effort d'imagination. Je m'y suis livré à la fin de tous les chapitres. Divisés en deux parties - le visible, l'invisible –, ils peuvent se lire en continu ou en miroir pour saisir les liens entre les éléments émergés de la scène internationale et leurs ressorts souterrains.

De nombreuses lectures, ainsi que des entretiens plus ou moins formels, l'ont nourri. On en trouvera trace dans la bibliographie indicative. Deux penseurs m'ont accompagné tout au long de son écriture. Hannah Arendt (1906-1975) ne se résigne ni à la naïveté ni aux faux-semblants. *Du mensonge à la violence* (1972) rappelle que « la tromperie, la falsification délibérée et le mensonge pur et simple employés comme moyens légitimes de parvenir à la réalisation d'objectifs politiques font partie de l'histoire aussi loin qu'on remonte dans le passé[14] ». Je garde toujours cette phrase à l'esprit en écoutant ou en lisant un discours de politique internationale.

L'originalité du parcours de l'économiste Albert Hirschman (1915-2012), entre l'Europe, les États-Unis, l'Amérique latine, l'Inde et l'Afrique, est une invitation au voyage et à la relecture des classiques. Dans *National Power and the Structure of Foreign Trade* (1945), il constate que Machiavel n'a pas établi de lien entre la politique et l'économie. Or, aujourd'hui, le Prince ne saurait ignorer la réalité de ces guerres invisibles aux objectifs plus économiques que proprement militaires. Élargissant sa réflexion dans *Les Passions et les Intérêts* (1977), Albert Hirschman déplore l'incapacité des sciences sociales « à élucider la question des conséquences politiques de la croissance économique ».

Sans prétendre répondre à cette question fondamentale en remontant à Adam Smith (1723-1790), cet essai conjugue les approches géopolitique et géoéconomique pour tenter d'éclairer les effets de la « main invisible » sur la compétition de puissance.

LE VISIBLE

1

CONFLITS

« Face à un choix presque infini, pourquoi l'homme s'empêtrerait-il dans sa propre toile d'araignée en se limitant à la force armée et au domaine militaire pour conduire la guerre ? » se demandent Qiao Liang et Wang Xiangsui. Guerre écologique, guerre technologique, guerre réglementaire, ils listent vingt-quatre types de conflits. La compétition stratégique actuelle ne se conçoit pas seulement à travers un affrontement militaire central, mais se joue davantage sur ses marges. Pour Qiao Liang, la pandémie de la Covid-19 constitue un événement aussi déterminant que la Première Guerre mondiale, la Seconde Guerre mondiale et la chute de l'URSS, dans la mesure où elle « vient écraser ce cycle de mondialisation et la force de la mondialisation », en fragilisant un Occident sur le déclin : « L'épidémie arrive à ce moment, et même si ce n'est qu'une brindille, elle peut faire briser le dos du chameau qui a déjà du mal à marcher[1]. »

À la fois modèle et rival, les États-Unis étaient « à respecter tactiquement et à mépriser stratégiquement » pour Mao Zedong (1893-1976). Il se pourrait bien que la dégradation environnementale combinée à la propagation technologique ne contraigne Xi Jinping à reconsidérer rapidement la formule du grand timonier. En ce sens, le retrait américain de l'Accord de Paris de 2015 est lu par certains comme une déclaration de guerre ne disant pas son nom, tout comme les nombreux projets chinois de centrales à charbon dans le cadre de la *Belt and Road Initiative* (B&R)*. En porte à faux avec la culture politique des partis qui les défendent en Europe, l'écologie et la protection des biens communs de l'humanité ne peuvent s'abstraire d'une rivalité sino-américaine qui, plus qu'aucune autre, transforme le système-Terre. Souvent associée à des transformations progressives, l'écologie est devenue le domaine des ruptures brutales.

La Chine et les États-Unis risquent de tomber dans le « piège de Thucydide », c'est-à-dire dans un *casus belli* provoqué par la peur qui existe entre une puissance émergente et une puissance dominante, piège étudié par Graham Allison, professeur à l'université de Harvard[2]. En pleine tension, leurs relations conditionnent aujourd'hui les équilibres stratégiques globaux, très différemment des relations soviéto-américaines pendant la guerre froide,

---

* Présentée en 2013 par Xi Jinping, la B&R est un vaste projet de connections maritimes et ferroviaires entre la Chine et le reste du monde, à l'exception de l'Amérique du Nord.

en raison de l'« addition-combinaison » des multiples registres d'action possibles pour reprendre le terme utilisé par Qiao Liang et Wang Xiangsui. La polarisation sino-américaine ouvre des espaces à des perturbateurs qui exploitent, aux niveaux régional, national, voire local, les opportunités offertes pour contester l'ordre international. C'est le cas, de manière différente, de la Russie, de la Turquie ou de l'Iran. C'est aussi le cas des organisations terroristes comme Al-Qaïda, Daech ou Boko Haram. Les Européens subissent des pressions de différentes natures qui les obligent à réapprendre leur grammaire entre la stratégie directe, où la force représente un facteur essentiel, et la stratégie indirecte, où elle s'efface devant la psychologie.

Les vingt-quatre types de guerre

Militaire	**Supramilitaire**	**Non militaire**
Guerre nucléaire	Guerre diplomatique	Guerre financière
Guerre conventionnelle	Guerre de réseau	Guerre commerciale
Guerre biochimique	Guerre du renseignement	Guerre des ressources
Guerre écologique	Guerre psychologique	Guerre d'aide économique
Guerre spatiale	Guerre technologique	Guerre réglementaire
Guerre électronique	Guerre de contrebande	Guerre de sanctions
Guerre de partisans	Guerre de la drogue	Guerre médiatique
Guerre terroriste	Guerre virtuelle (dissuasion)	Guerre idéologique

Source : Qiao Liang et Wang Xiangsui, *La Guerre hors limites*, Paris, Payot et Rivages, 2003, p. 206.

Causes et conséquences de l'affrontement sino-américain

La « grande stratégie » peut se définir comme la mise en cohérence, sur le long terme, des politiques économiques, des actions diplomatiques et des efforts militaires pour exister sur la scène internationale en étant capable de promouvoir ses intérêts et son système de valeurs. Cette notion ne s'applique pas seulement aux grandes puissances. Des pays comme Israël, les Émirats arabes unis (ÉAU) ou le Qatar conduisent, chacun à leur manière, une « grande stratégie », qui dépend de leur potentiel respectif mais surtout de leur volonté propre. Celle des États-Unis se définit de plus en plus en fonction de celle de la Chine, et réciproquement.

Cultures stratégiques

Après la guerre froide, la « grande stratégie » des États-Unis a consisté à maintenir une supériorité militaire incontestable sur tous les autres pays, à stimuler le libre-échange et à promouvoir leur conception de la démocratie. Avec son « *America First* », Donald Trump a marqué une rupture car, s'il a poursuivi le premier objectif, il a remis en cause les deux autres. Avec son « rêve chinois », Xi Jinping fait du renforcement du PCC le cœur de la stratégie de la Chine, qui vise, sur le plan extérieur, à redessiner l'ordre international sans le révolutionner, à dominer militairement ses voisins et à modifier l'équilibre avec les États-Unis en sa faveur. À la différence des Européens, Américains et Chinois lient directement leurs politiques économiques et de sécurité par le biais de la technologie, ce qui a pour principale conséquence de remettre en cause les règles et pratiques érigées par l'Organisation mondiale du commerce (OMC) depuis sa création en 1995. Au risque de la simplification, les États-Unis maintiennent une supériorité de moyens qui doit leur permettre d'emporter la décision à l'issue de tout choc frontal, alors que la Chine cherche à soumettre l'ennemi sans le combattre directement. De part et d'autre, les pratiques sont en réalité moins tranchées.

Il est fréquent de comparer les cultures stratégiques chinoise et américaine en se référant à Sun Tzu (ve siècle avant J.-C.) et à Antoine de Jomini (1779-1869), dans une opposition simplificatrice entre la stratégie indirecte du premier et la stratégie directe du second. La pensée de Sun Tzu se focalise moins sur le but à atteindre que sur la façon de transformer le réel. « Plutôt que de dresser un modèle qui serve de norme à son action[3] », le stratège chinois se concentre sur le cours des choses pour en déceler la cohérence. Sans recourir à une planification en règle, il évalue un « potentiel de situation » à partir duquel il conçoit l'action[4]. Le stratège est celui qui parvient à utiliser les opportunités offertes par la situation. À titre d'exemple, Xi Jinping a su utiliser le désordre provoqué par la Covid-19 aux États-Unis pour remettre la main sur Hong Kong.

Autre penseur ayant exercé une forte influence sur les conceptions américaines : Carl von Clausewitz (1780-1831), pour qui « la guerre est la continuation de la politique par d'autres moyens ». En bornant le conflit dans le temps et l'espace, il s'agit de maintenir l'objectif politique et de le distinguer, tout en l'associant, à l'objectif militaire pour aboutir à concevoir, comme le font les militaires américains, la stratégie en fonction d'un but de guerre ou d'un état final recherché (EFR). Cela se traduit, le plus souvent, par une claire distinction entre paix et guerre et par une concentration de la force militaire pour rompre le lien moral de l'ennemi. Une fois la guerre suspendue, il faut revenir à la diplomatie. Cette recherche d'efficacité immédiate fait dire à Henry Kissinger : « Les États-Unis n'ont qu'une idée en tête : résoudre le problème séance tenante, quel qu'il soit[5] », quand la Chine ferait preuve de « patience stratégique ».

Ces deux approches ont leurs limites. Le marteau américain voit des clous à enfoncer ; la guerre hors limites projette une image de toute-puissance de la Chine qui excède son potentiel réel. En 1901, Theodore Roosevelt (1858-1919), 26e président des États-Unis, invitait ses concitoyens à « parler doucement et à porter un gros bâton » pour être influents. En 2001, George Bush déclara la « guerre contre le terrorisme » après les attaques subies par son pays le 11 Septembre. En un siècle, les États-Unis ont contribué à deux guerres mondiales, à cinq conflits limités (Corée, Vietnam, les deux guerres du Golfe et Afghanistan), ainsi qu'à plusieurs interventions militaires ponctuelles. Ce siècle de prééminence militaire a eu un coût : 626 000 tués et 1 180 000 blessés, et une dépense militaire qui est passée de 1 % du PIB à 3 % aujourd'hui (avec des pics à 10 %)[6]. Pour Eliot Cohen, professeur d'études stratégiques à l'université John Hopkins, l'action délibérée des États-Unis expliquerait la « relative tranquillité » que le monde aurait connue après 1945, la comparant à celle que la Grande-Bretagne avait su produire après la défaite de Napoléon[7]. Il est peu probable que cette lecture du siècle soit partagée à Pékin, où la question essentielle est de savoir si la Chine peut devenir la première puissance mondiale sans affronter ouvertement les États-Unis.

La grande guerre est-elle obsolète[8] ?

Poser cette question revient à rappeler que la paix n'est jamais acquise : les États-Unis et la Chine s'affrontent d'ores et déjà dans de nombreux domaines, tout en se livrant à des préparatifs militaires visibles et invisibles. Les États-Unis sont confrontés à quatre défis majeurs requérant des moyens militaires : la montée en puissance de la Chine en Asie-Pacifique ; le « Grand Moyen-Orient » et les métastases du terrorisme islamiste ; les stratégies de puissances comme la Russie, l'Iran ou la Corée du Nord pour contester l'ordre en place et, enfin, la dérégulation de l'espace exo-atmosphérique et du cyber, où se jouent des stratégies de contrôle indirect et de disruption. En faisant du retour de la compétition de puissance le cœur de sa politique de sécurité, l'administration Trump a opté pour une approche directe, pour ne pas dire frontale, conforme à la culture stratégique américaine. À titre d'exemple, en 2018, le Pentagone a publié une *National Defense Strategy* visant à « construire une force plus létale » contre ses « rivaux » stratégiques.

La situation est analysée par la Chine en fonction d'un angle plus large. En mai 2018, Wang Jisi, président de l'Institut des études internationales et stratégiques de l'université de Pékin, estimait que la possibilité de guerre entre grandes puissances avait significativement diminué. En revanche, la « question de sécurité » recouvre des menaces non traditionnelles, c'est-à-dire non directement militaires, qui se multiplient[9]. Selon lui, il s'agit non seulement de savoir si une « nouvelle guerre froide » s'instaure entre la Chine et les États-Unis, mais aussi si la course aux armements entre grandes puissances et puissances régionales n'entraîne pas une plus grande instabilité. Il ne faut jamais oublier la nature de l'Armée populaire de libération (APL), qui doit une « loyauté absolue » au PCC[10]. Les relations entre le pouvoir civil et le pouvoir militaire, ainsi que les questions stratégiques, restent sous haute surveillance idéologique. Deng Xiaoping conseillait à son successeur Jiang Zemin de passer quatre jours sur cinq avec le haut commandement. Les forces armées enregistrent en leur sein plus de 90 000 sections du Parti qui assurent un étroit contrôle politique, notamment sur la production des centres de recherche.

En 1988, la Chine représentait 1 % des dépenses militaires mondiales, contre 13,6 % en 2019 (38 % pour les États-Unis). La modernisation de ses forces armées se traduit notamment par un accroissement de son potentiel nucléaire, des déploiements navals, des patrouilles aériennes et la militarisation d'îlots contestés en mer de Chine, et poursuit quatre objectifs : disposer de capacités de projection pour apparaître comme une puissance globale capable de tenir tête aux États-Unis dans certains domaines ; multiplier les opérations dans le cyberespace ; asseoir sa suprématie militaire vis-à-vis de ses voisins ne disposant pas de l'arme nucléaire ; développer des stratégies de déni d'accès en commençant par la mer de Chine.

De leur côté, les États-Unis ont profondément modifié la conduite de la guerre conventionnelle après la guerre du Vietnam, marquée par la « révolution dans les affaires militaires » (RMA), qui entraîne, entre autres choses, une numérisation du champ de bataille permettant des ciblages très précis. Sa mise en œuvre par les États-Unis pendant la guerre du Golfe a profondément impressionné les stratèges chinois, même si depuis lors « l'Oncle Sam n'a plus réussi à remporter une victoire digne de ce nom[11] ». La crise du détroit de Taïwan de 1995-1996 a donné lieu à des tests de missiles de la part de Pékin et au déploiement de deux groupes aéronavals de la part de Washington. À l'époque, il a révélé le décalage de potentiel militaire entre les deux pays. Qu'en serait-il aujourd'hui ?

La question mérite d'être posée tant le dossier de Taïwan constitue une pierre d'achoppement sino-américaine et, par voie de conséquence, le cœur des relations civilo-militaires en Chine. Les présidents chinois Jiang Zemin et Hu Jintao ont très significativement augmenté le budget des militaires pour modérer les ardeurs des faucons tentés par un coup de force sur l'île. À son arrivée au pouvoir en 2012, Xi Jinping déclara vouloir régler le contentieux au cours de son mandat. Depuis lors, les forces armées poursuivent leur montée en puissance avec l'ambition de dominer la mer de Chine. En décembre 2019, le deuxième porte-avions chinois, le *Shandong*, est entré en service actif. Avec le *Liaoning*, il permet à la marine chinoise de renforcer très significativement ses moyens en attendant l'arrivée d'un troisième porte-avions prévue en 2025.

Ce renforcement militaire crédibilise le durcissement de la rhétorique des autorités chinoises sur Taïwan, rhétorique qui se transforme en pression aérienne et navale continue sur l'île. En juin 2019, le général Wei Fenghe, ministre de la Défense nationale et membre de la Commission militaire centrale, n'a pas dissimulé sa détermination : « Si [les États-Unis] veulent un combat, nous combattrons jusqu'à la fin. [...] Si quelqu'un ose séparer Taïwan de la Chine, l'armée chinoise n'a d'autre choix que de lutter quel que soit le prix. Quel que soit le prix, pour l'unité nationale. » Test des volontés stratégiques sino-américaines, le dossier de Taïwan est un élément, parmi d'autres, de la présence de Washington en Asie, alors qu'il revêt un caractère existentiel, au sens identitaire du terme, pour Pékin.

Cette forte asymétrie des enjeux focalise légitimement les inquiétudes, mais ne doit pas limiter l'analyse de la rivalité sino-américaine au théâtre des mers de Chine.

La présence au monde

Une des grandes différences stratégiques entre la Chine et les États-Unis réside dans l'importance accordée aux alliances militaires. Ces dernières offrent à Washington des possibilités de projection globale alors que leur principe même est critiqué par Pékin. Signe de sa prise de pouvoir simultanée sur le Parti et l'APL, Xi Jinping est parvenu, dès 2012, à imposer de nouveaux concepts, qui servent de cadre idéologique à sa politique de sécurité : au « monde harmonieux » sans aspérités de Hu Jintao, il a répondu par l'ambition d'un « rêve chinois » destiné à restructurer la gouvernance mondiale en faveur de ses intérêts. La paternité de ce mot d'ordre revient à Liu Mingfu, colonel de l'APL, qui a publié en 2010 un livre qui en expose les principes : une nation prospère, capable de dépasser les États-Unis sur les plans économique, scientifique et technologique ; une armée puissante qui soit en mesure de rivaliser avec la leur ; une nation réunifiée, c'est-à-dire ayant réintégré Taïwan[12].

Pour ce faire, Xi Jinping préconise « un nouveau type de relations entre grandes puissances », qui se décline dans une version militaire puisque l'APL poursuit désormais « un nouveau type de relations » avec les armées américaines. Cette rhétorique trahit une double ambition – parvenir à une parité stratégique sino-américaine sur les zones de contact ; éroder l'influence globale des États-Unis –, avec pour objectif final d'instaurer un nouvel ordre international. En 2019, Liu Mingfu déclarait que « ce n'est pas un crime de dépasser les États-Unis. En athlétisme, l'athlète qui obtient un meilleur résultat à la suite d'une compétition avec ses rivaux est déclaré vainqueur [...]. Le nouvel ordre mondial que la Chine appelle de ses vœux sera plus civilisé et apportera plus de bonheur[13] ».

Au cours de son premier mandat, Barack Obama a annoncé un « pivot » vers l'Asie pour impliquer davantage les États-Unis dans la zone et susciter une contribution plus directe de leurs alliés, en particulier du Japon. En lançant la B&R, Xi Jinping a répondu à une démarche géopolitique par un projet géoéconomique basé sur la connectivité. En réalité, les deux approches sont étroitement liées et s'inscrivent dans une logique de puissance. Ce qui pourrait apparaître comme une contradiction entre un capitalisme de réseaux d'un côté et une focalisation sur la Chine de l'autre ne l'est pas pour Pékin, qui se présente comme le pionnier d'un nouveau capitalisme global. Les gagnants seraient la Chine et les mégalopoles, forcément *smart*, qui dessineront ces nouvelles routes. Les perdants seraient ceux qui n'y participent pas, au premier rang desquels figureraient les États-Unis. La composante militaire n'apparaît évidemment pas dans les présentations de la B&R par les autorités chinoises. Néanmoins, sur un plan géostratégique, cette initiative reflète la volonté de Pékin de ne pas être bloquée en mer de Chine, et de se transformer en puissance amphibie, c'est-à-dire capable d'agir sur terre et sur mer, pour trouver des points d'appui bien au-delà de sa zone d'influence traditionnelle.

Dans ses volets terrestre et maritime, la B&R a suscité un engouement qui témoigne du savoir-faire de Pékin en matière de communication diplomatique, même s'il retombe avec la crise de la Covid-19. En dépit de prises de gages économiques, comme le port de Hambantota au sud du Sri Lanka, qui conduisent de nombreux pays à s'inquiéter de la présence chinoise, la B&R répond de manière articulée aux besoins gigantesques d'infrastructures, que ce soit en Asie ou en Afrique. En ce sens, la Chine propose un projet de développement à travers sa manœuvre d'ensemble, élargissant ainsi le registre de la compétition avec les États-Unis. Sans surprise, la B&R a provoqué en retour un raidissement de la position américaine, qui passe par une « stratégie indopacifique », destinée fondamentalement à endiguer l'expansion chinoise en reliant militairement les océans Indien et Pacifique et en s'appuyant sur des alliés régionaux[14].

Faisant écho à Xi Jinping, Donald Trump a évoqué un « rêve indopacifique » et a réactualisé ce terme apparu en 2007 lors de la formation du Quadrilateral Security Dialogue (Quad) entre les États-Unis, l'Australie, l'Inde et le Japon. Shinzo Abe, Premier ministre japonais (2006-2007, 2012-2020), en était alors le principal promoteur. Il s'est employé à normaliser la politique de sécurité du Japon en autorisant les interventions (dans des conditions strictement définies), en augmentant la dépense militaire et en resserrant les coopérations militaires avec l'Australie, l'Inde et les Philippines. Parallèlement, il a renforcé l'intégration économique de la région en y incluant la Chine, tout en portant un discours sur la place de la démocratie et de l'état de droit.

La stratégie indopacifique de l'administration Trump a consisté avant tout à se rapprocher de l'Inde, pays avec lequel les États-Unis ont conclu un accord de coopération nucléaire en 2005. Barack Obama avait accompagné ce mouvement par des ventes d'armes et des exercices militaires conjoints. Pour les États-Unis, l'ambition a été de transformer l'Inde en véritable allié, et pas seulement en partenaire stratégique. Cette ambition se heurte à la conception d'autonomie stratégique de Delhi, qui remonte à l'indépendance et au principe de non-alignement pendant la guerre froide. Elle butte aussi sur son pragmatisme concernant les achats de systèmes d'armes non seulement aux États-Unis mais aussi à la Russie (notamment pour les missiles S-400), à la France (pour l'aviation de combat avec le Rafale) ou à Israël (pour l'électronique embarquée à bord de son aviation de combat).

En simplifiant la situation régionale à l'équilibre triangulaire Washington/Delhi/Pékin, les États-Unis occultent l'asymétrie grandissante entre les économies chinoise et indienne, accélérée par la Covid-19. Si l'Inde manifeste sa volonté d'être en mesure de rivaliser avec la Chine en matière navale, elle montre aussi son souci d'adresser régulièrement des messages de compromis à Pékin. En 2018, Narendra Modi, Premier ministre indien, indiquait que l'Indopacifique, « ce n'est pas un regroupement qui aspire à la domination, et nous ne le considérons pas dirigé contre quelque pays que ce soit ». En dépit de ce discours conciliant, la Chine et l'Inde connaissent des pics de tension, comme à l'été 2020 lors d'accrochages dans l'Himalaya qui ont fait plusieurs dizaines de morts, en raison du conflit frontalier qui opposent les deux pays depuis 1962.

Sur le plan géostratégique, la configuration de l'espace indopacifique sera l'enjeu décisif des deux prochaines décennies. Une étape symbolique a été franchie en septembre 2021 avec l'annonce de l'alliance des trois « démocraties maritimes » américaines, britanniques et australienne dans le cadre d'Aukus, qui correspond à une concentration des moyens navals, nucléaires et cybers sur le haut du spectre. Parmi les 5 Eyes, ces trois pays nouent leurs destins face à la Chine. Comment vont se positionner les autres acteurs comme le Japon, la Corée, Taïwan, les Philippines ? Dans l'Indopacifique se jouent le face-à-face des deux puissances majeures de la planète et une redistribution, plus large, de la hiérarchie des puissances. Au moins trois sujets doivent retenir l'attention. En premier lieu, les réalisations tangibles de la B&R, en particulier dans le domaine maritime de la Chine, qui développe ses capacités navales pour dominer la mer de Chine et trouver des points d'appui jusqu'à Djibouti en attendant de disposer, à terme, d'une présence permanente en Méditerranée. En deuxième lieu, le *sea power* est à l'origine de la vision globale des États-Unis. « La mer est une » est la première chose apprise aux jeunes enseignes à l'Académie navale d'Annapolis[15]. Avec neuf groupes aéronavals, les États-Unis disposent de capacités de projection sans équivalent. Leurs bases réparties à travers le monde s'inscrivent dans un emboîtement d'alliances régionales et de pactes bilatéraux. À cet égard, la manière dont les États-Unis comptent utiliser l'OTAN dans leur confrontation avec la Chine constitue un non-dit lourd de conséquences pour les Européens. En troisième lieu, l'Inde représente la clé de voûte de l'espace indopacifique en raison de son positionnement et de son potentiel.

La défaite de 1962 hante les militaires indiens, qui savent que le rapport de force avec la Chine se joue aussi bien en mer qu'à haute altitude dans l'Himalaya. Annoncé en grande pompe par Narendra Modi, un tir indien est réalisé par l'Inde en 2019. Il lui permet d'apparaître comme une puissance capable d'abattre des satellites en orbite au même titre que les États-Unis, la Chine et la Russie. Même si la Chine voit dans l'Inde le maillon faible de la chaîne avec laquelle les États-Unis voudraient l'encercler, le message est reçu cinq sur cinq à Pékin, ainsi qu'à Islamabad. Discrètement, la Chine ne cesse d'intensifier ses relations militaires avec le Pakistan, les deux pays étant « de vrais amis et de bons frères » selon la rhétorique officielle chinoise. Pour ce haut responsable de la politique de sécurité indienne, l'objectif fondamental de la Chine est d'« éviter toute rupture d'approvisionnement en cas de conflit en mer de Chine, d'où elle doit pouvoir sortir à tout moment ». À ses yeux, la Chine de Xi Jinping est profondément différente de celle de Hu Jintao pour une raison simple : « Ils pensent que c'est leur moment[16]. »

Cycles stratégiques

À la tête d'Al-Qaïda, Oussama Ben Laden (1957-2011) est parvenu non seulement à infliger une défaite symbolique aux États-Unis, mais aussi à provoquer une réaction stratégique avec leurs interventions en Afghanistan et en Irak qui les ont détournés pour une génération de la menace directe de la Chine. En avril 2019, lors d'un échange téléphonique avec Donald Trump, Jimmy Carter, 39e président des États-Unis, établissait le constat suivant : « Nous avons gaspillé 3 000 milliards de dollars en dépenses militaires. La Chine n'a pas gaspillé un centime pour la guerre, et c'est pourquoi elle est en avance sur nous dans presque tous les domaines[17]. » Le retour des Talibans à Kaboul en août 2021 ajoute à l'humiliation américaine, tout en accentuant les divergences entre Occidentaux. En se lançant dans la guerre contre le terrorisme, Washington a entraîné ses alliés dans un cycle d'interventions qui a facilité la montée en puissance de la Chine. Mais avec le regain de la compétition de puissance, un nouveau cycle s'est ouvert.

Efficacité et inefficacité des interventions militaires

« La supériorité technique et la puissance de feu sont le point de départ de tout ce que nous faisons. Chaque fois que nous n'avons pas pu obtenir le soutien aérien ou un tir d'artillerie souhaité, ça a tourné mal pour nous », constate un des personnages de *La Première Pierre* (2015), ce roman de Carsten Jensen décrivant une section de l'armée danoise aux prises avec les talibans, avant d'ajouter : « Notre confiance dans notre propre supériorité technique s'est révélée être une sorte de superstition[18]. » Cette superstition se retrouve dans la réponse occidentale apportée à la surprise stratégique du 11 Septembre au cours des deux dernières décennies. Adoptée par le Conseil de sécurité des Nations unies le 28 septembre 2001, la résolution 1373 oblige tous les États à prendre des mesures législatives contre le terrorisme. Elle précède l'intervention américaine en Afghanistan, qui lance la GWOT (*Global War on Terrorism*) en octobre 2001, suivie de celle en Irak en mars 2003. Façonnées par un modèle de guerre interétatique symétrique, les armées occidentales, emmenées par les États-Unis, cherchent à emporter la décision par leur supériorité technologique en produisant le choc et l'effroi. Victimes de leur amnésie, elles ont redécouvert à leurs dépens la guerre irrégulière menée par des groupes armés fondus dans la population. L'« asymétrie » est le terme fréquemment utilisé pour illustrer les difficultés occidentales de dominer durablement des groupes insurgés qui combattent souvent avec un équipement léger et des tactiques élémentaires en évitant le combat frontal.

Au même titre que la dissuasion nucléaire ou la guerre conventionnelle, les conflits liés au terrorisme constituent un pan à part entière de la conflictualité, mais nécessitent un nouvel apprentissage stratégique de la part des armées occidentales[19]. Celles-ci se livrent à une sorte de contre-insurrection globale basée principalement sur la maîtrise du ciel avec des frappes à distances *via* les drones, la recherche du renseignement et la formation des forces armées autochtones. Cependant, cette contre-insurrection ne parvient pas à gagner « les cœurs et les esprits » mais transforme, le plus souvent, les armées occidentales en forces d'occupation aux yeux des populations locales. La manière de conduire les opérations laisse l'impression d'une « stratégie de tactiques » n'aboutissant pas à un règlement durable, d'autant que les cycles politiques des pays intervenants ne correspondent évidemment pas à ceux des insurgés et des populations locales. Pour se régénérer, les groupes terroristes savent tirer parti de la mondialisation par le biais notamment des réseaux sociaux pour communiquer et recruter. Déterritorialisés, ils passent d'un front à l'autre tout en attirant des djihadistes venant d'Europe, du Caucase ou d'Asie centrale et en développant des économies parallèles pour se financer. Mode opératoire du faible au fort, le terrorisme s'est profondément militarisé au cours de la dernière décennie avec Daech.

Plus largement, les différences entre technologie militaire et technologie civile, entre soldat de métier et combattant occasionnel, entre paix et guerre se brouillent, comme l'observent Qiao Liang et Wang Xiangsui : « Les domaines jadis séparés communiquent désormais ; l'humanité confère à tout espace le sens d'un champ de bataille. » Selon eux, « l'activité terroriste internationale est un des sous-produits de la tendance à la mondialisation qu'a entraîné l'intégration technologique ». Cette dernière intensifie l'interdépendance, qui multiplie le nombre d'individus, d'organisations et d'États concernés par un conflit politique ne se limitant plus à un territoire unique. De plus, elle en augmente la résonance médiatique, ce qui accentue la pression sur les gouvernements occidentaux et les pousse à intervenir. Dans ce contexte, « les moyens militaires ne seront qu'un choix parmi d'autres[20] ».

Pendant que les stratèges chinois voient le terrorisme comme un champ possible de la guerre hors limites, les stratèges américains ont militarisé, quant à eux, la politique étrangère de leur pays au nom de la GWOT, même si l'administration Obama a rompu avec cette doctrine en 2009. Dans les faits, le contre-terrorisme a eu pour effet de marginaliser le Département d'État et les agences de développement au profit des forces armées et des services de renseignement. William Burns, grande figure de la diplomatie américaine, qui fut ambassadeur en Russie (2005-2008), puis secrétaire d'État adjoint (2011-2014) avant de prendre la tête de la CIA en mars 2021, se souvient « du renversement de la diplomatie et du recours à la force si caractéristiques dans la course à la guerre à l'Irak ». Selon lui, ce basculement explique le refus d'une approche diplomatique de l'Iran au moment où son programme nucléaire était embryonnaire au profit d'une approche d'emblée contraignante[21]. L'administration Obama s'est efforcée de repenser les modes d'intervention en privilégiant les opérations spéciales et l'utilisation des drones, tout en multipliant les initiatives diplomatiques vis-à-vis des pays arabes et de l'Iran. En rupture, l'administration Trump a privilégié une approche avant tout transactionnelle, dossier par dossier, tout en continuant à mépriser ouvertement le Département d'État. Or, comme un diplomate expérimenté le rappelle : « Une politique étrangère sans professionnels est, par définition, une politique étrangère d'amateurs[22]. »

Le contre-terrorisme explique aussi l'orientation prise par la politique étrangère française. Déclenchée en janvier 2013, l'opération Serval visait à arrêter l'avancée vers Bamako d'éléments djihadistes. Sur le plan strictement militaire, cette campagne fut une réussite puisqu'elle permit de les stopper, puis de les déloger en partie de leurs sanctuaires dans le nord du Mali. Sur le plan diplomatique, le G5 Sahel fut créé en février 2014 pour coordonner les politiques de sécurité et de développement de la Mauritanie, du Mali, du Burkina Faso, du Niger et du Tchad et améliorer la coopération dans les zones frontalières. En juillet 2014, l'opération Barkhane a remplacé Serval et vise à lutter contre les groupes armés dans tout le Sahel en associant les pays du G5 et des partenaires européens*. Elle mobilise plus de 5 000 hommes, ce qui représente un effort très significatif pour les armées françaises. En juin 2020, elles ont tué Abdelmalek Droukdel, chef suprême d'Al-Qaïda au Maghreb islamique. Deux mois plus tard, un coup d'État a renversé le président malien Ibrahim Boubacar Keïta au pouvoir depuis 2013.

---

* Estonie, Royaume-Uni, Danemark, Espagne et Tchéquie.

En mai 2021, un nouveau coup d'État porte au pouvoir Assimi Goïta. En dépit de cette présence militaire, la stabilisation de la bande sahélo-saharienne (BSS) reste difficile car le djihadisme est un état de violence parmi d'autres. La présence française est ouvertement critiquée et oblige Paris à reconfigurer son dispositif. Sans doute faut-il prendre garde de tout expliquer par le « terrorisme », qui occulte d'autres dynamiques à l'œuvre comme la corruption endémique ou la gestion des populations pastorales[23].

Afghanistan, Irak, Libye, Mali ont été les théâtres principaux d'interventions occidentales au cours des deux dernières décennies, auxquelles s'ajoutent de nombreuses opérations plus ponctuelles, mais aussi les actions conduites par le SMP (sociétés militaires privées) comme le groupe Wagner, fondé par Evgueni Prigojine, un proche de Vladimir Poutine. La variété des situations n'empêche pas une évaluation de leur efficacité au regard des pertes subies et des effets produits dans les sociétés concernées. « Selon quelle échelle de valeur peut-on considérer que la situation post-intervention est préférable à la situation *ante* ? » se demandent Jean-Gaël Le Flem et Bertrand Oliva, deux officiers ayant servi sur plusieurs théâtres d'intervention[24]. Selon eux, il s'agit de mesurer l'efficacité politique, qui porte moins sur la réalité des actions menées que sur leur perception ; l'efficacité stratégique, qui s'évalue en fonction de l'amélioration ou de la dégradation de la situation d'ensemble ; l'efficacité militaire, qui s'apprécie en fonction des succès tactiques permettant d'atteindre des objectifs stratégiques et politiques. Cette dernière consiste en une perpétuelle adaptation à l'objectif politique. On le comprend, l'efficacité d'une intervention extérieure et la notion même de victoire s'avèrent éminemment relatives, dans la mesure où elles ne peuvent être jugées qu'en fonction de l'intention politique qui les sous-tend. Or, celle-ci n'est jamais pleinement formulée et révélée, et évolue au gré des contingences. En ce sens, « la victoire au XXIe siècle ne saurait correspondre au seul modèle d'une furie de destruction suivie d'une paix fondée sur la domination écrasante[25] ». Cela ne signifie pas pour autant que cette option ne pourrait pas encore séduire des États contestant un ordre international fondé sur le respect du droit.

Les perturbateurs stratégiques

Les interventions militaires ne sont nullement l'apanage des Occidentaux. Au cours de la dernière décennie, plusieurs puissances ont mené des opérations d'envergure au-delà de leurs frontières avec des fortunes diverses : l'Arabie Saoudite, l'Iran, la Turquie, le Qatar, les Émirats arabes unis et la Russie. On assiste à la coexistence décalée de deux cycles. Le premier correspond à celui du contre-terrorisme lancé par les Occidentaux après le 11 Septembre ; le second à celui de la compétition de puissances régionales. De ce point de vue, la décision prise par Barack Obama en 2013 de ne pas intervenir en Syrie après l'utilisation d'armes chimiques a marqué un tournant majeur. La Russie proposa alors un plan de démantèlement de l'arsenal chimique syrien sous la supervision de l'Organisation pour l'interdiction des armes chimiques (OIAC), et devint un des principaux protagonistes du conflit syrien. L'intervention de 2003 en Irak et la non-intervention de 2013 en Syrie ont fait perdre aux États-Unis leur autorité morale, tout en déstabilisant fortement le Moyen-Orient.

Entre ces deux dates, les « printemps arabes » ont profondément modifié la carte politique et ont servi de justification à l'intervention occidentale en Libye. En Syrie, ce ne furent pas les exactions répétées de Bachar al-Assad contre son propre peuple qui guidèrent la politique américaine, mais les succès de ses adversaires : la proclamation de l'État islamique (EI) à cheval sur la Syrie et l'Irak en juin 2014 obligea les États-Unis à réagir et à conduire une coalition internationale sans engager de troupes au sol. Fin 2014, la Syrie apparaissait comme le concentré de l'échec des principes suivis par les États-Unis depuis la fin de la guerre froide : ils n'avaient pas secouru des populations opprimées par leur gouvernement comme l'administration Clinton l'avait promis ; ils n'avaient nullement semé les graines de la démocratie comme l'administration Bush l'avait prétendu ; ils n'étaient pas parvenus à s'extraire du Moyen-Orient comme l'administration Obama l'avait annoncé. À partir de cette date, les États-Unis changèrent de posture en comprenant qu'il leur était devenu impossible de promouvoir leurs valeurs, et revinrent donc à la défense de leurs intérêts *stricto sensu*. Rétrospectivement, leur action au Moyen-Orient est jugée par Michael Mandelbaum, professeur à l'université John Hopkins, « excessive, hors de prix et contreproductive[26] ».

La Chine et la Russie utilisent les échecs des États-Unis pour justifier le retour à une compétition de puissance légitimant le principe de non-ingérence dans les affaires intérieures et la reconnaissance de zones d'influence, tout en rejetant ouvertement le discours occidental. À la différence de Pékin, Moscou s'est lancé à son tour dans un cycle d'interventions militaires. Après la chute de l'URSS, la Russie a livré des « petites guerres » dans l'espace postsoviétique (Géorgie, Moldavie, Tadjikistan) et sur son territoire (Tchétchénie), tout en maintenant difficilement son arsenal nucléaire. En août 2000, Vladimir Poutine a commencé son premier mandat présidentiel en perdant le *Koursk*, un sous-marin nucléaire, en mer de Barents. Il a apporté son soutien aux États-Unis après le 11 Septembre en facilitant notamment la logistique des troupes de l'OTAN engagées en Afghanistan, et a repris à son compte le concept de GWOT. Dans le Caucase du Nord, Moscou fait face à des groupes armés capables de mener des actions terroristes d'envergure au théâtre Doubrovka (octobre 2002) ou à l'école de Beslan (septembre 2004). En revanche, à l'instar de Paris et de Berlin, Moscou s'est opposé à l'intervention américaine en Irak sur le plan diplomatique, et a développé un contre-discours au milieu des années 2000 : à la « promotion de la démocratie » de l'administration Bush, la Russie répond par la « démocratie souveraine ».

Avec Vladimir Poutine, la Russie a reconstruit son armée, refondu ses doctrines d'intervention et combattu les djihadistes avec des moyens militaires. Un grand nombre d'entre eux ont rejoint la Syrie et l'Irak. Son intervention en Géorgie à l'été 2008 doit se lire comme l'expression d'une double volonté : marquer un coup d'arrêt à l'expansion territoriale de l'OTAN ; réaffirmer sa domination militaire dans l'espace postsoviétique. Elle illustre aussi ses défaillances en matière d'intervention, auxquelles ses militaires vont ensuite remédier. En 2014, l'annexion de la Crimée et la déstabilisation du Donbass ont illustré ses nouvelles capacités et ses ambitions. Très marqué par les « printemps arabes » et l'exécution du colonel Kadhafi à la suite de l'intervention occidentale en Libye (octobre 2011), Vladimir Poutine a exploité l'inconséquence stratégique des États-Unis pour prendre des positions au-delà de sa sphère d'influence traditionnelle. En 2015, il a déployé ses forces en Syrie, sauva le régime de Bachar al-Assad et conduit des opérations limitées par le biais notamment de sociétés militaires privées, comme le groupe Wagner. Dans les années 2000, l'action de la Russie se résumait de la manière suivante : une quête de prestige international rendue possible par la reconstitution d'un outil militaire crédible grâce à la renationalisation du secteur énergétique. Dans les années 2010, elle s'est traduite par une extension de son champ géographique de la mer de Barents à la Méditerranée occidentale. À l'automne 2020, elle intervient au Haut-Karabakh pour mettre fin au conflit entre l'Arménie et l'Azerbaïdjan, remporté par ce dernier avec le soutien de la Turquie.

La spécificité de la Russie réside dans sa capacité à opérer à tous les niveaux de conflictualité, de l'opération coup de poing à l'intimidation stratégique *via* le nucléaire en passant par les bombardements aériens, les missions à long rayon d'action et les opérations cyber.

Deux autres pays, l'Iran et la Turquie, poursuivent des politiques de puissance dont les conséquences se font ressentir au-delà de leur environnement régional respectif. La République islamique d'Iran s'est fondée, en avril 1979, sur un antagonisme viscéral avec les États-Unis. Les deux pays n'entretiennent toujours pas de relations diplomatiques. En mars 2009, Barack Obama s'est adressé directement au peuple iranien en soulignant « le droit » de l'Iran de prendre la place qui lui revient dans la communauté des nations : « Cette place ne peut être obtenue par la terreur et les armes, mais par des actions pacifiques qui démontrent la véritable grandeur du peuple et de la civilisation iraniens. » En septembre 2020, le secrétaire d'État Mike Pompeo justifia de nouvelles sanctions contre l'Iran en affirmant que la politique de Donald Trump « a uni le monde sur le fait que l'Iran est le principal sponsor du terrorisme ». Entre ces deux dates, un accord est signé, en juillet 2015, entre Téhéran, le P5+1 (les cinq membres permanents du Conseil de sécurité des Nations unies et l'Allemagne) et l'UE, qui prévoit un arrêt du programme nucléaire iranien contre la levée des sanctions.

En 2018, l'administration Trump a dénoncé l'accord et a accentué les sanctions économiques contre l'Iran, qui exerce une influence directe sur quatre capitales : Beyrouth *via* le Hezbollah ; Damas *via* un soutien indéfectible à Bachar al-Assad ; Sanaa *via* les Houthis ; et Bagdad. En outre, l'influence iranienne est forte en Méditerranée orientale, en mer Rouge et en mer Caspienne. Capable de planifier et de réaliser des opérations complexes, le régime iranien poursuit une stratégie offensive sur trois niveaux d'action : celui du terrorisme d'État à finalité diplomatique, celui de la guerre asymétrique pour l'influence régionale et celui du balistique pour la rivalité de puissance. Cependant, les États-Unis lui ont infligé un sévère revers en tuant le général Qassem Soleimani, commandant des forces spéciales iraniennes, sur le territoire irakien en janvier 2020. Sur le plan diplomatique, ils parrainent la normalisation des relations entre Jérusalem et Abu Dhabi, qui modifie les équilibres régionaux en occultant un peu plus encore la question palestinienne. Comme l'observe un diplomate iranien chevronné, « les États-Unis veulent se désengager du Moyen-Orient, mais ils ne peuvent pas[27] ».

En ce qui concerne la Turquie, la problématique est de nature différente. Elle a rejoint l'OTAN en février 1952 au même moment que la Grèce. En octobre 2023 sera célébré le centenaire de la République turque. Sa préparation fait rejouer le « syndrome de Sèvres », c'est-à-dire le souvenir du partage de l'Empire ottoman, qui prévoyait un Kurdistan autonome, une Arménie indépendante et attribuait la Thrace orientale et la région de la mer Égée à la Grèce[28]. Remplacé par le traité de Lausanne (1923), qui marque la fin véritable de la Première Guerre mondiale, le traité de Sèvres (1920) correspond dans l'imaginaire collectif turc à la trahison et à la séparation avec l'Europe. En 1963, un accord d'association est signé entre la Communauté économique européenne (CEE) et la Turquie, et prévoit une adhésion. Ankara devient formellement candidate à l'UE en 1999, quatre ans avant l'arrivée au pouvoir de Recep Tayyip Erdoğan, cofondateur de l'AKP (Parti de la Justice et du Développement), qui affiche initialement son intention de poursuivre sur la voie de l'intégration européenne. Cependant, l'UE est régulièrement accusée de vouloir démanteler la Turquie en soutenant les revendications territoriales arméniennes ou kurdes. Depuis la création de la République, les autorités turques répriment les expressions d'une identité kurde. Estimée à 44 millions de personnes, la population du Kurdistan se répartit entre la Turquie, la Syrie, l'Iran et l'Irak. Seuls ces deux derniers pays reconnaissent une autonomie à leurs ressortissants kurdes.

Premier ministre (2003-2014), puis président (depuis 2014), Recep Tayyip Erdog˘an s'est en réalité lancé dans une politique destinée à établir une sphère d'influence, à réduire la dépendance aux importations énergétiques et à affirmer l'autorité d'Ankara sur l'islam politique. Depuis la tentative de coup d'État en 2016, le durcissement du pouvoir personnel de Recep Tayyip Erdog˘an et du contrôle exercé par l'AKP sur le corps social se traduit par des purges administratives et militaires, ainsi que de nombreuses arrestations. Sur le plan extérieur, la Turquie fait preuve d'un activisme sur plusieurs fronts tout en véhiculant la vision de l'islamisme des Frères musulmans et en entretenant des liens étroits avec le Qatar. Un point à noter toutefois au passage : en 2009, Recep Tayyip Erdog˘an a qualifié la politique chinoise à l'égard des Ouïghours de « génocide » , mais ses protestations sur ce dossier ont diminué en proportion des investissements chinois. La Turquie a déployé ses forces terrestres en Libye, en Irak et en Syrie, et ses forces navales en Méditerranée orientale pour accéder par la mer aux théâtres syrien et libyen et dans les eaux territoriales de Chypre pour sécuriser ses explorations gazières. En outre, elle exerce une influence grandissante dans la Corne de l'Afrique en particulier en Somalie où elle dispose d'une base, et en Europe à travers ses ressortissants, qui forment des communautés organisées et contrôlées. Au Caucase, elle a soutenu directement l'Azerbaïdjan dans le conflit qui l'a opposé à l'Arménie au Haut-Karabakh. Cette extension tous azimuts n'est pas sans rappeler celle de Vladimir Poutine. La Russie et la Turquie exploitent le désengagement américain de Méditerranée, ainsi que l'effacement des Européens. Jusqu'où ?

***

Les conflits de tous types se sont multipliés depuis la fin de la guerre froide sans connaître d'issues décisives. Ils ont tendance à s'éterniser, à s'éloigner de leurs raisons d'être initiales et rarement à s'achever par une claire victoire. Cela conduit inévitablement à s'interroger sur l'utilité même de l'emploi de la force armée et sur la victoire, « concept central » des cultures stratégiques mais

« réalité fuyante ». Toute guerre a une fin sans qu'il y ait nécessairement victoire d'un des belligérants. La phase actuelle se caractérise par une incapacité des acteurs, quel que soit leur degré de puissance, à remporter une victoire décisive leur permettant d'imposer un ordre. Conclure à l'inanité de l'emploi de la force armée, au constat de l'inefficacité des interventions militaires occidentales, reviendrait à oublier la vocation première de la puissance militaire, qui est de pouvoir se défendre[29].

Les intentions de la Chine : en annonçant que « désormais les militaires n'ont plus le monopole de la guerre[30] », Qiao Liang et Wang Xiangsui se préparaient à une sorte de conflictualité généralisée. Depuis quatre décennies, la spectaculaire émergence de la Chine sur le plan économique s'est traduite par une non moins spectaculaire montée en puissance sur le plan militaire. Les objectifs stratégiques immédiats sont clairement formulés : transformer la mer de Chine en lac chinois, remettre Taïwan dans le giron du continent et sécuriser les voies d'approvisionnement. Dans un second temps, il s'agit aussi d'être en mesure de sécuriser les nœuds critiques de la B&R, ce qui nécessite des capacités de projection de forces. La grande question est de savoir ce qui provoquera une première intervention militaire de la Chine allant au-delà de l'évacuation de ses ressortissants.

La patience stratégique prêtée à la Chine devrait se traduire par un recours à l'« addition-combinaison » et à l'approche « latérale-frontale » jusqu'au moment où la

Chine parviendra à inverser durablement des rapports de force en sa faveur. Autrement dit, son comportement stratégique actuel tient à l'analyse faite de la situation, mais ne signifie pas que la Chine renoncerait à imposer ses vues par la force si elle en avait les moyens. La mise au pas de Hong Kong ne laisse aucun doute sur les intentions de Pékin. Tout comme sa détermination sur Taïwan. Pour l'heure, elle se livre à un grignotage stratégique, îlot par îlot, destiné à limiter la prise de risque et à instiller le doute chez les alliés des États-Unis sur leur détermination à les protéger, avec l'intention finale de créer une sphère d'influence lui permettant, à terme, de promouvoir un ordre international plus compatible avec ses avantages comparatifs. Cela passe également par un travail constant de modification des normes et du droit international comme véhicules de sa vision du monde.

Les intentions des États-Unis : après avoir réussi à endiguer l'URSS et à libérer le Koweït de l'invasion irakienne, les États-Unis ont connu une décennie triomphale de 1991 à 2001 (avec quelques revers symboliques comme à Mogadiscio en 1993). Elle semble loin. Le cycle d'interventions déclenché en réaction au 11 Septembre a entraîné une militarisation de la politique étrangère américaine, toujours visible, et une perte d'autorité morale, accentuée par le comportement personnel de Donald Trump. Le modèle démocratique américain tourne à la caricature de lui-même. Cependant, Donald Trump ne s'est pas engagé de manière ouverte dans une nouvelle aventure militaire, ce qui pourrait constituer une rupture après plusieurs décennies d'interventionnisme.

L'intention sous-jacente est celle d'une concentration des forces pour préparer la confrontation avec la Chine, qui ne se limite pas, on l'a bien compris, à la seule dimension militaire. Joe Biden s'inscrit dans cette logique en mettant fin aux « petites guerres » comme l'Afghanistan pour être complètement focalisé sur la Chine. Un objectif pourrait être d'exploiter un faux pas de la Chine pour lui infliger un revers symbolique. Tous les yeux sont tournés vers Taïwan, mais d'autres théâtres sont envisageables. Les États-Unis se préparent à agir sans alliés s'il le fallait, même s'ils tentent de faire évoluer leurs alliances en fonction de cet objectif. Aukus en est une illustration, tout comme le Quad. Il ne fait aucun doute que l'OTAN doit être réorienté dans cette direction. Les États-Unis entendent exploiter deux avantages qui leur resteront propres : leur suprématie militaire qui doit être préservée à tout prix (en particulier grâce à la domination dans l'espace exo-atmosphérique et en haute mer) ; et surtout leur approche globale. Les armées américaines ont été les premières à transformer la Terre en un théâtre global et « comme une espèce d'unité écologique[31] ». Elles sont sans aucun doute les plus préparées aux conséquences militaires de la dégradation environnementale.

Les intentions de l'UE : compte tenu de sa nature, et en dépit d'un discours récent plus réaliste sur son environnement stratégique, l'UE ne peut tout simplement pas se penser en puissance. En réalité, seuls deux pays raisonnent en ces termes en raison de leurs responsabilités internationales comme membres permanents du Conseil de sécurité des Nations unies : le Royaume-Uni, qui a décidé de rompre avec l'UE ; la France, qui continue à y voir un multiplicateur de sa puissance nationale mais qui ne parvient pas à provoquer l'effet d'entraînement escompté en dépit du capital politique mobilisé pour ce faire. C'est ainsi. Sans doute faut-il cesser de prendre l'UE pour ce qu'elle n'est pas, une actrice capable de jouer le même jeu que la Chine, les États-Unis ou la Russie. Cependant, la prise de conscience de la dégradation stratégique, accélérée par les provocations de Donald Trump et par les décisions unilatérales de Joe Biden, conduit certaines capitales européennes à relever la garde : les unes face à la Russie (pays baltes, Suède, Finlande, Pologne) ; les autres face à la Turquie (Athènes, Chypre, Paris). De plus, les Européens entendent développer leurs industries de défense, indispensables pour rester dans la course technologique. Mais, force est de constater que l'arrivée de l'administration Biden atténue les ambitions d'autonomie stratégique européenne, en particulier à Berlin.

Depuis plusieurs années, Paris souligne le retour de la compétition de puissance et ses conséquences sur la sécurité européenne sans forcément convaincre ses partenaires, notamment Berlin, qui pour la plupart d'entre eux se satisfont de la garantie de sécurité apportée par l'OTAN. Cependant, le Fonds européen de défense doit illustrer les ambitions de l'UE en matière de sécurité européenne. Lancée par Paris en juin 2018, l'Initiative européenne d'intervention (IEI) est présentée comme un forum souple ne dupliquant pas les activités de l'UE, de l'OTAN, de l'ONU ou de l'OSCE, mais visant à réunir plusieurs pays européens pour se préparer aux futures crises et intervenir avec des scénarios de basse à moyenne intensité afin de développer une culture stratégique commune*. D'autres pays, comme l'Autriche, songent à convertir ce qu'il leur reste de moyens de défense en forces de sécurité civile, anticipant, sans doute pas à tort, la nécessité de disposer de moyens pour faire face aux chocs environnementaux. L'intention profonde de l'UE consiste à presque tout miser sur le droit international pour empêcher les conflits ou pour les contenir. Dans le discours, elle défend les outils de « maîtrise des armements » (mécanismes d'inspection, d'observation et de vérification), prône le respect des accords internationaux et du *statu quo*. Dans les faits, elle assiste impuissante à leur délitement en raison du comportement des États-Unis de Donald Trump, son allié, de la Russie et de la Turquie, ses voisines, et de la Chine, sa grande partenaire commerciale. La faillite d'États, notamment sur le continent africain, fragilise ses efforts en matière de stabilisation. Parallèlement, certains de ses membres sont directement ciblés par des organisations terroristes, qui ont réussi à plusieurs reprises à les frapper sur le territoire européen.

---

* Cette initiative réunit les pays suivants : Allemagne, Belgique, Danemark, Espagne, Estonie, Finlande, France, Italie, Norvège, Pays-Bas, Portugal, Royaume-Uni et Suède.

Émissions de CO_2 et conséquences climatiques

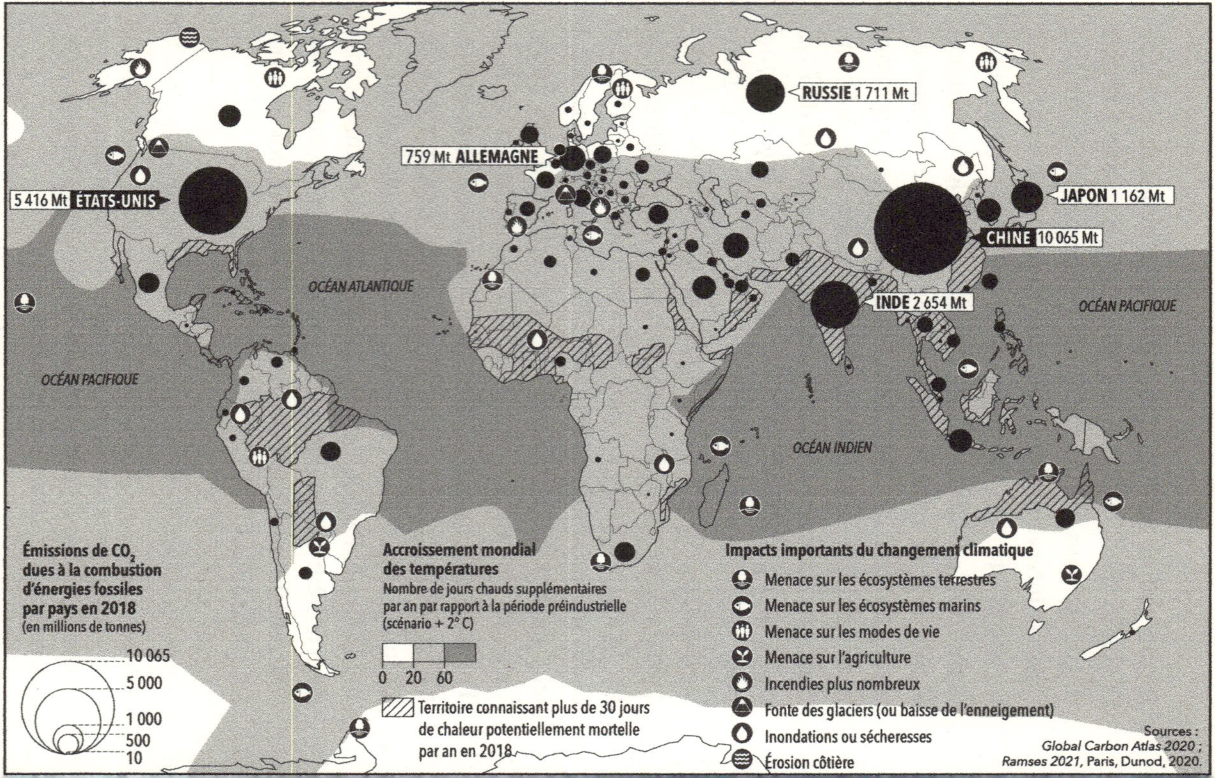

Sources : *Global Carbon Atlas 2020* ; *Ramses 2021*, Paris, Dunod, 2020.

2

ENVIRONNEMENT

« Il ne fait guère de doute que l'on pourrait [...] intervenir à n'importe quelle échelle souhaitée et finalement obtenir des résultats assez extraordinaires. Le climat et les régimes de précipitations de certaines régions spécifiques pourraient être modifiés », estimait le scientifique John von Neumann (1903-1957), qui inspira le personnage du *Docteur Folamour* (1964) à Stanley Kubrick (1928-1999). En août 1963, plus de cent pays signèrent le traité de Moscou interdisant les expériences nucléaires atmosphériques, exo-atmosphériques et sous-marines. À l'initiative de l'URSS et des États-Unis, sa mise en œuvre impliquait l'existence de systèmes de surveillance à travers le monde, qui en firent paradoxalement le premier traité international sur l'environnement basé sur des données globales[1]. La France et la Chine refusèrent d'y adhérer pour pouvoir développer leurs arsenaux nucléaires.

En novembre 2019, Emmanuel Macron et Xi Jinping lancèrent l'Appel de Pékin sur la conservation de la biodiversité et le changement climatique pour « améliorer la coopération internationale » et accentuer la pression sur Donald Trump. La possibilité d'un « hiver nucléaire » fut la toile de fond de la guerre froide. Celle d'un « effondrement » provoqué par des ruptures environnementales est devenue notre horizon. Le conflit armé n'en serait plus la cause mais la conséquence. À l'antagonisme soviéto-américain a succédé une rivalité sino-américaine d'une tout autre nature : l'intrication de leurs économies extractives nourrit le réchauffement climatique. En produisant plus de 45 % des émissions mondiales de dioxyde de carbone, les États-Unis et la Chine transforment la globalisation « en champ de bataille géoéconomique et écosystémique[2] ». Désormais, la lutte contre le réchauffement ou la diminution de la biodiversité reste, en grande partie, subordonnée aux rapports entre la Chine et les États-Unis, eux aussi directement menacés par le dérèglement planétaire. Quelle place pour l'Europe et les autres régions, qui dépendent directement des orientations de Washington et de Pékin ?

Prendre le contrôle du thermostat planétaire devient un objectif existentiel, qui ouvre une nouvelle ère géopolitique[3]. Les successeurs de John von Neumann, ces apprentis sorciers du climat[4], entretiennent l'illusion de pouvoir le réguler grâce à la géo-ingénierie, c'est-à-dire l'utilisation de techniques visant à modifier le climat à grande échelle comme la diffusion d'aérosols dans la stratosphère ou le captage et la séquestration du dioxyde de carbone (CO_2). Des États ou des entreprises pourraient bien être tentés de recourir à la géo-ingénierie pour gagner du temps et minimiser les impacts du réchauffement climatique sur leurs territoires ou activités.

L'ampleur des dégâts

L'écho rencontré par la « collapsologie » traduit la peur d'un effondrement général provoqué par la combinaison, non maîtrisable, de problèmes environnementaux, énergétiques, climatiques, géopolitiques, sociaux et économiques « qui ont aujourd'hui franchi des points de non-retour[5] ». Ce discours considère que les crises, même si elles sont de nature différente, se nourrissent les unes des autres. Il ne présente pas l'effondrement comme inéluctable, mais dénonce un aveuglement collectif et des égoïsmes individuels sur le réchauffement climatique, la perte de la biodiversité et les pollutions pour enjoindre chacun à un changement radical de ses modes de consommation. Pour ses détracteurs, ce discours relève d'une idéologie : l'écologisme. Il serait « sur le point de gagner la bataille culturelle[6] » qui se livre actuellement dans les enceintes internationales.

Bref état des lieux

En juin 2015, le pape François publie l'encyclique *Laudato Si'* sur la sauvegarde de la « maison commune » en butte à la « culture du déchet », maison en réalité composée d'appartements et de dépendances très disparates. Cette diversité apparaît dans un classement de l'université de Yale sur les performances environnementales des pays[7]. Sans surprise, le Danemark arrive en tête, suivi par dix autres pays européens dont la France (5e) et l'Allemagne (10e). Les États-Unis (24e) devancent la Russie (58e) et la Chine (120e). Ce classement établit une corrélation directe entre la performance environnementale et le PIB par tête, tout en soulignant de fortes différences de résultat entre pairs économiques. Autrement dit, les politiques environnementales, notamment dans leur volet énergétique, produisent des effets variables.

Toute réflexion sur l'environnement commence par le constat d'un accroissement démographique, qui se traduit par une demande croissante de la consommation d'énergie primaire*. La notion d'« esclave énergétique » désigne une unité de mesure permettant de comparer la consommation énergétique dans un temps donné avec son équivalent de production mécanique qui aurait été réalisé par un homme adulte seul[8]. Selon son niveau de vie, un Français aurait ainsi aujourd'hui l'équivalent de 150 à 400 « esclaves énergétiques » à sa disposition. Par ailleurs, l'utilisation de machines moins consommatrices d'énergie n'entraîne pas une diminution globale de combustible, dans la mesure où leur nombre augmente, ce qui contrebalance les économies réalisées. C'est le paradoxe mis en évidence par l'économiste britannique Stanley Jevons (1835-1882) à propos du charbon et de la machine

* Voir le chapitre 4, « Inégalités », p. 115.

à vapeur. Ce paradoxe s'observe notamment avec les automobiles, dont le parc total augmente bien plus vite que les progrès de rendement de leurs moteurs.

Un problème identifié pendant la guerre froide

Comment convertir des découvertes scientifiques en politiques publiques ? Pour le dérèglement climatique, cette question se pose depuis plusieurs décennies. En mesurant les retombées radioactives des premiers essais nucléaires, des équipes scientifiques prirent la mesure de la concentration de dioxyde de carbone dans l'atmosphère. En 1957, Roger Revelle (1909-1991), géologue et océanographe de la Navy, futur professeur d'Al Gore à Harvard, et Hans Suess (1909-1993), chimiste et physicien d'origine autrichienne, publièrent un article retentissant : « Les êtres humains mènent actuellement une expérience géophysique à grande échelle d'un genre tout à fait unique, qui n'aurait jamais pu avoir lieu par le passé, et ne pourra jamais être répétée à l'avenir[9]. » Roger Revelle fit part de ses conclusions au président Lyndon Johnson (1908-1973), qui les intégra dans un discours prononcé devant le Congrès après son investiture où il reconnaissait que sa génération avait « modifié la composition de l'atmosphère à l'échelle planétaire » à force de brûler des combustibles fossiles.

« À peu près tout ce que nous comprenons du réchauffement climatique à l'heure actuelle était déjà compris en 1979 », assure Nathaniel Rich, grand reporter au *New York Times*[10]. Il retrace le parcours du géophysicien

Gordon MacDonald (1929-2002), qui accéléra la prise de conscience par l'administration Carter d'un réchauffement climatique provoqué par les activités humaines. Il participait activement au comité Jason, qui réunissait des scientifiques convaincus que « la puissance américaine devait être guidée par la sagesse de ses plus grands esprits scientifiques[11] ». Se réunissant secrètement grâce à des financements du Pentagone, ce comité servait de passerelle privilégiée entre la recherche scientifique de haut niveau et les organes exécutifs décisionnels. Dès 1968, Gordon MacDonald prédisait que les armes de destruction massive seraient moins les ogives nucléaires que les catastrophes écologiques : « Les forces militaires les plus sophistiquées de la planète, prévenait-il, seraient bientôt capables de transformer le climat en arme[12]. » Il participa au rapport sur « L'impact à long terme du taux de CO_2 dans l'atmosphère » (1978), qui prévoyait une hausse des températures mondiales de 2 à 3 °C, la désertification rapide de régions d'Afrique, d'Amérique du Nord et d'Asie, l'effondrement de la production agricole, le déclenchement des migrations massives et, surtout, la fonte des calottes polaires.

En 1979, Jimmy Carter équipa la Maison Blanche de panneaux solaires, mais la mobilisation de puissants lobbies hostiles aux politiques climatiques contraignantes enraya cette dynamique pendant une décennie. En 1988, le Groupe d'experts intergouvernemental sur l'évolution du climat (GIEC) était créé avant que ne fût signée la Convention-cadre des Nations unies sur le changement climatique en 1992. La même année, le président George

Bush (1924-2018) résuma la position des États-Unis à sa manière : « Le mode de vie américain n'est pas négociable. » Quarante ans après la décision de Jimmy Carter, Donald Trump décida de se retirer de l'Accord « horrible, coûteux, unilatéral » de Paris sur le climat de 2015. Entre ces deux présidences, les politiques énergétique et climatique des États-Unis auront évolué entre des intérêts contraires, tout en rompant politiquement avec une tradition scientifique qui avait fait la force des États-Unis. Si le déni consiste à ne pas croire ce que l'on sait, alors de nombreux décideurs, pas seulement aux États-Unis, sont encore en plein déni face aux transformations actuelles de notre cadre de vie.

Parallèlement, la Chine entretient une profonde ambivalence de modèle. Côté pile, elle se présente comme la championne de l'investissement dans les technologies bas carbone et de la dépollution des villes ; côté face, elle continue à installer des centrales à charbon sur son territoire, en raison de ses besoins croissants, et à les exporter. Selon l'OMS, seulement 2 % de la population chinoise respirerait un air conforme à ses recommandations[13]. La Chine réussit le tour de force d'être leader dans les énergies vertes, ce qui renforce son poids dans les enceintes de négociations internationales, tout en ayant un mix énergétique composé à plus de 80 % de pétrole et de charbon. Ces positions respectives des États-Unis et de la Chine structurent en profondeur l'agenda climatique, et expliquent son inertie.

De l'injustice climatique

Parmi les multiples conséquences géopolitiques de ce double positionnement, retenons-en une : la « justice climatique », qui est un vœu pieux. Cette notion considère le « droit » pour chaque être humain d'émettre une quantité plus ou moins égale de gaz à effet de serre (GES). En réalité, il faudrait parler d'une injustice climatique appelée à s'accentuer. Tout d'abord, la vulnérabilité et le niveau de préparation ne sont nullement comparables selon les pays : les Pays-Bas vont se protéger d'une hausse du niveau de la mer plus facilement que le Bangladesh. Ensuite, les modes de vie génèrent des différentiels croissants. Au niveau global, les 10 % de la population mondiale les plus riches produisent à eux seuls 50 % des émissions totales : un Qatarien émet 490 fois plus de tonnes de CO_2 qu'un Éthiopien ; un Américain 160 fois plus qu'un Nigérien et un Français 3 fois plus qu'un Indien. Enfin, les inégalités entre nations se doublent de profondes inégalités au sein d'un même pays, laissant d'ores et déjà entrevoir de sérieux problèmes de cohésion territoriale et, par voie de conséquence, de gestion des flux migratoires.

L'Accord de Paris de 2015 fixe un objectif de limitation de la hausse de température sous les 2 °C, idéalement à 1,5 °C, aujourd'hui inatteignable sans politiques immédiates et extrêmement vigoureuses de diminution des émissions de gaz à effet de serre. Pour l'atteindre, il faut baisser ces émissions de 8 % par an. Ce sont les pays les plus vulnérables qui ont fait de cet objectif la condition *sine qua non* de leur signature, sachant pertinemment qu'il ne serait pas atteint. Cela leur permettra de disposer d'une base légale pour exiger des compensations financières massives de la part des pays riches afin de faire face aux dégâts climatiques chez eux[14]. À cela s'ajoute la responsabilité historique des pays riches dans le réchauffement, en particulier de la Grande-Bretagne, de l'Allemagne, de la Russie ou des États-Unis, en raison de l'intensité d'un développement industriel conduit sans précautions environnementales particulières. C'est un argument que la Chine ou l'Inde ne manquent pas d'utiliser pour justifier leurs trajectoires actuelles de développement. Les diplomates chinois ne perdent jamais une occasion de souligner le droit inaliénable de leur pays à poursuivre son « développement miraculeux[15] ».

Quant aux pays les plus pauvres, ils comptent bien rappeler les pays riches à leurs engagements en renversant symboliquement la charge de la dette. À plus ou moins brève échéance, la lutte contre le réchauffement climatique pourrait bien tourner à une foire d'empoigne. Grandes conférences multilatérales et mobilisations citoyennes, souvent présentées comme l'expression de nouvelles formes de gouvernance, ne doivent pas faire perdre de vue le réalisme environnemental qui prévaut, c'est-à-dire l'instrumentalisation par les États du dossier climatique dans leur compétition pour asseoir leur légitimité[16]. Aux yeux des populations dont ils ont la charge comme des autres États avec lesquels ils interagissent.

Quand biodiversité rime avec souveraineté

La croissance démographique humaine s'accompagne d'une perte de biodiversité : sur les quelque 8,7 millions d'espèces vivantes estimées, 1 million seraient menacées d'extinction. À titre d'exemple, plus de 6 000 espèces de plantes ont été cultivées dans l'Histoire à des fins alimentaires. Aujourd'hui, en raison de l'agriculture intensive et de la monoculture, moins de 200 espèces sont cultivées. 9 d'entre elles représentent 66 % de la production agricole totale : la betterave, le blé, la canne à sucre, le maïs, le manioc, le palmier à huile, les pommes de terre, le riz et le soja. En ce qui concerne les espèces animales, la taille des populations de vertébrés aurait diminué de 60 % (de 1970 à 2014) et la biomasse des insectes se réduirait de 2,5 % par an. Fin 2018, le *New York Times Magazine* titrait sur une « apocalypse des insectes[17] ».

Les atteintes à la biodiversité prennent une dimension globale avec la surpêche. L'effort de pêche a été multiplié par dix depuis 1950. À partir des années 1960, la dégradation des stocks en Méditerranée et dans l'Atlantique Nord entraîne la mise en place de quotas. En 1982, la Convention des Nations unies sur le droit de la mer signée à Montego Bay définit la mer territoriale (la partie de mer côtière sur laquelle s'étend la souveraineté d'un État côtier, fixée à 12 milles marins), la zone économique exclusive (ZEE) (zone maritime sur laquelle un État côtier exerce des droits souverains en matière d'exploration et d'exploitation des ressources, fixée à 200 milles marins) et le plateau continental (qui comprend les fonds marins et leur sous-sol)*. La Convention crée aussi le Tribunal international du droit de la mer. Les zones de pêche sont définies par les limites extérieures des ZEE. Les États-Unis bénéficient de la plus vaste ZEE, devant la France (10 070 754 de kilomètres carrés), l'Australie, la Russie et le Royaume-Uni. La Chine dispose d'une ZEE quatre fois plus petite que celle des États-Unis. Près de 3 000 bateaux de pêche chinois opéreraient au large des côtes africaines. En dix ans, la flotte de pêche lointaine européenne serait passée de 700 à 285 navires. En réalité, il s'agit d'un transfert consistant à changer de pavillon dans un pays d'Afrique de l'Ouest. La Chine recourt aussi à cette pratique, qui porte atteinte à la biodiversité marine locale et aux populations côtières des pays concernés.

Avec 5 600 kilomètres de côtes, Madagascar compte 1,1 million de kilomètres carrés de ZEE, soit le double de sa superficie terrestre. Avec 26 millions d'habitants, c'est un pays toujours soumis à une forte insécurité alimentaire. La pêche fournit 20 % des protéines consommées localement et fait vivre plusieurs centaines de milliers de personnes. Les eaux poissonneuses du canal du Mozambique suscitent toutes les convoitises. La Convention de Montego Bay prévoit que les pays incapables d'exploiter leurs stocks peuvent céder leurs surplus à des pays tiers en leur accordant des droits d'accès. Mais le rendement maximal durable de pêche ne doit pas être

* Parmi les pays ne l'ayant pas ratifiée : les États-Unis, le Pérou, Israël, la Syrie, la Turquie, le Venezuela et l'Érythrée.

dépassé, et ces accords doivent bénéficier aux pays et aux populations. Les accords signés par les autorités malgaches avec les flottes françaises et espagnoles s'avèrent très déséquilibrés : le rapport entre les droits de pêche perçus par les premières et le gain des thoniers serait de 1 à 15. Selon l'ONU, les accords signés avec la Chine, la Russie ou le Japon seraient totalement opaques[18]. La pêche pratiquée par les flottilles étrangères a un impact négatif sur les populations côtières, qui dépendent d'une pêche artisanale pour leur subsistance. Les ravages de la concurrence s'observent moins en mer qu'à terre. À Antsiranana*, à la pointe nord de l'île, une grosse conserverie traite plus de 40 000 tonnes de thon par an. Les poissons de moins bonne qualité servent à payer les dockers, qui concurrencent ainsi les petits pêcheurs locaux pratiquant une pêche de subsistance à la voile.

Avec Mayotte et les îles Éparses**, la France reste présente dans cette région traversée par les influences des pays littoraux (Madagascar, Maurice et les Comores revendiquent la souveraineté sur les îles Éparses) et de puissances extérieures. En octobre 2019, Emmanuel Macron s'est rendu sur la plage de Grande Glorieuse,

---

* Anciennement Diégo-Suarez, où la France a disposé d'une base militaire jusqu'en 1973.

** Les îles Éparses (Europa, Bassas da India, Juan de Nova, situées dans le canal du Mozambique ; Glorieuses et Tromelin, situées respectivement au nord et à l'est de Madagascar) constituent l'un des cinq districts des Terres australes et antarctiques françaises (TAAF). Inhabitées, elles accueillent des scientifiques et des rotations de personnel militaire.

avec sable blanc, mer d'émeraude et vin marin pour décor de sa déclaration : « Ici, c'est la France, c'est notre fierté, notre richesse. Ce n'est pas une idée creuse. Les scientifiques et militaires qui sont là le rappellent. La France est un pays archipel, un pays monde. » Il a annoncé le classement de ces îles en réserve naturelle nationale : « C'est le cœur de la bataille pour la biodiversité. » Manière de faire rimer biodiversité avec souveraineté.

Guerre aux déchets ou guerre des déchets ?

Les pollutions sont inhérentes à toute activité productive en altérant l'air, l'eau ou les sols. En ce sens, elles existaient déjà dans l'Antiquité ou au Moyen Âge à travers la diffusion du haut fourneau. À partir du XVIIIe siècle, le développement du capitalisme industriel s'est traduit par une exploitation sans limite de la nature résultant d'une alliance de la philosophie naturelle et de la science : la nature doit être mise au service de l'homme, qui peut l'exploiter bien au-delà des strictes nécessités de l'existence. Les pollutions s'inscrivent dans des cycles de production qui épousent les mutations techniques. « Siècle toxique » par excellence, le XXe siècle voit l'apparition de nouvelles substances chimiques, qui provoquent de nombreux déchets, souvent inassimilables par les milieux naturels[19].

Guerre et pollutions

« S'il est une industrie également précieuse pendant la guerre et pendant la paix, c'est bien l'industrie des goudrons et des benzols », lisait-on dans *La Nature* en 1916 : elle permet aux élégantes de se parfumer et de se vêtir de parures colorées, tout en servant de base à la construction des explosifs les plus puissants[20]. Il existe un lien direct entre les guerres industrielles du siècle et les pollutions massives car elles ont levé toute inhibition dans l'utilisation de technologies destructrices.

Les deux guerres mondiales ont accéléré le développement de la chimie avec ses applications militaires et civiles. À titre d'exemple, les insecticides issus des gaz de combat se répandent massivement dans l'agriculture américaine pendant les années 1920-1930. Au cours de la Seconde Guerre mondiale, le dichlorodiphényltrichloroéthane (DDT), transformé en insecticide contre les mites et les doryphores à partir de 1939, est produit à grande échelle pour les forces américaines sur les théâtres européens et asiatiques avant d'être proposé aux civils. Après les conflits, les pollutions agricoles naissent de la nécessité commerciale de recycler les stocks de guerre dont des quantités importantes sont déversées dans l'Atlantique ou en Baltique. Ils façonnent en profondeur les systèmes de normes qui régissent le rapport à l'environnement : au XXe siècle, la brutalité au sein des sociétés en guerre va de pair avec une brutalité envers la nature.

Ce sont les contaminations nucléaires qui marquent un tournant, en raison de la durée de leur empreinte sur les écosystèmes. Des géologues datent le début de l'Anthropocène non pas de la fin du XVIIIe siècle mais des bombardements d'Hiroshima et de Nagasaki, qui provoquèrent une émission massive de particules radioactives dans l'atmosphère[21]. Les puissances nucléaires reconnaissent plus de 2 000 explosions nucléaires pour leurs essais, dont plus de la moitié a été réalisée par les États-Unis. Entre 1960 et 1996, date du dernier essai, la France a réalisé 210 explosions dans le désert algérien, puis en Polynésie française. Les essais nucléaires français sont désormais menés par simulation.

Tout le monde garde en tête les images spectaculaires des essais à Reggane et à Mururoa. L'irruption de l'arme nucléaire a provoqué la naissance d'une écologie politique marquée par le pacifisme. Les risques existentiels d'un affrontement nucléaire ou d'accidents nucléaires majeurs donnent naissance à des philosophies de la peur et de la catastrophe, toujours très présentes. Parallèlement, ils suscitent des mesures de protection des océans à travers notamment la Convention de Londres (1975) sur la prévention de la pollution des mers. D'importantes quantités de déchets radioactifs ont été immergés dans l'Atlantique, en particulier par le Royaume-Uni. Son Protocole de 1996 dispose que « le pollueur devrait, en principe, assumer le coût de la pollution ». La gestion des déchets nucléaires nécessite un savoir-faire technologique aussi difficile à acquérir qu'à conserver. Le volume de ces déchets continue à diminuer ; il représente environ 25 000 mètres cubes par an, qui sont stockés et enterrés à de faibles profondeurs. En France, les plus radioactifs

(10 % environ) sont retraités à l'usine de La Hague, qui reçoit aussi des déchets en provenance de Belgique ou du Japon.

La propagation du plastique

Au cours des quinze dernières années ont été produits 57 % de la production totale de plastique depuis 1950, avec pour conséquence 5 000 milliards de pièces qui flottent à la surface des océans en formant des plaques. Avec une superficie équivalente au triple de celle de la France, la plus grande d'entre elles, surnommée le « continent de plastique », dérive dans le Pacifique Nord[22]. L'industrie du plastique consomme 6 % de la production mondiale de pétrole, l'équivalent du transport aérien. Au rythme actuel, elle pourrait en consommer 20 % en 2050[23].

Les déchets plastiques occasionnent des ravages sans doute irréversibles pour la biodiversité marine. Des microplastiques se retrouvent désormais dans la chaîne alimentaire humaine. Seuls 9 % des déchets de plastique sont aujourd'hui recyclés ; les 91 % restant mettront environ quatre cents ans à se dégrader. À horizon 2050, l'Asie de l'Est sera la région à l'origine du plus grand nombre de déchets, devant l'Asie du Sud, loin devant l'Afrique, l'Europe et l'Amérique du Nord. Leur gestion, ou plutôt son absence au niveau mondial, fait l'objet d'une géopolitique qui a connu un profond changement en janvier 2018, date à laquelle la Chine a interdit l'importation de vingt-quatre catégories de déchets dont les plastiques et les papiers mélangés. Jusqu'alors, les pays occidentaux vendaient leurs déchets à l'Asie, tout simplement parce qu'il était plus facile, et moins onéreux, de les expédier à l'autre bout du monde que de les traiter localement. Cette décision a provoqué une accumulation de déchets en Californie, en Australie et au Royaume-Uni, qui se sont tournés vers des pays comme l'Indonésie, la Thaïlande, le Vietnam et surtout la Malaisie.

Cette dernière devient le *hub* mondial des déchets plastiques. La décision chinoise a aussi suscité l'ire de Donald Trump, qui accuse la Chine, mais aussi le Japon, d'avoir jeté à la mer les déchets plastiques qui flottent désormais au large de la côte ouest des États-Unis. Il a dénoncé l'Asie comme un « agresseur » faisant « de nos océans des sites d'enfouissement ». La réponse à ces propos formulée par Yeo Bee Yin, ministre de l'Environnement de la Malaisie, traduit les ressentiments provoqués par l'absence de solution globale : « Aucun pays en développement ne devrait être le dépotoir du monde développé[24]. » La prise en compte des conditions environnementales du partenaire fait désormais partie des stratégies de puissance.

Gagnants et perdants de la transition énergétique

Au XXe siècle, la donne géopolitique a été largement façonnée par les enjeux liés au charbon, au fer, au pétrole, au gaz et à l'atome. Au XXIe siècle, elle se transforme avec la décarbonation rendue indispensable par la lutte contre le réchauffement climatique, la décentralisation des nouveaux modes de génération d'électricité et la digitalisation à travers la fusion de l'énergie et de l'information par les réseaux. Des auteurs, comme le prospectiviste américain Jeremy Rifkin, parient sur un effondrement de la civilisation des énergies fossiles autour de l'année 2028[25]. C'est moins la nature de la transition énergétique que son rythme qui suscitent de vives tensions géopolitiques et géoéconomiques car son orientation et sa mise en œuvre dépendent en grande partie des choix faits par les États-Unis et la Chine.

Le nœud sino-américain

En 2014, les présidents Obama et Xi Jinping étaient parvenus à un accord global de réduction des émissions, soutenu par l'UE, qui avait ouvert la voie à l'Accord de Paris (2015). Depuis 1750, les États-Unis, l'UE et la Chine cumulent près de 60 % des émissions de CO_2 (respectivement 25 %, 22 % et 12 %). Ce différentiel historique justifie les revendications de la Chine pour accélérer son développement économique, tout en étant le premier émetteur mondial de GES (29 %), loin devant les États-Unis (16 %). En termes d'émissions par habitant, ces derniers devancent largement la Chine, qui envisage une baisse de ses émissions seulement à partir de 2030.

La gouvernance du climat pourrait bien devenir la mère de toutes les batailles, dans la mesure où elle est désormais couplée au numérique. Plus profondément, elle oblige à reconsidérer la construction et l'exercice de la puissance, qui se sont largement bâtis, au cours du XXe siècle, sur la maîtrise du pétrole. La Chine promeut le concept de « civilisation écologique », notion inscrite dans la Constitution en 2018, et apparaît comme le pays le plus avancé « en matière de contrôle anthropocénique[26] », c'est-à-dire de déploiement de systèmes de surveillance destinés à gérer les écosystèmes naturels tout en imposant des normes de comportement. À titre d'exemple, le tri des déchets fait partie des critères de crédit social dans certaines villes. Le PCC cherche à rendre opérationnels de nouveaux indicateurs comme le « PIB vert 2.0 », afin de rationaliser l'utilisation des ressources naturelles et d'automatiser les sanctions individuelles ou collectives. Grâce à l'écologie, les autorités chinoises élargissent le périmètre sécuritaire pour renforcer leur contrôle social.

Le retrait américain de l'Accord de Paris a symbolisé la présidence de Donald Trump, qui voyait dans la science du climat une « arnaque chinoise[27] ». Parallèlement, cette posture s'est traduite par un soutien inconditionnel aux projets d'énergies fossiles, une guérilla contre les énergies renouvelables et une relance du nucléaire. Elle s'est accompagnée d'un discours sur la « domination énergétique », qui a prolongé la politique suivie par toutes les administrations américaines depuis 1973. En devenant exportateurs net de gaz et de pétrole, les États-Unis ont profondément modifié leur rapport au monde.

Les politiques énergétiques de la Chine et des États-Unis ont intégré différemment trois ruptures technologiques majeures. Le recours à la fracturation hydraulique autorise des forages horizontaux pour extraire des gaz et pétrole de schiste. Grâce à eux, les États-Unis connaissent une profonde révolution énergétique à partir des années 2000, conduite par des entreprises agiles qui ont doublé la production de pétrole en moins de dix ans pour atteindre presque 13 millions de barils/jour fin 2019, devant l'Arabie Saoudite. Même si cette dynamique a été cassée par la crise de la Covid, Donald Trump a déclaré : « Nous sommes indépendants et n'avons pas besoin du pétrole du Moyen-Orient. » Ce qui n'est pas le cas de la Chine. En revanche, celle-ci exploite la deuxième rupture, introduite par le photovoltaïque. Elle contrôle l'ensemble de la filière des panneaux solaires. C'est devenu un des axes de sa politique étrangère à travers sa diplomatie des infrastructures. La troisième rupture technologique, celle des batteries pour les usages industriels et pour les véhicules individuels, suscite une vive concurrence entre groupes chinois, japonais et coréens.

Ces ruptures ont bénéficié aux États-Unis et à la Chine pour imposer une nouvelle forme de bipolarité aux autres acteurs, notamment à l'Europe. Si les premiers veulent dominer les hydrocarbures, la Chine entend dominer les énergies renouvelables (ENR) en contrôlant les chaînes de valeur, depuis les terres rares, c'est-à-dire des métaux ayant des propriétés électromagnétiques, jusqu'aux algorithmes. En 1992, Deng Xiaoping (1904-1997) déclarait déjà : « Il y a du pétrole au Moyen-Orient, il y a des terres rares en Chine », résumant la stratégie énergétique de la Chine. Dans le cas chinois comme dans le cas américain, les réseaux intelligents (*smart grids*) favorisent la circulation d'information entre fournisseurs et consommateurs pour optimiser les flux d'électricité. Il n'en demeure pas moins qu'en dépit de la technologie, ces deux économies restent fondamentalement extractives et organisées autour du contrôle des matières premières (charbon, terres rares, pétrole et gaz).

Conséquences géopolitiques des énergies renouvelables

Basée à Abu Dhabi, l'Agence internationale pour les énergies renouvelables (Irena) estime que la transition modifie la notion de sécurité énergétique en passant « d'une compétition pour les ressources à une course à l'innovation[28] ». À la concentration géographique et capitalistique des énergies fossiles, les ENR répondent par la dispersion et de nouvelles modalités de financement. Leur déploiement devrait réduire la course aux ressources naturelles, « ce qui pourrait entraîner une baisse de la conflictualité[29] ». Ce conditionnel est prudent car les coupures d'électricité intentionnelles pourraient bien remplacer les embargos d'antan. Les risques géopolitiques liés aux ENR s'apprécieront d'abord du point de vue de la cybersécurité, et nécessiteront des savoir-faire de pointe. Parallèlement, sur un plan technique, le problème de l'intermittence liée aux ENR n'est fondamentalement pas résolu.

En réalité, rares sont les pays capables de conduire une stratégie industrielle intégrée. L'enjeu principal réside dans la maîtrise simultanée des technologies digitales et bas carbone, ainsi que dans l'expertise et la coordination de l'éolien, du solaire, de l'hydrogène décarboné, du stockage de CO_2, de la gestion forestière, du nucléaire, des déchets et des batteries. Par ailleurs, les ENR présentent aussi un impact environnemental avec l'extraction des terres rares, nécessaires à l'éolien, au solaire et aux batteries. L'Irena a établi une liste de vingt-trois minerais[30]. Première productrice mondiale de quatorze d'entre eux, la Chine domine la plupart des chaînes de valeur exploitant les terres rares[31]. À cela s'ajoutent ses capacités d'investissements technologiques.

Les exportateurs d'hydrocarbures doivent d'ores et déjà engager une conversion de leurs modèles. La Libye, l'Angola, le Nigeria, le Congo-Brazzaville, le Timor-Leste et le Soudan du Sud présentent de très fortes vulnérabilités. Un deuxième groupe réunit des pays plus résilients ayant toujours beaucoup investi dans leurs forces de sécurité : Azerbaïdjan, Algérie, Iran et Russie. Chez eux, le contrôle des compagnies énergétiques conditionne les équilibres politiques internes. Côté demande, l'Inde, le Pakistan et la Corée du Sud figurent parmi les plus dépendants aux importations. Parmi les pays susceptibles de tirer profit de la transition énergétique, distinguons ceux qui bénéficient de ressources minières – Bolivie, Mongolie, République démocratique du Congo, Chili notamment – et ceux qui maîtrisent des technologies, comme l'Australie, le Danemark, la Norvège ou les Pays-Bas. Le Japon et l'UE comptent, pour leur part, utiliser la transition énergétique pour réduire leur dépendance à des fournisseurs comme la Russie, l'Algérie ou les pays du Golfe.

Enjeux de la neutralité carbone et du nucléaire

L'Accord de Paris définit la neutralité carbone comme « l'équilibre entre les émissions anthropiques par les sources et les absorptions anthropiques par les puits de gaz à effet de serre ». Ce concept soulève une question majeure : pour atteindre globalement la neutralité carbone, faut-il que chaque pays l'atteigne séparément[32] ? Le principe de la taxe carbone serait de compenser les écarts entre pays en faisant payer les producteurs en fonction de leurs émissions : le prix final augmenterait proportionnellement aux émissions de CO_2 liées à sa réalisation et/ou à son utilisation. Une telle taxe devrait modifier les comportements économiques en favorisant les produits induisant le moins d'émissions, au risque toutefois de créer des « îles décarbonées » dans un monde continuant à émettre massivement. La compétitivité économique de ces régions serait évidemment dégradée si leurs concurrents optaient pour une sorte de dumping écologique. C'est le risque encouru par l'UE. Représentant aujourd'hui moins de 12 % des émissions mondiales, elle souhaiterait instaurer un prix du CO_2 pour les produits réalisés sur son territoire et pour les importations, mais doit convaincre ses grands partenaires commerciaux d'emprunter la même voie.

Pour atteindre la neutralité carbone, plusieurs stratégies industrielles, ayant chacune ses champions, s'affrontent violemment. Sans doute faut-il se rappeler que l'histoire des technologies est faite de « coups de force » suivis d'efforts de normalisation, comme dans le cas des soudiers au début du XIXe siècle, qui durent trouver des moyens de condenser les vapeurs produites par leur activité[33]. Au cœur de vives controverses, les filières hydrogène et nucléaire en donnent aujourd'hui deux exemples. Intrinsèquement lié aux usages militaires, le nucléaire fournit une électricité décarbonée et constante, mais demeure porteur de risques environnementaux majeurs (accidents, gestion des déchets) tout en mobilisant des capitaux considérables. Si plusieurs pays renoncent au nucléaire, d'autres continuent à y investir massivement, entraînant un changement de main technologique et géopolitique.

En Europe, la compétitivité de l'industrie nucléaire suscite d'ardents débats. L'EPR, projet franco-allemand (jusqu'à ce que Siemens revende ses activités nucléaires à Areva en 2011), a été développé dès 1992 avec l'objectif d'une commercialisation dans les années 2000. On connaît la suite : un développement qui accumule retards et surcoûts en Europe. En Chine, le premier EPR de Taishan a été mis en service en 2018 comme prévu. Un duopole russo-chinois s'instaure sur les réacteurs de troisième et de quatrième génération. Début 2019, la Chine a décidé de fermer son territoire aux réacteurs de conception occidentale maintenant qu'elle en maîtrise parfaitement la technologie. À l'instar de la Russie, elle investit également dans des petits réacteurs modulaires (SMR – Small and Modular Reactors), plus faciles à installer et à produire en série, non seulement destinés à décarboner des processus industriels mais pouvant avoir des applications militaires.

Cependant, une évolution significative est à noter : la revitalisation des programmes nucléaires américain, canadien et britannique, qui investissent notamment dans les SMR[34]. Bénéficiant d'un soutien bipartisan, l'administration Trump encourage la filière nucléaire par le biais d'un écosystème de start-up irrigué par des financements publics, comme dans le secteur spatial. Les investissements dans les SMR s'accompagnent d'une révision des conditions d'exploitation du parc existant permettant des baisses très significatives du prix de revient de l'électricité. Cette politique vise clairement à contrecarrer l'influence de la Chine à la fois sur le plan industriel et stratégique[35]. Pour les États-Unis, revenir dans la course nucléaire participe au maintien de leur leadership global.

En janvier 2020, les autorités britanniques autorisaient Huawei à déployer son infrastructure 5G sur leur territoire. En juin 2020, le secrétaire d'État américain Michael Pompeo dénonçait les « tactiques coercitives de harcèlement » mises en œuvre par le Parti communiste chinois à l'encontre du Royaume-Uni. Il établissait un lien direct entre les pressions exercées sur la banque HSBC et sur le projet Hinkley Point* pour que Huawei obtienne l'autorisation de déployer la 5G. Il concluait en affirmant : « Les États-Unis se tiennent prêts à aider nos amis britanniques à répondre à tous leurs besoins, qu'il s'agisse de construire des centrales nucléaires sûres et fiables ou de développer des solutions 5G fiables qui protègent la

* Construction au Royaume-Uni de deux EPR par un consortium sino-franco britannique.

vie privée de leurs citoyens[36]. » Il existe un lien insécable entre choix technologique et appartenance à une alliance militaire. Le 30 juin 2020, Pékin adoptait une loi sur la sécurité nationale mettant fin à l'autonomie de Hong Kong, ex-colonie britannique, qui aurait dû en bénéficier jusqu'en 2047. En juillet 2020, les autorités britanniques interdisaient finalement le déploiement de la 5G sur leur territoire, provoquant la fureur de la Chine. Nouée par le nucléaire, la « relation spéciale » entre Washington et Londres trouve une nouvelle raison d'être avec la 5G.

***

La nouvelle donne environnementale structure de plus en plus le conflit géoéconomique et géopolitique entre la Chine et les États-Unis, qui en retour l'aggrave. Rien de tangible ne sera possible en la matière sans que ces deux puissances agissent de concert car leur pouvoir de transformation du réel est largement supérieur à celui des autres pays. En février 2014, John Kerry, alors secrétaire d'État, présentait le changement climatique comme « peut-être la plus terrible arme de destruction massive » en le comparant au terrorisme et aux pandémies[37]. En 2019, il lançait une coalition de vedettes et de personnalités pour mobiliser face à la crise climatique baptisée *World War Zero* car « nous devons traiter cela comme une guerre ». La dialectique entre énergie et environnement soulève trois problèmes partagés par l'ensemble des acteurs.

Le premier est celui de l'accès à l'énergie, et en particulier à l'électricité. Celui-ci est tenu pour acquis, comme une sorte de droit inaliénable (indépendamment des débats sur son coût), dans les économies avancées alors que de nombreuses régions, notamment en Afrique, souffrent toujours de manques criants. Aucun développement n'est possible sans approvisionnements fiables. Dans le domaine énergétique comme dans le domaine sanitaire, le mot « pénurie » aura toujours un sens. Le deuxième concerne les crises provoquées par des ruptures d'approvisionnement, qu'elles soient volontaires ou involontaires. Aux embargos d'antan succèdent des interruptions d'alimentation électrique par le biais de cyberattaques, souvent difficiles à attribuer. Avec les *smart grids*, la cybersécurité devient le cœur de la sécurité énergétique. Le troisième problème est systémique : comment poursuivre un développement économique infini dans un monde fini du point de vue des ressources naturelles ? Quel mix énergétique pour répondre aux besoins énergétiques globaux sans provoquer de confrontations majeures ? En 2021, la remontée des prix a des conséquences sociales immédiates et rappelle la dépendance directe des économies à leur modèle énergétique. La géopolitique du pétrole, comme celle du gaz, font toujours ressentir leurs effets. Aucune puissance n'est en mesure de répondre seule à ces questions qui touchent à la viabilité du système-Terre. Il est à noter que ni la Chine ni les États-Unis n'envisagent, à ce stade, la sobriété comme réponse politique. La question est de savoir s'ils peuvent envisager des approches plus coopératives à terme.

Les intentions de la Chine : en septembre 2020, au cours de la 75e session de l'assemblée générale des Nations unies, Xi Jinping a fixé un objectif de neutralité carbone pour son pays à horizon 2060. Premier pollueur mondial, la Chine continue à construire de nombreuses centrales à charbon mais veut apparaître comme pleinement engagée dans la lutte contre le dérèglement climatique pour mieux se démarquer des États-Unis. Pour poursuivre son développement sans entraves, elle doit diversifier son mix énergétique dans sa composition comme dans sa répartition. En ce qui concerne le charbon, dont elle représente 51 % de la consommation mondiale en 2019, elle devrait continuer à l'exploiter et à investir massivement sur les technologies de captage et de séquestration de CO_2. Pour le pétrole et le gaz, Pékin va poursuivre la sécurisation maritime de ses voies d'approvisionnement et resserrer les liens politiques avec des pays producteurs, au premier rang desquels figurent l'Arabie Saoudite, la Russie et l'Iran. Dans le domaine du nucléaire, elle ne compte nullement relâcher ses efforts et ses investissements pour les réacteurs de nouvelle génération, y voyant là une occasion de prendre un ascendant technologique sur les Européens. La Chine veut apparaître comme le leader incontesté des ENR en dominant tous les segments des chaînes de valeur, des mines de terres rares aux algorithmes des *smart grids*, en passant par les panneaux solaires, les batteries et les véhicules électriques. Ses développements en matière de géo-ingénierie méritent d'être suivis à la loupe. La grande question est de savoir si la promotion de la « civilisation écologique » n'est pas le moyen pour le PCC d'imposer et de justifier un système poussé de contrôle technologique des populations, à l'intérieur comme à l'extérieur des frontières de la Chine.

Les intentions des États-Unis : symbole de l'unilatéralisme américain, la décision prise par Donald Trump de quitter l'Accord de Paris a cassé la dynamique de la COP21. Le mode de vie américain reste le cœur du problème. Dès le premier jour de sa présidence, Joe Biden a rejoint l'Accord de Paris et vise la neutralité carbone en 2050. Il existe une constante entre présidents américains : relier les politiques étrangère et énergétique. Si la première est trop souvent réduite à la seconde, il n'en demeure pas moins que le modèle énergétique des États-Unis aide à lire certaines orientations de leur politique internationale. Dans leur *National Security Strategy* (2017), ils se présentent comme le centre du système énergétique mondial car ils sont le premier producteur, le premier consommateur et le principal innovateur. Ils entendent tout simplement le demeurer en bénéficiant d'une plus grande flexibilité à l'égard de fournisseurs comme l'Arabie Saoudite. Pour Donald Trump, les États-Unis devaient exercer une « domination énergétique », position qu'ils n'ont en réalité tenue qu'au début de la Seconde Guerre mondiale lorsqu'ils produisaient 60 % du pétrole mondial. Cette part n'a ensuite cessé de diminuer, conduisant les présidents américains à promettre une « indépendance énergétique ». En 2005, ils importaient 30 % de leurs besoins énergétiques, la proportion la plus élevée de leur histoire. Le recours à la fracturation hydraulique a complètement changé la donne et leur a permis de devenir le premier producteur mondial de gaz (2011), de pétrole (2017), puis un exportateur net. En réalité, la « domination énergétique » correspond à l'« indépendance énergétique » plus les exportations. Fondamentalement, les États-Unis doivent revoir leur modèle, qui ne peut pas simplement reposer sur l'augmentation de la production d'énergies fossiles. Grâce à leurs ressources propres et à leur flexibilité, ils disposent clairement d'atouts par rapport à la Chine et à l'UE, à condition d'articuler toutes les composantes de leur mix. S'ils souhaitent retrouver une part de leur autorité morale perdue, ils doivent faire preuve d'activisme en la matière, mais aussi modifier en profondeur leurs modes de consommation. Nommé représentant spécial pour le climat, John Kerry siégera au Conseil de sécurité nationale car, selon lui, il faut « traiter la crise climatique comme la menace la plus urgente de sécurité nationale qu'elle est ». À l'instar de ceux de la Chine, leurs développements en matière de géo-ingénierie devraient être suivis à la loupe.

Les intentions de l'UE : devant le développement des techniques de géo-ingénierie aux effets secondaires inconnus, l'UE devrait concevoir et mettre en œuvre un régime international de régulation entre États, afin d'empêcher des intérêts étatiques et/ou privés d'agir unilatéralement. Considérée à tort comme de la science-fiction, la géo-ingénierie est insuffisamment intégrée aux réflexions géopolitiques européennes. En présentant le *Green Deal* en décembre 2019, la commission von der Leyen s'est fixé pour objectif d'atteindre la neutralité carbone en 2050. La crise sanitaire et le plan de relance ont remis en lumière la nécessité d'accélérer la transition énergétique au sein de l'UE. Cependant, le rôle de l'industrie nucléaire pour atteindre cet objectif fait l'objet de profondes dissensions, qui auront de graves répercussions industrielles. C'est une question cruciale pour la France. Derrière le *Green Deal*, certaines forces politiques font de la sortie du nucléaire une priorité, au moment où la Chine et les États-Unis l'intègrent à leurs politiques énergétiques respectives. L'UE entend utiliser la transition énergétique pour construire son positionnement international en misant sur la COP26 de novembre 2021 présentée, comme toujours, comme celle de la dernière chance, avec les absences remarquées de Xi Jinping, Vladimir Poutine et Recep Erdoğan. En dépit des difficultés, les Européens voudraient instaurer une taxe carbone pour réduire la vulnérabilité de leurs industries confrontées aux risques de perte de compétitivité liée aux coûts élevés de la décarbonation. L'UE veut apparaître comme la championne de la lutte contre le dérèglement climatique dans toutes les enceintes internationales, tout en continuant à négocier des accords commerciaux compatibles avec l'Accord de Paris. Elle voudrait retrouver une autorité morale entre la Chine et les États-Unis dans cette lutte. Compte tenu de la diminution de son poids géoéconomique, la question de sa capacité réelle d'entraînement reste ouverte.

L'Empire portugais (XVᵉ-XVIᵉ siècle)

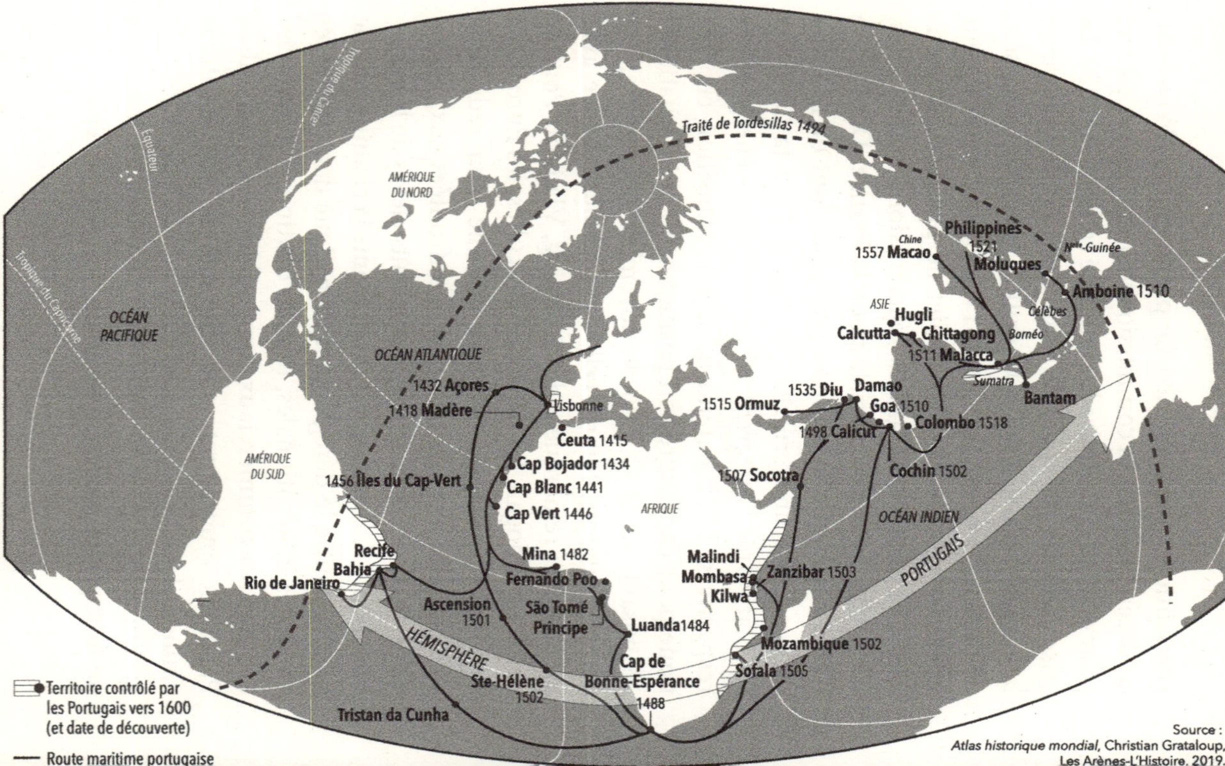

Source : *Atlas historique mondial*, Christian Grataloup, Les Arènes-L'Histoire, 2019.

3

COMMERCE

Le commerce mondial traverse une crise systémique qui a commencé avant la pandémie de la Covid-19. En novembre 2008, le premier G20 soulignait « combien il est vital de rejeter le protectionnisme » pour conjurer la crise financière. En décembre 2018, Donald Trump tweetait fièrement : « *I am a Tariff Man.* » Si le retournement est spectaculaire, il ne s'explique pas seulement par l'action des États-Unis. La subordination des échanges commerciaux à la rivalité stratégique entre Washington et Pékin conduit au constat suivant : « Le cadre multilatéral n'est pas taillé pour résoudre le différend sino-américain[1]. » Cette crise n'est que le symptôme de la lutte pour le sommet d'un capitalisme global renforcé par la pandémie, dans la mesure où elle transforme et déplace les grands flux.

La guerre commerciale déclarée par Donald Trump à la Chine et à l'UE a marqué la fin du cycle amorcé par l'entrée de la Chine dans l'Organisation mondiale du commerce en 2001. Vingt ans après, la Chine devance largement les États-Unis pour l'exportation de marchandises alors que ces derniers la dépassent pour l'exportation de services. Ce cycle correspond à la profonde transformation du commerce par les plateformes numériques, qui ont fait apparaître de nouvelles formes de concurrence et de domination encore accentuées par la pandémie. Il correspond aussi à la multiplication des décisions prises au nom de la sécurité nationale par les États-Unis et la Chine au détriment des règles multilatérales. Cette « sécurisation » du commerce mondial va de pair avec la numérisation des échanges.

L'UE subit davantage les effets de la rivalité sino-américaine qu'elle ne les exploite. Elle se retrouve contrainte à une reconfiguration de ses relations avec les États-Unis et la Chine qui va bien au-delà du fonctionnement de l'Organisation mondiale du commerce. Quand Donald Trump qualifiait l'UE d'ennemie commerciale, fallait-il y voir une simple provocation ou une modification substantielle du lien transatlantique ? Quand la Chine investit dans les banques, le réseau électrique ou les ports du Portugal, pays d'où partit l'expansion maritime européenne au XVe siècle, faut-il considérer cela comme une simple contingence ou le signe, parmi d'autres, d'un renversement historique ?

Pour les Européens (mais pas pour les autres), les périodes les plus pacifiques ont été le long XIXe siècle (1815-1914) et l'après-1945, périodes qui correspondent à une expansion sans précédent des échanges maritimes, stimulés par les progrès technologiques et un cadre institutionnel libéral. L'hégémonie maritime du Royaume-Uni après 1815 puis celle des États-Unis après 1945 ont été obtenues à la suite d'une victoire militaire. Autrement dit, l'adhésion des vainqueurs au libre-échange s'explique avant tout par leur écrasante prépondérance économique rendue possible par leur supériorité navale.

La phase historique actuelle correspond au « basculement thalassocratique de la Chine[2] », c'est-à-dire au déplacement du centre de gravité de son économie vers les côtes, à ses investissements massifs à l'étranger et à sa présence en haute mer. Le commerce international repose sur des infrastructures de connectivité comme les ports et sur des systèmes de règles. Infrastructures et systèmes âprement convoités car d'eux dépendent richesse et puissance. Si les États-Unis, l'Europe et la Chine aimantent plus de la moitié des échanges commerciaux mondiaux, la montée en puissance de cette dernière redessine la division internationale du travail. Une part croissante du commerce international est désormais entre les mains d'une thalassocratie illibérale et ambitieuse. C'est une rupture historique majeure.

Le cadre des échanges

Les formes et les modalités du commerce s'expliquent principalement par les équilibres politiques et militaires auxquels parviennent les puissances rivales[3]. Autour de l'an mille, le commerce s'organisait autour de sept régions principales : Europe occidentale, Europe orientale, monde islamique de l'Afrique et du Moyen-Orient,

Asie centrale, Asie du Sud, Asie du Sud-Est et Extrême-Orient. La seule région alors en contact direct avec toutes les autres était le monde islamique. Aujourd'hui, ces régions sont reliées par de multiples connexions, mais de manière très inégale.

Les grandes connexions

C'est un géographe allemand, Ferdinand von Richthofen (1833-1905), qui inventa l'expression « routes de la soie » pour désigner les pistes commerciales reliant la Chine à la Méditerranée *via* l'Asie centrale. Les caravanes les empruntaient bien avant les Empires han et romain, mais leur essor a été rendu possible par la protection impériale : la Chine cherchait à exercer son contrôle le plus à l'ouest possible en construisant des forts relais, mais fut stoppée par les troupes du califat abbasside, soutenues par des contingents tibétains, lors de la bataille de Talas (751). Seule la *Pax Mongolica* (1241-1343) permit le contrôle de l'ensemble des routes de la soie grâce à un système de sécurité et de relais postaux d'échelle continentale. Plus tard, le khan de Khiva Abu al-Ghazi Bahadur (1603-1663) décrivit cette époque de grande prospérité en assurant qu'« une jeune vierge portant sur la tête un plateau d'or pouvait aller du Levant au Couchant sans avoir à subir de personne la moindre violence ». À son apogée, l'Empire mongol contrôlait plus de 50 % du parc mondial de chevaux[4]. Comme dans le passé, la sécurisation des routes revêt une importance centrale dans le projet actuel de Pékin, et explique notamment l'attention particulière accordée à la région du Xinjiang et à la vallée du Fergana entre l'Ouzbékistan, le Kirghizistan et le Tadjikistan.

L'Europe constitue l'extrémité occidentale des « routes de la soie ». Une fois à l'abri des menaces extérieures, les Européens accélérèrent leur développement économique en inventant un modèle politique qui leur était propre : la cité semi-autonome, organisée et connue sous le nom de commune[5]. Distantes à vol d'oiseau de 290 kilomètres, Venise et Gênes illustrent, chacune à sa manière, la puissance acquise par ces cités qui élargirent l'horizon des Européens. En contrôlant le commerce méditerranéen, les marchands génois et vénitiens connectèrent les Flandres à un système-monde dont le centre de gravité se situait en Asie orientale. Marco Polo (1254-1324) partit de Venise vers l'est par voie terrestre avant de revenir par voie maritime. Son récit – *Le Devisement du monde* – contribua à modifier la représentation du monde des Européens et inspira les grandes découvertes par la suite.

Toute relation a son revers. Au XIVe siècle, la diffusion rapide de la peste refléta la très forte interconnexion des réseaux de l'Eurasie : la bactérie *Yersinia pestis* tua massivement de la Chine à l'Angleterre. Transportée par les puces, elle voyagea dans les fourrures et les tissus. Lors du siège de Caffa, comptoir génois de la mer Noire, par les Mongols (1346), les assaillants atteints de l'épidémie jetèrent les cadavres de pestiférés dans la ville. Les navires génois quittant Caffa disséminèrent la peste dans toute la Méditerranée : Gênes, Constantinople et Marseille en 1347, Paris et Le Caire l'année suivante.

Originaire de Gênes, Christophe Colomb (1451-1506) cherchait, deux siècles après Marco Polo, à rejoindre les Indes orientales en traversant l'Atlantique. En 1492, il partit de Palos avec le soutien d'Isabelle de Castille (1451-1504) et aborda les Antilles en pensant arriver au Japon. Cette découverte résulta de la concurrence entre Portugais et Espagnols pour trouver de nouvelles routes vers l'Orient. Dès 1434, les Portugais commencèrent à vouloir contourner l'Afrique, pour franchir le cap de Bonne-Espérance en 1488 avant de remonter l'océan Indien. Les Espagnols tentèrent une poussée en sens inverse à partir du Nouveau Monde. Les premiers atteignirent les îles Moluques en 1512, et les seconds en 1521. En 1494, le traité de Tordesillas entre les Rois catholiques et Jean II du Portugal (1455-1495) traça une ligne à 370 lieues à l'ouest des Açores et du Cap-Vert. Toute découverte à l'est de cette ligne appartenait au Portugal et à l'ouest à l'Espagne. Il suscita une vive réaction de la part de François Ier (1494-1547), roi de France. La conquête de l'Amérique par les Européens (Ibériques, Français et Anglais) provoqua une catastrophe démographique pour les populations du Nouveau Monde. Au début du XVIIe siècle, les quatre parties du monde – Europe, Asie, Afrique et Nouveau Monde – étaient étroitement connectées, donnant lieu à d'incessants métissages et à de multiples mélanges[6].

Mare liberum *ou* mare clausum

« La découverte du Nouveau Monde par les Européens ne fut pas accidentelle » car les Européens disposaient d'un avantage maritime et de la puissance de feu[7]. Les Portugais s'imposèrent grâce à une stratégie qui n'est pas sans rappeler celle actuellement mise en œuvre par la Chine : contrôler les routes et les nœuds par lesquels transite la richesse plutôt que de conquérir des territoires. Les Espagnols, quant à eux, portèrent une vision globale. La mondialisation n'était pas seulement matérielle ; elle fut surtout intellectuelle et spirituelle. Penseur de la monarchie d'Espagne, le dominicain Tommaso Campanella (1568-1639) élabora une théorie de la « mobilisation catholique » visant à relier richesses, corps et âmes car « plus nombreux sont ces liens, plus s'unifie et se renforce la domination ». Selon lui, « connaître le monde, c'est le posséder à demi ».

Les métaux précieux n'avaient pas de fonction monétaire dans les civilisations du Nouveau Monde comme en Europe. Les gisements miniers découverts furent exploités intensivement et alimentèrent la circulation monétaire mondiale. En ce sens, les Européens ont surtout joué un rôle d'intermédiaire dans le commerce de l'argent entre le Nouveau Monde et la Chine. En remplaçant le papier monnaie par la monnaie d'argent à la fin du XVIe siècle, cette dernière devint la « pompe aspirante » du métal précieux en provenance du Nouveau Monde et transitant par l'Europe. Acheminé par trois routes principales – Baltique, Méditerranée/Levant et celle du Cap –, le métal argent valait alors en Chine le double de ce qu'il valait en Europe. À cela s'ajoutait la route qui reliait Acapulco à Manille.

Ce rappel du sens de circulation de l'argent invite à ne pas voir la Chine d'alors comme le comptoir d'une économie mondiale centrée sur l'Espagne, mais à saisir que « ce sont plutôt les Européens qui s'intègrent dans le réseau extrêmement sophistiqué du commerce asiatique[8] ». Ils jouèrent avant tout un rôle de courtier dans un réseau commercial intra-asiatique qui représentait une large part des échanges mondiaux. Autrement dit, la Chine occupait une position centrale et les Européens vinrent s'entrelacer dans des réseaux existants. En 1984, les autorités chinoises décidèrent l'ouverture au commerce international de quatorze ports côtiers, mettant volontairement fin à plusieurs décennies d'autarcie. Ce faisant, elles repositionnèrent leur pays dans sa fonction historique d'aimant des flux internationaux à travers la « Méditerranée asiatique ». S'agit-il pour elles de retrouver des formes modernisées du système tributaire*, qui résultait avant tout d'impulsions politiques ?

Cette référence à la Méditerranée ainsi que le comportement de Pékin en mer de Chine au cours des dernières années renvoient à la fameuse controverse entre l'avocat hollandais Hugo Grotius (1583-1645) et le juriste anglais

---

* Le système tributaire était un réseau de relations internationales lâches qui reconnaissait le rôle prépondérant de la Chine. Les envoyés des autres nations se prosternaient devant l'empereur chinois pour reconnaître sa supériorité et sa préséance.

John Selden (1584-1654) sur le statut des mers. Alors que le premier défendait la liberté de navigation, le second estimait que les océans étaient susceptibles d'appropriation. Cette controverse entre les tenants de la « mer libre » (*mare liberum*) et ceux de la « mer fermée » (*mare clausum*) reflétait la rivalité entre les Provinces-Unies et l'Angleterre ; elle court jusqu'à nos jours. Il suffit de discuter avec nos amiraux pour constater l'importance cardinale qu'ils accordent au respect du droit de la mer, condition *sine qua non* pour que les Européens continuent à peser dans le jeu de puissance actuellement à l'œuvre sur les mers.

Il n'est pas inutile de rappeler que les marchands néerlandais concurrencèrent le commerce outre-mer des Portugais et des Espagnols en s'emparant progressivement des comptoirs portugais (Malacca, Ceylan, Le Cap, Sao Tomé, Sainte-Hélène...) et en fondèrent de nouveaux (Batavia). Ils furent eux-mêmes concurrencés par les Anglais. En 1600 et 1602 furent respectivement créées l'East India Company et la Compagnie unie des Indes orientales (VOC), qui jouèrent un rôle décisif dans cette expansion commerciale. Associant des actionnaires privés, ces compagnies reçurent le monopole de l'activité commerciale et des délégations de souveraineté sur des territoires outre-mer. Elles entretenaient des flottes et des troupes en symbiose avec l'État qui leur avait octroyé des privilèges. Rétrospectivement, le droit commercial privé, né dans les villes méditerranéennes du Moyen Âge, et le soutien étatique aux expéditions maritimes apparaissent comme des éléments constitutifs de la pérennité de l'expansion européenne.

En 1609, la parution anonyme du *Mare liberum* souleva la question de la souveraineté des mers et, simultanément, celle de la juridiction, c'est-à-dire du pouvoir de coercition. Ce furent les actionnaires de la VOC qui commandèrent ce texte à Hugo Grotius pour justifier la capture d'une caraque portugaise dans le détroit de Singapour par un équipage hollandais. Comme me l'a gentiment fait observer un amiral français, les confrontations en mer se règlent toujours à terre[9]. En recourant à une expertise et en la diffusant, la VOC voulait modifier le droit à son profit au moment où les Ibériques cherchaient à la faire dissoudre. Et inventait ainsi le lobbying et les *public affairs*. Lors de la parution, le roi d'Écosse et d'Angleterre restreignit les droits de pêche des Hollandais en mer du Nord. C'est la confluence des oppositions ibériques et britanniques qui assura la notoriété du *Mare liberum*[10].

Hugo Grotius estimait que « la mer, étant insaisissable comme l'air, ne peut être ajoutée aux [biens] d'aucun peuple », mais distinguait la haute mer et les littoraux, où les prises de possession sont possibles. Les tenants de la *mare clausum*, pour lesquels les mers peuvent être propriétés des princes, aboutissent au concept de « mer territoriale » où un État riverain est en mesure d'imposer sa juridiction. À quatre siècles de distance, les grandes manœuvres en mer de Chine ou celles en Méditerranée orientale autour de Chypre réactualisent ce débat. À certains égards, la Chine et la Turquie mènent une politique du fait accompli en exerçant une pression navale continue.

Les habits neufs du colbertisme

L'avenir du commerce mondial dépend de la sécurité des espaces maritimes et des équilibres entre puissances navales. La doctrine des États-Unis et la Chine en la matière puise directement dans l'héritage de Jean-Baptiste Colbert (1619-1683), que les Européens ont eu tendance à oublier à l'heure de la mondialisation heureuse[11]. Étrangement, le colbertisme est devenu synonyme de dirigisme alors qu'il prônait avant tout une approche mercantiliste, et donc maritime, de l'économie. Pour le ministre de Louis XIV, « la liberté est l'âme du commerce » et l'intervention de l'État ne devait revêtir qu'un caractère temporaire pour permettre aux entreprises françaises de se mettre au niveau de leurs concurrents internationaux. Il voyait avant tout le commerce comme une « guerre d'argent », fondée sur l'exportation de produits manufacturés contre l'importation d'or et d'argent, qui permettaient de financer la guerre et l'État : « Le commerce est la source de la finance et la finance est le nerf de la guerre[12]. »

Colbert suivit l'orientation donnée par Richelieu (1585-1642), qui fut le premier à concevoir politiquement l'activité maritime. Dans son *Avis au roi* de janvier 1629, le cardinal déclarait : « La première chose qu'il faut faire est de se rendre puissant sur la mer, qui donne entrée à tous les États du monde. » La monarchie française tenta d'imiter le modèle politico-maritime hollandais et anglais sans rencontrer le même succès. Colbert reprit le flambeau en construisant une flotte et en constituant la Compagnie des Indes orientales et la Compagnie des Indes occidentales (1664), mais ne parvint jamais à mobiliser les mêmes ressources budgétaires que les Anglais, maîtres des mers au XVIIIe siècle.

Dans *La Richesse des nations* (1776), Adam Smith a posé les fondements intellectuels d'un libre-échange harmonieux et bénéfique pour les nations le pratiquant. Son influence sur la conception du capitalisme fut considérable, mais a instillé une confusion durable entre richesse et puissance. La première correspond à une accumulation de moyens alors que la seconde exige une intention de les utiliser. De plus, la puissance permet d'acquérir de nouveaux moyens de production, d'assurer la possession des anciens et de jouir des richesses déjà acquises. Le contraire de la puissance est la faiblesse, qui empêche toute ambition d'indépendance. Inspiré par le physiocrate François Quesnay (1694-1774), Adam Smith préconisait la liberté absolue des échanges internationaux. Cependant, il reconnaissait aussi que la défense importait plus que l'opulence, tout en soutenant que des décisions protectionnistes comme le traité de Méthuen (1703) n'avantageaient pas la politique commerciale anglaise. En réalité, celle-ci bénéficia grandement, aux XVIIe et XVIIIe siècles, des *Navigation Acts* (1651), mesures protectionnistes votées par le Parlement d'Angleterre pour mettre fin à la domination commerciale hollandaise, protéger le marché intérieur et constituer une force navale. Au XIXe siècle, une fois la mainmise sur les principaux points de passage maritime du globe assurée, l'intérêt du Royaume-Uni fut de démanteler les *Navigation Acts* (1849) pour désarmer le protectionnisme des autres puissances et renforcer sa domination mondiale.

Dans son *Système national d'économie politique* (1841), l'économiste Friedrich List (1789-1846), inspirateur du Zollverein, l'union douanière allemande, critiqua les « exigences cosmopolites de l'avenir » d'Adam Smith. Selon lui, les thèses de ce dernier auraient permis à Londres de dissimuler « la vraie politique de l'Angleterre » car « c'est une règle de prudence vulgaire, lorsqu'on est parvenu au faîte de la grandeur, de rejeter l'échelle avec laquelle on l'a atteint, afin d'ôter aux autres le moyen d'y monter après nous[13] ». De même, l'histoire des États-Unis montre qu'ils furent fermement protectionnistes à leur naissance avant de se convertir au libre-échange et à la recherche de débouchés extérieurs pour accompagner leur montée en puissance. Le débat à distance entre Adam Smith et Friedrich List porte sur une évidence souvent oubliée par la doxa économiste : le choix entre avantage politique et avantage économique n'est jamais fixé une fois pour toutes, mais dépend étroitement des circonstances créées, d'une part, par les rapports entre puissances et, de l'autre, par les relations entre États et sociétés civiles.

En 1902, Alfred Mahan (1840-1914), amiral de l'US Navy ayant popularisé le concept de *sea power*, écrivait : « La quête de marchés est devenue le plus important

Trafic maritime dans les détroits d'Asie du Sud-Est

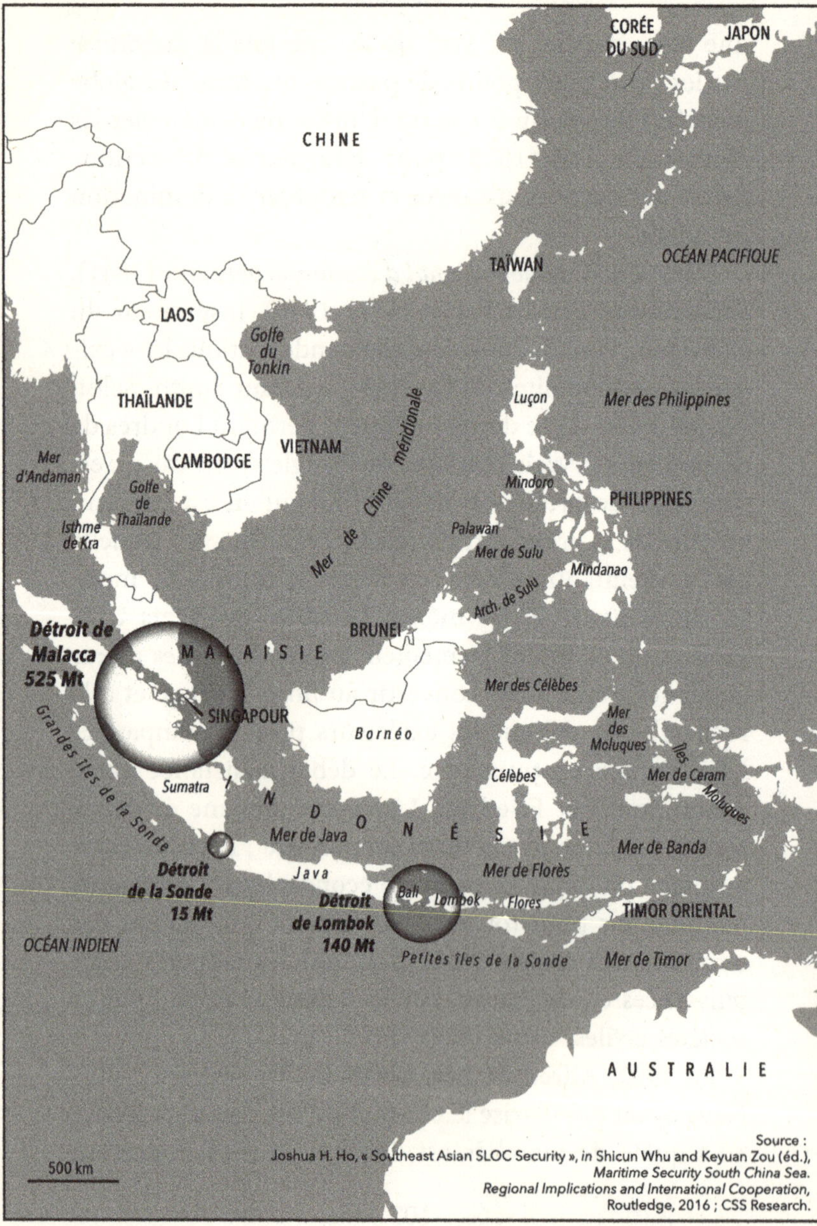

Source :
Joshua H. Ho, « Southeast Asian SLOC Security », *in* Shicun Whu and Keyuan Zou (éd.), *Maritime Security South China Sea. Regional Implications and International Cooperation*, Routledge, 2016 ; CSS Research.

problème politique de notre temps. On cherche à le résoudre par des méthodes commerciales et politiques si essentiellement combatives. » Dans cette optique, libre-échange et protectionnisme ne sont que des options au service d'une stratégie nationale. Les origines guerrières de la *Pax Britannica* (1815-1914) et de la *Pax Americana* (après 1945) ont été masquées par un discours établissant un lien direct entre commerce et paix. Dans *National Power and the Structure of Foreign Trade*, Albert Hirschman a examiné comment le commerce extérieur pouvait être utilisé « de manière consciente et efficace comme un instrument de politique nationale de puissance ». Selon lui, la globalisation du capitalisme s'expliquerait moins par la lutte des classes que par celle entre régions ou États. La décision prise par Donald Trump en 2019 de placer les équipementiers chinois de télécommunications – Huawei et ZTE – sur la liste noire des entreprises présentant « un risque de sécurité nationale » tout comme la mise à l'index par Pékin de la banque HSBC comme « entité non fiable » illustrent à quel point certaines entreprises sont devenues objets du jeu de puissance.

Le contrôle des infrastructures

L'avenir du commerce international dépend de l'issue de la guerre commerciale déclenchée par les États-Unis, ainsi qu'à plus long terme des équilibres navals entre grandes puissances. Qui sera en mesure de sécuriser les routes et espaces maritimes, à part les États-Unis et la Chine ? Quel rôle pour les Européens ?

Déclaration de guerre commerciale

En mars 2018, Donald Trump tweetait fièrement : « *Trade wars are good and easy to win.* » En septembre 2020, il bannissait des États-Unis TikTok, première application conçue en Chine ayant rencontré un succès planétaire auprès des adolescents. Avec Trump, les États-Unis étaient ouvertement protectionnistes et secrètement libre-échangistes. Avec Xi Jinping, la Chine est ouvertement libre-échangiste et secrètement protectionniste. Le commerce international est devenu un enjeu électoral aux États-Unis et de développement en Chine. Dans les deux cas, il est subordonné à la logique de puissance. En « bon mercantiliste colbertiste[14] », Donald Trump dénonçait la désindustrialisation de son pays et le déficit de sa balance commerciale. Au-delà de ses coups de boutoir contre la Chine et l'UE, il a lancé un assaut contre l'Organisation mondial du commerce, symbole du multilatéralisme. L'administration américaine justifiait ainsi sa politique : « Les questions de sécurité nationale sont des questions politiques qui ne sont pas susceptibles d'être examinées ni ne peuvent être réglées dans le cadre du règlement des différends à l'OMC. Chaque membre de l'OMC conserve le pouvoir de trancher lui-même les questions qu'il estime nécessaires à la protection des intérêts essentiels de sa sécurité[15]. » Sur ce point, la continuité entre les administrations Trump et Biden est prévisible.

Si les mesures protectionnistes décidées par Donald Trump ont creusé le déficit commercial des États-Unis avec la Chine et pénalisent davantage le pouvoir d'achat du consommateur américain que chinois, elles ont aussi produit un puissant effet psychologique sur le monde entier[16]. En dépit des négociations bilatérales et des possibles accords temporaires, la politique de Trump a dépassé un point de non-retour car elle touche aux modèles : Washington veut la transformation immédiate de l'économie chinoise, dirigée par le Parti-État, en économie de marché[17]. Cela signifierait la fin du Parti communiste chinois et donc un changement de régime. Personne ne croit que les dirigeants chinois céderont leur contrôle des leviers économiques en raison des menaces américaines. Au contraire, celles-ci les encouragent à vouloir accélérer la mondialisation économique, tout en multipliant les mesures visant à réduire la dépendance de la Chine à l'étranger. Ce discours d'ouverture économique masque les mesures protectionnistes, les ambitions militaires, ainsi que les pressions exercées sur des États ou des entreprises. À ce stade, le bilan de la Covid-19 est paradoxal pour la Chine car la pandémie ralentit fortement la mondialisation économique, tout en permettant à la Chine de rester en légère croissance, alors que les États-Unis et l'Europe sont entrés en profonde récession.

Les autorités chinoises se réfèrent fréquemment au navigateur Zheng He (1371-1433), qui mena plusieurs expéditions à travers l'océan Indien, presque un siècle avant les Européens. Cela leur permet de rappeler que ces découvertes africaines ne furent suivies d'aucune politique de colonisation : la Chine serait respectueuse des différences culturelles, des autres systèmes politiques et de la non-ingérence[18]. Volontiers relayées par d'éminentes voix en Europe, elles réécrivent la *Pax Sinica* en l'opposant aux conquêtes agressives de l'Occident, pour imposer un « modèle chinois » de gouvernance mondiale. Elles omettent, par exemple, de rappeler que, selon l'Académie chinoise des sciences militaires, les différents États chinois ont connu 3 756 guerres, de 770 av. J.-C. jusqu'à 1912, soit 1,4 guerre par an en moyenne[19]. Elles font peu de cas des identités ouïghoure ou tibétaine, et évoquent rarement leur expédition punitive au Vietnam (février-mars 1979) après que ce dernier eut envahi le Cambodge pour mettre fin au règne des Khmers rouges soutenus par Pékin.

En réalité, l'harmonie à la chinoise comporte une forte conditionnalité politique, qui implique de reconnaître le rôle du Parti unique comme garant de l'efficacité politique, économique et militaire. En 2015, le Premier ministre Li Keqiang a lancé un vaste plan d'investissement dans les nouvelles technologies, *Made in China 2025* (MIC 2025), qui serait à l'origine de la guerre commerciale déclenchée par Donald Trump. Ce document reflétait les ambitions de la Chine en identifiant les secteurs clés dans lesquels elle devait à la fois monter en gamme et devenir moins dépendante de l'étranger : véhicules électriques, composants technologiques de navires, énergie renouvelable, robots industriels, équipement médical, matériels agricoles, avions gros porteurs et puces pour smartphones.

En outre, les autorités chinoises font du développement de l'IA une priorité absolue.

Dans ces secteurs, les entreprises chinoises entrent en concurrence directe avec les entreprises européennes. C'est pourquoi l'UE doit se repositionner face à des groupes résolument engagés dans des stratégies duales consistant à gagner des marchés pour imposer des normes et, à terme, un ordre. Sur le plan économique, elle aurait beaucoup à perdre d'une contraction durable du commerce international. Compétence exclusive de l'UE, la politique commerciale (négociation des accords commerciaux, droits de douane, représentation à l'OMC ou mise en œuvre des mesures de défense commerciale) est conduite par la Direction générale du commerce. Traditionnellement, l'UE présente un front désuni en matière de lutte contre la concurrence étrangère déloyale, avec deux blocs : celui des pays du « Nord » (pays scandinaves, Allemagne, Pays-Bas, Luxembourg et Royaume-Uni), qui s'opposent en général à la lutte contre le dumping ou les subventions étrangères en la considérant comme une forme de protectionnisme ; celui des pays du « Sud » (France, Italie, Espagne, Portugal et Grèce), qui cherchent à protéger leurs industries grâce aux instruments de défense commerciale. Un troisième groupe (Belgique, Autriche et Irlande) oscille entre ces deux positions. Le Brexit et l'attitude de l'Allemagne devraient modifier l'équilibre en faveur des pays plus interventionnistes comme la France[20]. De plus, la crise sanitaire a eu pour effet de renforcer la cohésion européenne à l'égard de la Chine.

Compte tenu du poids de l'Allemagne dans l'économie européenne, le positionnement commercial de l'UE tient beaucoup à l'évolution du modèle allemand basé sur les exportations. Comme le dit un diplomate allemand, tout ce qui affaiblit la globalisation est « un très mauvais scénario pour l'Allemagne[21] ». En octobre 2019, dans le cadre d'un séminaire organisé par la Stiftung Wissenschaft und Politik (SWP), *think tank* basé à Berlin, sur les enjeux géoéconomiques de l'UE, il était frappant de constater à quel point le discours des intervenants allemands dissociait complètement la politique commerciale, la politique de la concurrence, qui relèvent de la compétence communautaire, et l'« autonomie stratégique européenne ». Sans surprise, cette dernière faisait l'objet d'un profond scepticisme de la part de parlementaires présents en raison de « ses origines gaullistes[22] », c'est-à-dire de ses velléités d'être moins dépendants des États-Unis, à l'heure où ces derniers perturbaient la relation transatlantique. En outre, ces parlementaires reprochaient toujours à la France son choix du nucléaire civil et militaire. L'ensemble des intervenants allemands défendait le libre-échange, tout en refusant d'envisager un *sea power* européen comme si la sécurité des routes maritimes, sans laquelle commercer serait impossible, était acquise une fois pour toutes. Ce n'est pas le cas.

La connexion n'est pas un lien

Sur le plan symbolique, les États-Unis de Donald Trump ont érigé un mur à la frontière avec le Mexique quand la Chine de Xi Jinping promouvait les nouvelles routes de la soie, qui projettent une image de dynamisme et de confiance. La crise sanitaire, la mise au pas de Hong Kong, l'opacité sur le Xinjiang sont cependant en train de sévèrement l'écorner. L'évaluation précise de la B&R reste à faire. De la même manière que les Portugais, les Néerlandais puis les Britanniques ont sillonné les océans Indien, Pacifique et les mers de Chine pour renforcer leur puissance en Europe, les Chinois se déploient en Afrique, en Europe et en Amérique latine pour renforcer la leur en Asie.

Un mercantiliste du XVIIe siècle déclarait que quiconque contrôlerait le commerce de l'Asie serait en position d'« imposer sa loi à l'ensemble du monde commercial[23] ». Les États-Unis l'ont bien compris. La B&R permet à la Chine d'internationaliser ses priorités et présente trois caractéristiques principales : une communication coordonnée qui a permis une diffusion extrêmement rapide du concept ; une expansion géographique impliquant plus de cent pays et institutions internationales ; une expansion sectorielle allant des infrastructures (portuaires, énergétiques, télécommunications) à de multiples secteurs (e-commerce, finance, espace, tourisme, justice)[24]. Parmi d'autres initiatives, la Cour suprême chinoise a décidé, en janvier 2018, de créer trois tribunaux internationaux de commerce : Xian pour la route de la soie continentale ; Shenzhen pour la route maritime ; Pékin pour la coordination.

Les ports méritent une attention particulière car ce sont des maillons essentiels de la logistique globale ; ils s'inscrivent également dans une économie immatérielle de la communication. Parmi les vingt premiers ports mondiaux, on en compte neuf chinois auxquels s'ajoute Taïwan. À l'étranger, Pékin a pris le contrôle de nombreux ports, notamment en Europe où 10 % des capacités de terminaux de containers se trouvent aujourd'hui dans des mains chinoises, part qui pourrait passer de 25 à 50 % à horizon de cinq ans[25]. Aujourd'hui, la présence chinoise est visible à Valence, Marseille, Malte, Thessalonique, Bilbao, Nantes, au Havre, à Dunkerque, Zeebruges, Anvers et Rotterdam. Le rachat du port du Pirée (2016) a été très médiatisé et habillement mis en scène à la fois par l'ambassadeur de Chine (« Grèce et Chine, nos deux grands empires ») et par le groupe Cosco, qui a pris soin de mettre sur un pied d'égalité les deux pays dans sa communication[26]. Dans le discours, aucune conditionnalité politique n'accompagne les investissements chinois, qui représentent plus de deux milliards d'euros. Le Pirée est devenu le premier port de la Méditerranée pour les containers, en 2019, grâce à une parfaite intégration des différents acteurs chinois : « La consigne a été donnée, au sommet du pouvoir, d'agir collectivement pour créer des chaînes d'approvisionnement chinoises, allant de la matière première jusqu'à la vente au détail en Europe[27]. » Sans doute faut-il noter au passage que la Grèce a empêché une déclaration de l'UE critiquant la Chine sur les droits de l'homme en juin 2017.

Autre exemple emblématique des ambitions chinoises en Europe : la ligne ferroviaire entre Belgrade et Budapest. Après la Grèce, la Serbie sert de vecteur à l'influence chinoise au cœur de l'Europe. Inauguré en 2014, le pont de l'Amitié sino-serbe franchit le Danube à Belgrade. L'objectif consiste à relier Athènes à Budapest en développant un corridor ferroviaire *via* la Macédoine et la Serbie, avec une ligne à grande vitesse entre Budapest et Belgrade. Ce projet permet à Pékin de se connecter aux différents corridors du réseau ferroviaire européen et s'inscrit dans une ambition ferroviaire globale. Deux tiers des voies ferroviaires à grande vitesse dans le monde se trouvent désormais en Chine. À l'extérieur, le développement ferroviaire chinois vertèbre le volet terrestre de la B&R et complète son volet maritime. La dialectique terrestre/maritime renvoie aux notions fondamentales du raisonnement géopolitique. En 1904, un des pères britanniques de la discipline, Halford John Mackinder (1861-1947), définissait le *Heartland* comme l'« île mondiale », composée des continents eurasiatique et africain. Selon lui, la domination mondiale passait par la maîtrise du *Heartland* à travers celle de l'espace s'étendant de l'Europe occidentale à la Sibérie occidentale, ayant comme référence les voies empruntées par les invasions mongoles des XIIIe et XIVe siècles. Dans cette optique, le chemin de fer devait rendre possible une intégration du *Heartland* entre la Chine et la Russie grâce au Transsibérien, qui aurait signifié la fin de la domination britannique sur le monde par les mers. L'Allemagne de Guillaume II poursuivit un ambitieux programme ferroviaire – la ligne Berlin-Bagdad – destiné précisément à contourner la suprématie navale britannique. Quelles que soient les similitudes historiques, l'enjeu géoéconomique demeure : relier les infrastructures portuaires à l'appareil industriel par le ferroviaire. Encore faut-il continuer à raisonner en termes industriels.

Chine, États-Unis et Europe (Allemagne) au cœur du commerce mondial

Les projections économiques sont toujours à prendre avec précaution car elles reposent sur une conception linéaire du développement. Néanmoins, elles soulignent des tendances, tout en préparant les esprits à des recompositions. En 2017, le cabinet d'audit PwC a publié un rapport mettant en évidence la modification profonde du rapport de force économique entre les pays du G7* et ceux du E7** : en 1995, le G7 représentait le double du E7 ; en 2015, ils représentaient à peu près le même poids ; en 2040, le E7 devrait représenter le double du G7. En 2050, le classement par PIB (en parité de pouvoir d'achat) sera dominé par la Chine suivie de l'Inde et des États-Unis et ne comptera plus qu'un pays de l'UE dans les dix premiers : l'Allemagne à la 9e place. La Chine devrait représenter 20 % du PIB mondial, et l'UE moins de 10 %, proportion inférieure à celle de l'Inde[28]. La principale inconnue à ce jour réside dans la transformation des chaînes de valeur globales, avec la décision des États-Unis d'opérer un « découplage » avec la Chine,

* États-Unis, Royaume-Uni, France, Allemagne, Italie, Canada et Japon.

** Chine, Inde, Indonésie, Brésil, Russie, Mexique et Turquie.

qui consiste, dans plusieurs domaines critiques, à bannir des fournisseurs chinois. La crise sanitaire a mis en évidence la dépendance des États-Unis et de l'UE à de nombreux produits chinois, ce qui a renforcé le discours de Donald Trump sur la nécessité de découpler, mais est-ce vraiment réalisable sans déstabiliser des filières industrielles entières ?

En ce qui concerne l'Europe, le « découplage » avec la Chine aurait des répercussions directes sur de larges pans industriels comme l'automobile, l'aéronautique ou le luxe. Comme le reconnaissait Herbert Diess, président du directoire de Volkswagen en janvier 2019, « l'avenir de Volkswagen se décidera sur le marché chinois ». Les normes environnementales imposées à l'industrie automobile européenne font entrer le secteur dans l'inconnu et obligent l'ensemble des constructeurs à électrifier en masse et dans l'urgence leurs catalogues. Pour ce faire, ils doivent mobiliser de vastes capacités d'investissement et atteindre une masse critique par le biais d'alliances, de fusions ou de rachats. Et faire face à une concurrence chinoise avivée. De manière plus générale, les industriels allemands ne peuvent se passer du marché chinois, mais soulignent désormais la compétition systémique entre leur modèle d'économie de marché ouverte et sociale et le modèle chinois du Parti unique. La Fédération des industries allemandes estime ainsi qu'aucun pays européen ne peut faire face seul au défi politique et économique posé par la Chine, tout en refusant clairement l'option du « découplage » préconisé par l'administration Trump[29].

L'UE a dû modifier ses positions à la fois vis-à-vis de Washington et de Pékin. Le discours et les mesures de Donald Trump obligent l'Europe à prendre des contre-mesures sectorielles alors que l'attitude de Pékin la contraint à changer de pied. En 2016, les Européens ont pris conscience, d'une part, que les investissements directs étrangers (IDE) chinois en Europe avaient dépassé les IDE européens en Chine et, de l'autre, que les entreprises chinoises se livraient à un ciblage des entreprises de haute technologie en Allemagne, symbolisée par l'emblématique fabricant de robots Kuka. En février 2019, Peter Altmaier, ministre allemand de l'Économie et de l'Énergie, a présenté une stratégie industrielle nationale interprétée comme une réponse au plan *Made in China 2025*. En mars 2019, la Commission européenne a publié une communication désignant la Chine comme « un rival systémique qui promeut des modèles de gouvernance alternatifs » et a revendiqué un principe de « réciprocité ». L'UE dispose d'un régime d'investissement qui lui permet d'être à la fois la première source et la première destination des investissements directs étrangers au monde.

Défendant le libre-échange, elle doit désormais s'adapter aux politiques chinoise et américaine, qui cherchent, de manière différente, à réduire leur dépendance au reste du monde. Les États-Unis recourent à l'argument de la sécurité nationale pour justifier leurs mesures protectionnistes, tout en fustigeant le sous-investissement des Européens, et en particulier des Allemands, dans les dépenses militaires. La Chine, quant à elle, se comporte comme une citadelle à la fois assiégée et conquérante en parvenant à accentuer sa présence sur les marchés extérieurs et en devenant de moins en moins dépendante des autres. Le discours d'ouverture de l'économie chinoise bénéficie d'un effet d'optique. Si l'on juge l'ouverture d'une économie au nombre de passages de frontières nécessaires à la fabrication d'un produit, alors l'UE réunit des économies beaucoup plus ouvertes que celles de la Chine et des États-Unis. En tête de ce classement mondial se trouvent Taïwan et Singapour, qui jouent un rôle de plateformes essentielles à l'industrie manufacturière chinoise[30]. Autrement dit, Taïwan est indispensable au modèle actuel de la Chine. Ce rappel n'est sans doute pas inutile en ces temps d'affirmation de l'identité de Taïwan et après la mise au pas de Hong Kong, qui marque la fin du principe « un pays, deux systèmes » sur lequel la Chine avait construit son rapport au monde depuis 1979.

***

Depuis la fin des années 1960, la plupart des économies nationales ont trouvé le commerce international comme principale source de croissance, ce qui a poussé très loin la logique de la division internationale du travail. Les entreprises ont abaissé leurs coûts de production au prix de processus très complexes. À titre d'exemple, Renault évalue le nombre de ses fournisseurs à 17 000. Sur le plan politique, la fin de la guerre froide a ouvert une période de stabilité relative avec la domination américaine et l'ouverture de la Chine, qui a permis une extension considérable du marché. Sur le plan technologique, les TIC ont réduit drastiquement les coûts de coordination à distance, rendant possible le contrôle des appareils de production en temps réel. Sur le plan institutionnel, l'OMC a encouragé la multiplication des accords de libre-échange. Cette phase a commencé à se refermer avec la crise financière de 2007-2008. La guerre commerciale est un des théâtres sur lesquels se joue la rivalité stratégique sino-américaine avec une conséquence majeure pour l'ensemble des acteurs : la transformation des interdépendances en leviers de puissance. Parce qu'elles sont asymétriques, elles peuvent être exploitées à son avantage par celui qui est du bon côté de l'asymétrie. Si la crise sanitaire ne signifie nullement la fin des chaînes de valeur transnationales, elle marque une rupture intellectuelle : la mondialisation ne peut plus être assimilée à l'intensification infinie des échanges commerciaux, qui modifie rapidement les équilibres entre Asie et Occident. En novembre 2020, la signature du Regional Comprehensive Economic Partnership (RCEP) entre les pays de l'ASEAN, la Chine, le Japon, la Corée du Sud, l'Australie et la Nouvelle-Zélande illustre le déplacement, d'ouest en est, des dynamiques d'intégration régionale.

Les intentions de la Chine : le succès du modèle chinois a reposé sur la structuration de son marché intérieur et sur l'extension de ses importations. En 1999, Qiao Liang et Wang Xiangsui voyaient la guerre commerciale comme « un outil entre les mains de nombreux pays pour faire la guerre par des moyens non militaires », outil utilisé par les États-Unis « avec beaucoup d'habileté et de brio ». La B&R a pour finalité de développer le commerce, avec l'intention de constituer une vaste zone d'influence en matière de relations commerciales, de normes techniques et de mécanismes de financement. Ce dernier volet implique l'ouverture internationale du système financier chinois. L'ambition de Pékin est de parvenir à imposer sa conception d'un capitalisme reposant sur une symbiose entre le contrôle politique et idéologique exercé d'une main de fer par le PCC et la stimulation entrepreneuriale grâce à une large décentralisation administrative. Cela suppose que les autorités politiques continuent à capturer l'information pour réagir et s'adapter aux aléas. Que ce capitalisme n'autorise aucun débat démocratique semble rédhibitoire aux yeux des Occidentaux, pour lesquels développement économique et démocratie restent indissociables sur le long terme. Dans d'autres régions du monde, des dirigeants présentent l'autoritarisme comme la seule réponse possible pour imposer les adaptations provoquées par la récurrence des crises environnementales ou sanitaires. En ce sens, la Chine offre un modèle qu'elle entend valoriser.

Les intentions des États-Unis : en déclenchant une guerre commerciale, Donald Trump a contraint l'ensemble des acteurs à revoir leur positionnement et leur logiciel de compréhension de la mondialisation, les obligeant à se projeter dans un monde post-OMC. Comme le remarque un diplomate français, « personne n'est surpris que la Chine triche, mais la question porte plus sur les

États-Unis[31] ». En effet, en renonçant au système multilatéral qu'ils avaient eux-mêmes bâti, ils ont déstabilisé volontairement leurs alliés traditionnels, tout en indiquant leur volonté de continuer à exercer leur pouvoir de structuration. Même si elle y met un peu plus de forme, l'administration Biden ne se soucie guère de ses alliés, mais se concentre sur la montée en puissance de la Chine. Pour cela, les États-Unis vont accélérer la dynamique du « capitalisme transnational de plateforme[32] », qui les place aux avant-postes de l'innovation technologique.

Les intentions de l'UE : la guerre commerciale lancée par leur allié militaire rapprocherait les Européens du « moment du choix », dans la mesure où « la question du commerce n'est que la pointe de l'iceberg », selon un diplomate chinois rencontré avant la crise sanitaire[33]. Depuis l'élection de Donald Trump, Pékin répète le leitmotiv suivant : les relations sino-européennes n'ont jamais connu autant d'opportunités de développement, de la lutte contre le dérèglement climatique à la promotion du multilatéralisme en passant par un accord sur les investissements. Or, avec la crise sanitaire, l'UE conduit une politique commune plus ferme, car plus consensuelle, à l'égard de la Chine. Elle entend continuer à commercer avec la Chine, tout en exigeant de la réciprocité de sa part et en se défendant davantage. Dans le discours, l'UE souhaite transformer la contradiction entre sa politique commerciale, qui n'a cessé de s'autonomiser, et la transition écologique, qui est au cœur de son agenda politique avec le *Green Deal*, en fabrique d'un positionnement international ayant la contrainte écologique comme clé de voûte de son approche commerciale. Des forces politiques et médiatiques mobilisent les opinions sur « la nécessité de passer du libre-échange au juste-échange[34] », et trouvent de l'écho sans trop se soucier de la compétitivité de son appareil productif et de son niveau technologique.

4

INÉGALITÉS

« On ne peut pas faire grand-chose pour empêcher et prévoir les coups d'État, les conflits armés, mais on peut quand même faire quelque chose pour améliorer la vie des gens. Autrement, c'est se laisser aller à la politique du pire », déclarait Esther Duflo au lendemain de son prix Nobel d'économie[1]. « Tout empire dans le monde, ajoutait-elle, mais pas la pauvreté. » Entre 1990 et 2015, l'extrême pauvreté (1,9 dollar par jour) est passée de 36 % à 10 % de la population mondiale grâce à la mondialisation des échanges et à des programmes de développement plus efficaces. Cependant, près de 3,4 milliards d'individus restent confrontés à de grandes difficultés pour satisfaire leurs besoins élémentaires. En septembre 2015, l'ONU a adopté dix-sept objectifs de développement durable (ODD) à atteindre en 2030 pour éradiquer la pauvreté. Le dixième objectif vise à « réduire les inégalités dans les pays et d'un pays à l'autre ». La crise de la Covid-19 le rend plus difficile à atteindre car elle provoque une nette augmentation de l'ultrapauvreté, marquant ainsi une inversion de tendance. En novembre 2021, le nombre de morts de la Covid-19 est estimé à 5 millions de personnes. Les campagnes de vaccination laissent apparaître de forts contrastes entre pays du Nord et du Sud.

L'inégalité la plus fondamentale touche à l'espérance de vie : trente-deux ans d'écart entre Hong Kong et la Sierra Leone. À Chicago, c'est à peu près le même écart entre les quartiers pauvres et riches. L'inégalité du monde s'observe également à travers le genre, l'accès à la santé, l'éducation, et bien sûr les revenus et le patrimoine. En août 2019, le G7 de Biarritz avait fait des inégalités son thème central car, pour la présidence française, elles « nourrissent légitimement beaucoup des contestations sociales et politiques qui déstabilisent certaines régions ». Au cours du XXe siècle, les inégalités entre pays se sont fortement accentuées pendant que les inégalités en leur sein diminuaient. À partir des années 1980, ce double mouvement s'est inversé avec l'émergence de la Chine, puis celle de l'Inde. La réduction de la pauvreté au niveau mondial a été un des principaux arguments politiques de la globalisation. Cependant, l'économiste Thomas Piketty note que « le système de frontières, de nationalités et de droits sociaux et politiques qui lui est associé » construit les inégalités contemporaines, et contribue à engendrer « des conflits idéologiques violemment multidimensionnels sur les questions inégalitaires, migratoires et identitaires[2] ».

Il existe des gagnants et des perdants de la globalisation selon l'économiste Branko Milanović, devenu célèbre pour sa « courbe de l'éléphant[3] ». Du côté

LES 17 OBJECTIFS DE DÉVELOPPEMENT DURABLE

ODD1 : Éliminer l'extrême pauvreté et la faim.

ODD2 : Éliminer la faim, assurer la sécurité alimentaire, améliorer la nutrition et promouvoir l'agriculture durable.

ODD3 : Permettre à tous de vivre en bonne santé et promouvoir le bien-être de tous à tout âge.

ODD4 : Assurer l'accès de tous à une éducation de qualité, sur un pied d'égalité, et promouvoir les possibilités d'apprentissage tout au long de la vie.

ODD5 : Parvenir à l'égalité des sexes et autonomiser toutes les femmes et les filles.

ODD6 : Garantir l'accès de tous à l'eau et à l'assainissement et assurer une gestion durable des ressources en eau.

ODD7 : Garantir l'accès de tous à des services énergétiques fiables, durables et modernes, à un coût abordable.

ODD8 : Promouvoir une croissance économique soutenue, partagée et durable, le plein-emploi productif et un travail décent pour tous.

ODD9 : Bâtir une infrastructure résiliente, promouvoir une industrialisation durable qui profite à tous et encourager l'innovation.

ODD10 : Réduire les inégalités dans les pays et d'un pays à l'autre.

ODD11 : Faire en sorte que les villes et les établissements humains soient ouverts à tous, sûrs, résilients et durables.

ODD12 : Établir des modes de consommation et de production durables.

ODD13 : Prendre d'urgence des mesures pour lutter contre les changements climatiques et leurs répercussions.

ODD14 : Conserver et exploiter de manière durable les océans, les mers et les ressources marines aux fins du développement durable.

ODD15 : Préserver et restaurer les écosystèmes terrestres, en veillant à les exploiter de façon durable, gérer durablement les forêts, lutter contre la désertification, enrayer et inverser le processus de dégradation des sols et mettre fin à l'appauvrissement de la biodiversité.

ODD16 : Promouvoir l'avènement de sociétés pacifiques et ouvertes à tous aux fins du développement durable, assurer l'accès de tous à la justice et mettre en place, à tous les niveaux, des institutions efficaces, responsables et ouvertes à tous.

ODD17 : Partenariats pour la réalisation des Objectifs.

des gagnants se trouvent les pauvres, compris au sens large, et les classes moyennes en Asie, auxquels s'ajoute bien sûr le 1 % de la population possédant plus de 50 % de la richesse mondiale. Du côté des perdants, les habitants des régions en marge des échanges et les classes moyennes inférieures des pays avancés. Avec des nuances, Thomas Piketty et Branko Milanović rappellent que les périodes de guerre ont vu une réduction des inégalités. Dans le contexte actuel, ils préconisent de vigoureuses politiques axées sur le patrimoine et l'éducation pour les réduire. Appelant pour sa part à la prudence au regard du passé, l'historien Walter Scheidel estime quant à lui que quatre types de ruptures violentes ont réellement atténué les inégalités de revenus : la guerre, la révolution, la faillite étatique et la pandémie[4]. Par conséquent, la lutte contre les inégalités mondiales de l'ONU peut-elle être conduite indépendamment d'une réflexion sur la violence politique ?

La nouvelle donne démographique

Tout effort de prévision à long terme se construit autour de deux thèmes prédominants : le changement climatique et la croissance démographique. À la différence du premier, la seconde n'a jamais été niée par quiconque, même si ses effets ont pu être exagérés. En 1968, Paul Ehrlich, biologiste à l'université de Stanford, publia *The Population Bomb*, qui annonçait une famine mondiale par manque de ressources en l'an 2000. Succès d'édition, ce livre marqua néanmoins un tournant dans la mesure où il introduisit la taille de la population dans le débat sur l'avenir de la planète. En 2017, 15 000 scientifiques publièrent un *Avertissement à l'humanité* qui présentait la « croissance rapide et continue de la population » comme le « principal moteur de nombreuses menaces écologiques et même sociétales » et souhaitait définir un plafond permettant de stabiliser la population mondiale. Comment le fixer ? La fécondité se commande-t-elle ?

Les chiffres clés

En l'absence d'un gouvernement mondial, le démographe Alfred Sauvy (1898-1990) considérait la population mondiale comme un « faux problème » et les calculs globaux vains en raison des « cloisonnements » du monde. Pourtant, la prise de conscience des limites environnementales du système-Terre et de la « capacité de charge » propre à chaque territoire oblige à un effort de quantification. De 7,8 milliards de personnes en 2020, la population mondiale devrait passer à 8,5 milliards de personnes en 2030 selon les estimations de l'ONU. À horizon 2050, elles varient en fonction d'hypothèses de fécondité basse (8,9 milliards), moyenne (9,7 milliards) et haute (10,6 milliards), soit une différence de 1,7 milliard entre les deux scénarios extrêmes. Ce différentiel serait de 8,3 milliards de personnes à horizon 2100[5]. Il illustre les difficultés de prévision, ne serait-ce que du point de vue de la sécurité alimentaire, auxquelles se heurtent les décideurs s'efforçant d'anticiper au-delà d'une génération. La démographie fait figure de « sport de combat politique[6] » utilisant les projections comme armes pour imposer une vision du monde plutôt qu'une autre.

Sans multiplier les chiffres, trois données principales méritent d'être gardées à l'esprit. En premier lieu, la Chine et l'Inde représentent un tiers de la population mondiale, mais connaissent désormais des évolutions divergentes : la population active de la première décline depuis 2015 alors que celle de la seconde devrait à brève échéance la dépasser. En 1989, le Premier ministre indien Rajiv Gandhi (1944-1991) expliquait déjà que le problème démographique mondial dépendait « dans une large mesure » de son pays, qui n'a toujours pas achevé sa transition démographique à la différence de la Chine*. En ajoutant aux populations chinoise et indienne celles du Pakistan, du Bangladesh, de l'Indonésie et du Japon, on atteint presque la moitié de la population mondiale.

En deuxième lieu, l'accroissement de celle-ci proviendra, dans les trois prochaines décennies, d'un nombre limité de pays : Inde (+ 273 millions), Nigeria (+ 200 millions), Pakistan, République démocratique du Congo, Éthiopie, Tanzanie, Indonésie, Égypte et

* La transition démographique se définit comme le passage d'un régime démographique avec des taux de mortalité et de natalité élevés à un régime avec des taux de mortalité et de natalité faibles.

États-Unis, qui pourraient compter 434 millions d'habitants en 2100 selon le scénario médian de l'ONU. En 2020, l'âge médian de la Chine (38,4 ans) dépasse celui des États-Unis (38,3 ans). Avec un âge médian de 43 ans, l'Europe est entrée, depuis 2015, dans une phase de dépopulation avec un nombre de décès supérieur aux naissances. Un cinquième de sa population totale (513 millions de personnes) a plus de 65 ans. L'immigration assure désormais sa croissance démographique. Selon l'ONU, quinze pays devraient perdre plus de 15 % de leur population d'ici 2050. Quatorze d'entre eux se situent en Europe : Lituanie et Bulgarie (– 23 %), Lettonie, Ukraine, Serbie, Bosnie, Croatie, Moldavie, Roumanie, Albanie, Grèce, Estonie, Hongrie et Pologne. Le quinzième est le Japon qui, à la différence de l'UE, ne recourt pas à l'immigration.

En dernier lieu, une forte croissance de la population africaine, où l'âge médian est de 19,7 ans, est attendue au cours des prochaines décennies. Aujourd'hui, 17 % de la population mondiale vit en Afrique ; ce chiffre pourrait atteindre 40 % en 2100 (4,2 milliards de personnes) à quasi-égalité avec l'Asie. L'Afrique sera le dernier continent à connaître la transition démographique. On s'en inquiète, mais, ce faisant, « se préoccupe-t-on des Africains ou de nous-mêmes[7] ? ». De la même manière qu'il est bien difficile de saisir la « population mondiale » dans son ensemble, il est délicat de parler de « population africaine » comme d'un tout. Quoi de commun, par exemple, entre le Maroc, qui achève sa transition démographique, et le

Niger, qui a doublé sa population en dix-huit ans pour atteindre 23 millions d'habitants (40 millions en 2035 et 65 millions en 2050) ? En matière démographique, on l'a dit, les chiffres sont des armes politiques utilisés pour annoncer une « ruée » de l'Afrique vers l'Europe ou, au contraire, souligner la forte prépondérance des migrations intra-africaines par rapport aux migrations vers l'Europe[8].

Vers une nouvelle hiérarchie des puissances

Pour Hans Morgenthau (1904-1980), un des pères de l'école réaliste en relations internationales, « aucun pays ne peut rester ou devenir une puissance de premier plan s'il ne fait pas partie des nations les plus peuplées de la terre[9] ». En réalité, la démographie peut être à la fois un attribut de puissance et un facteur de sous-développement économique. Composante de la croissance pour les économistes, elle permet aussi de mesurer le degré d'intégration ou de désintégration d'une société. Cela conduit naturellement à examiner les liens entre facteurs démographiques et violence politique à grande échelle, en partant du postulat que les sociétés qui disposeraient d'un « surplus » de jeunes (*youth bulge*) seraient plus conflictuelles que les sociétés vieillissantes. Dans une sorte de déterminisme démographique, cette lecture dessine un « arc de crise », qui irait de l'Afrique subsaharienne à l'Asie du Sud (englobant la Réunion et Mayotte)[10]. Reste que les projections démographiques se traduisent difficilement en politiques opérationnelles, à moins d'être imposées par la contrainte.

Ces projections alimentent des réflexions sur l'importance politique des diasporas, et d'autres, moins fréquentes, sur les systèmes d'alliance. Économiste à l'American Enterprise Institute, Nicholas Eberstadt rappelle que les États-Unis comptaient 23 millions d'habitants en 1850, 13 millions de moins que la France à l'époque[11]. Aujourd'hui, leur population dépasse l'addition de celles du Royaume-Uni, de la France, des Pays-Bas, de l'Allemagne et de l'Italie. Depuis un siècle, ils disposent de la population qualifiée la plus importante en nombre. Le niveau de qualification d'une population est un attribut de puissance. Ces fondamentaux démographiques expliquent autant que les ressources naturelles pourquoi les États-Unis exercent leur prédominance depuis la Seconde Guerre mondiale, contestée aujourd'hui par la Chine et, dans une bien moindre mesure, par la Russie. Ces deux rivaux stratégiques sont confrontés à des défis démographiques de nature différente.

La population chinoise devrait atteindre son pic en 2027, mais sa population active diminue depuis 2015. Elle devrait diminuer d'au moins 100 millions de personnes à horizon 2050. D'ici 2040, le nombre des plus de 65 ans passera de 135 millions de personnes à 325 millions. Au cours des deux dernières décennies, la Russie est parvenue, quant à elle, à améliorer sensiblement son indice de fécondité et son espérance de vie, passée de 65 ans en 2000 à 73 ans en 2018.

Sa population s'élève à 145 millions de personnes. Cependant, le vieillissement du pays s'accélère avec une population active qui a diminué de 8 millions de personnes entre 2005 et 2018 (en comptant la population de la Crimée depuis 2014), et un nombre de naissances qui fléchit depuis 2016. Avec les États-Unis, c'est un des pays qui a été le plus touché par la Covid-19.

Le vieillissement des populations produit des effets sur le plan militaire ou, pour être plus précis, sur les modèles d'armée. Pour les pays n'ayant pas abandonné la conscription, une baisse de natalité fait rapidement ressentir ses effets sur le vivier de recrutement. C'est notamment le cas de la Corée du Sud, qui pourrait être le pays le plus âgé au monde en 2050. Les alliés des États-Unis, en particulier l'Allemagne en Europe, le Japon et la Corée du Sud en Asie, vieillissent vite. Avec l'augmentation inévitable des dépenses sociales, ils peineront à assumer leurs dépenses militaires, ce qui devrait renforcer leur attachement aux alliances protectrices. Autrement dit, les États-Unis feront figure de protecteurs de plus en plus indispensable alors que leurs alliés le seront de moins en moins pour eux. Partant de ce constat, Nicholas Eberstadt préconise pour Washington des alliances militaires avec des pays dynamiques sur le plan démographique, au premier rang desquels figurent l'Indonésie (plus de 300 millions d'habitants en 2040), les Philippines et, bien sûr, l'Inde. Face à la montée en puissance de la Chine, ces derniers pourraient trouver intérêt à approfondir leurs relations de sécurité avec les États-Unis.

La richesse mondiale

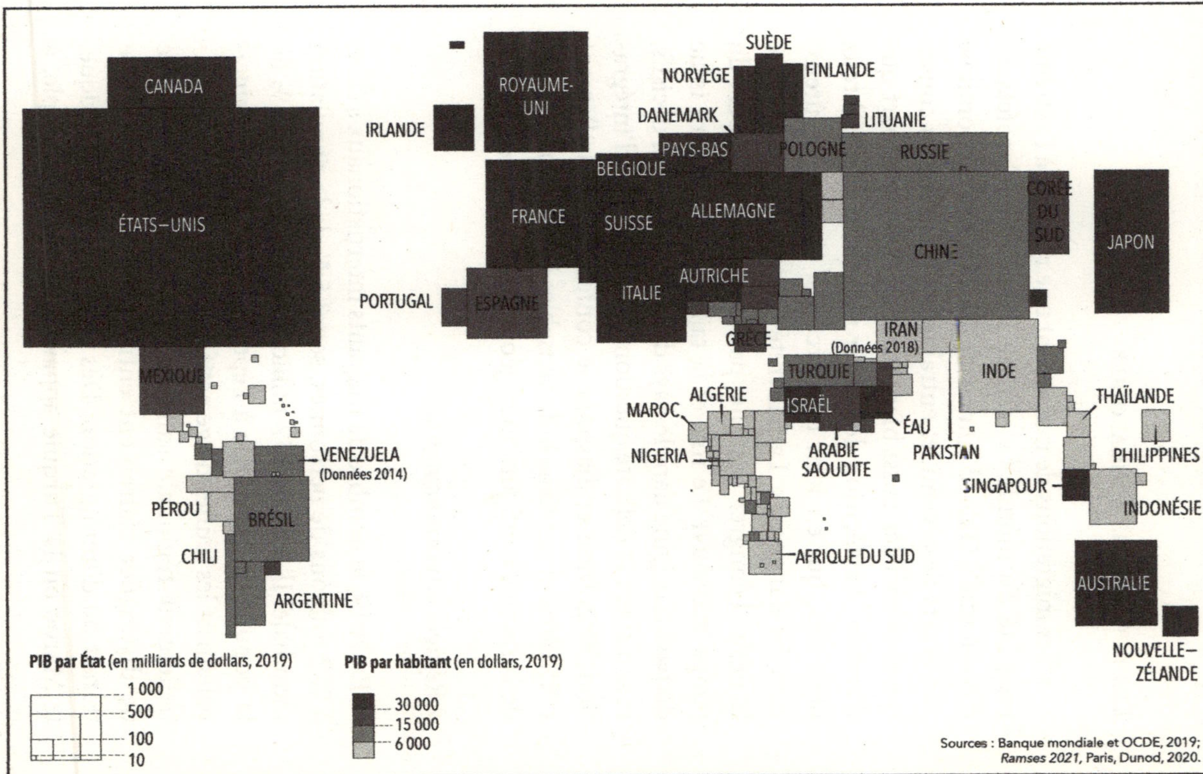

Sources : Banque mondiale et OCDE, 2019; *Ramses 2021*, Paris, Dunod, 2020.

Les pulsations migratoires

« Les migrations de masse sont une réponse à l'extrême inégalité du monde[12] », estime Paul Collier, professeur d'économie à Oxford. Elles sont une réponse économique aux écarts de revenu, et entraînent de profondes conséquences sociales aussi bien dans les pays de départ que d'arrivée. La décision de migrer rencontre de nombreux obstacles, qui en font un parcours, toujours coûteux, souvent dangereux. La pauvreté de départ explique que le désir d'émigrer des plus pauvres reste la plupart du temps inassouvi. Le rôle et la taille de la diaspora issue du pays d'origine dans le pays d'accueil s'avèrent décisifs, et soulèvent la délicate question des conditions d'intégration. Migration et diaspora se confortent mutuellement et établissent des liens indispensables à la compréhension de certaines configurations géopolitiques et identitaires.

« Réfugié environnemental »

En 2019, le nombre de migrants internationaux s'élève à 272 millions de personnes, soit 3,5 % de la population mondiale. Il était de 152 millions en 1990, soit 2,9 % de la population mondiale à l'époque. Concernant principalement les jeunes d'âge actif, la migration reste essentiellement régionale sans qu'il soit toujours possible de distinguer clairement entre pays d'émigration, de transit ou d'immigration. Des pays comme le Mexique, le Maroc ou la Turquie appartiennent, par exemple, à ces trois groupes. Les principaux couloirs migratoires sont les suivants : Mexique-États-Unis, Inde-Émirats arabes unis, Bangladesh-Inde, Russie-Ukraine, Ukraine-Russie, Kazakhstan-Russie et Russie-Kazakhstan. Les États-Unis restent de loin le principal pays d'accueil des migrants, suivis par l'Allemagne, l'Arabie Saoudite et la Russie. En 2019, le nombre de « personnes déplacées de force » s'élève à 70,8 millions : elles se répartissent en 41,3 millions de personnes déplacées sur leur territoire et 33,4 millions de réfugiés, qui viennent principalement d'Afghanistan, de Syrie et du Soudan du Sud. À horizon 2050, selon l'ONU, les grands pays d'immigration seront les États-Unis, l'Allemagne, le Canada, le Royaume-Uni, l'Australie et la Russie ; les grands pays d'émigration seront l'Inde, le Bangladesh, la Chine, le Pakistan et l'Indonésie. Pour anticiper l'évolution de certaines grandes relations bilatérales, l'influence politique des diasporas entre pays d'immigration et d'émigration gagnerait à être examinée.

La dégradation accélérée des écosystèmes laisse craindre une « explosion annoncée des migrations environnementales », appelée à être relativisée par certains[13]. Le terme de « réfugié environnemental » apparaît pour la première fois en 1985 dans un rapport du Programme des Nations unies pour l'environnement. Le tsunami dans l'océan Indien (2004) et l'ouragan Katrina (2005) accélèrent les recherches sur un concept de migrants environnementaux, distinct de celui de migrants économiques ou politiques. Trois types d'impacts du changement climatique sont susceptibles de provoquer des flux migratoires significatifs : l'intensité accrue des catastrophes naturelles, la hausse du niveau des mers et le stress hydrique. Plusieurs index existent pour mesurer les pays les plus à risque en la matière. Les pays du Sahel, comme la Mauritanie, le Tchad et le Niger, se trouvent particulièrement exposés, tout en connaissant une forte croissance démographique.

Le ministère des Armées envisage de multiples scénarios de crise dans le cadre de ses observatoires animés par des instituts de recherche. L'un d'eux[14] imagine une situation où, en 2030, les djihadistes prendraient simultanément le contrôle de Niamey et de Bamako, après plusieurs années de sécheresse, conduisant à des affrontements « sur le modèle syrien », qui pousseraient de nombreux Maliens et Nigériens sur les routes de l'Europe *via* le Maroc et l'Algérie, deux pays qui seraient rapidement débordés par le flux. L'Espagne se retrouverait alors dans une situation similaire à celle de l'Italie après l'effondrement de la Libye, contrainte de solliciter ses partenaires européens, qui pour les uns feraient mine de solidarité et, pour les autres, « passés sous étendard populiste, se gargariser[ai]ent de l'exactitude de leurs prédictions ». La France se verrait obligée d'intervenir militairement en mer pour éviter une hécatombe en Méditerranée occidentale en raison de la pression des ONG et d'une partie de l'opinion « très divisée sur le sujet ». Parallèlement, elle devrait à nouveau intervenir au sol pendant plusieurs années. Les autorités marocaines seraient confrontées à la transformation de la périphérie de Tanger « en Calais de la rive sud ».

Publié en 2016, ce scénario avait 2030 pour horizon. Depuis l'été 2020, les coups d'État militaires rappellent que le Mali n'a pas trouvé la stabilité politique, plus de huit ans après l'intervention militaire française pour éviter que Bamako ne tombe aux mains des djihadistes. Ce scénario n'envisageait pas la dégradation de la situation en Libye avec l'influence directe de la Russie et de la Turquie, qui menait de hauts responsables français à redouter, en juillet 2020, de voir ces pays contrôler ce « verrou migratoire » vers l'Europe[15].

Le débat sur les migrations entre droit et sécurité

Aussi sensible que clivé, le débat politique sur les migrations porte sur le phénomène et sa perception. Il oppose ceux qui les voient comme une chance économique à ceux qui les ressentent comme une menace identitaire. Être pour les migrations consisterait à souligner les bénéfices qu'une société tirerait de la diversité en termes de dynamisme et de créativité. Être contre reviendrait à rappeler les difficultés d'intégration de certaines communautés et les risques de dilution des identités nationales.

Professeur au Collège de France, titulaire de la chaire « Migrations et sociétés », François Héran dépasse cette opposition en prenant acte des migrations : « Nous n'avons pas à être pour ou contre l'immigration, pas plus qu'à nous prononcer pour ou contre le vieillissement, pour ou contre l'accélération des échanges. Qu'on le veuille ou non, nous devons faire avec l'immigration, tant elle est ancrée dans nos sociétés[16]. » Il la présente comme un mécanisme n'allant pas de soi en constatant que les flux de migrants ne s'écoulent pas des contrées pauvres vers les contrées riches : 95 % de la population mondiale n'a jamais migré à l'étranger. François Héran souligne également l'asymétrie entre droit d'émigrer et droit d'immigrer. Rappelant la Déclaration universelle des droits de l'homme : « Toute personne a le droit de quitter tout pays, y compris le sien, et de revenir dans son pays », il indique qu'aucun texte n'énonce la réciproque, le droit d'immigrer dans le pays de son choix.

En France, le découplage entre les flux migratoires et les besoins économiques s'opère avec le regroupement familial à partir des années 1970. La grande majorité des 220 000 migrants non européens qui obtiennent chaque année un permis de séjour ne sont pas là pour combler les pénuries de main-d'œuvre : « Ils entrent chez nous parce qu'ils en ont le droit », rappelle François Héran. Après avoir présenté l'immigration comme « le sous-produit des incursions des nations européennes dans les pays du Sud, du Ponant et du Levant », il invite à respecter les droits des immigrés, qui répondent à leur manière « au système mondial des inégalités dont nous ne pouvons pas nous exonérer » : « La France ne peut propager sa vision de l'universel sans expérimenter en retour une diversification sensible de son paysage social. »

À rebours de cette vision basée sur les droits individuels, Pierre Brochand, ambassadeur de France, ancien DGSE (2002-2008), propose une lecture fondée sur la sécurité nationale[17]. Il explique que la France a connu au moins trois vagues d'immigration massive. La première va de la fin du XIXe siècle aux années 1970 et répond à une logique de travail : « La France manque de bras, l'Europe catholique les lui fournit. » La deuxième vague commence dans les années 1970 et répond à une logique de peuplement « habillée par le droit » en provenance d'ex-colonies, « la plupart à majorité musulmane et à fort écart culturel avec le pays d'accueil ». Déclenchée soudainement à la suite des guerres de Syrie et de Libye, la troisième présente quatre traits spécifiques : élargissement des origines au-delà des ex-colonies, dimension européenne de l'accueil, recours au droit d'asile et « versement de tributs aux "barbares des confins" (gouvernement turc, milices libyennes) pour qu'ils consentent à ralentir ou à retenir le flot ». À la différence de la troisième, la deuxième vague a eu le temps de provoquer « des effets de diaspora », qui sont devenus le « nœud du problème ».

Pierre Brochand insiste sur la « distance culturelle », comprise au sens large, et sur la disparition de la notion de « seuil de tolérance », qui revient « à n'établir aucune différence de nature entre mille réfugiés et un million d'immigrés ». Selon lui, l'islam, devenu « un facteur massivement crisogène, qu'il en porte ou non la responsabilité », alimente un système d'autarcie culturelle et communautaire : « Comment ne pas voir, dans ces contre-sociétés en gestation continue, un symptôme de contre-colonisation ? » résume-t-il.

La différence fondamentale entre les deux approches porte sur le « comptage » et la « distance culturelle ».

Pour François Héran, un fil directeur relie ceux qui s'inquiètent des migrations : « la hantise de la submersion par le nombre et par l'autre », qui les conduit à compter « ces immigrés indésirables » menaçant « notre homogénéité[18] ». Pour Pierre Brochand, il est difficile de croire « que des comptables suédois et des guerriers pachtouns peuvent sans difficulté faire société et vivre en harmonie, tout en pratiquant volontiers le métissage » : accueillir un immigré afghan dans cent villages français de mille habitants n'est pas la même chose qu'installer cent Afghans dans un seul village de mille habitants[19].

Partant du postulat que le nombre de migrants internationaux ne peut qu'augmenter, un Pacte mondial pour des migrations sûres, ordonnées et régulières a été adopté par 152 pays à Marrakech en décembre 2018. Cinq pays – États-Unis, Hongrie, République tchèque, Pologne et Israël – l'ont rejeté ; douze pays, parmi lesquels l'Algérie, l'Autriche, l'Italie et l'Australie, se sont abstenus. Ce pacte souligne les avantages de la migration « pour les migrants eux-mêmes, les communautés d'accueil et les communautés d'origine », tout en reconnaissant les « défis importants » qu'elle soulève pour l'ensemble des acteurs. Non contraignant juridiquement, ce pacte promeut une approche pour ainsi dire managériale des flux migratoires en mettant l'accent sur leurs coûts et bénéfices.

Les inégalités comme reflet de la hiérarchisation du monde

La lutte contre les inégalités implique à la fois croissance et redistribution. Cependant, à partir du moment où la croissance dégrade l'environnement, elle devient incompatible avec les objectifs de développement durable 12 et 13*. Comment se développer en réduisant les émissions de CO_2 ? S'ouvre dès lors un débat entre ceux qui préconisent une croissance soutenue pour améliorer les niveaux de vie et financer la transition énergétique et ceux qui insistent sur l'urgence de l'apprentissage de la sobriété par les 22 % de la population mondiale vivant au-dessus du revenu moyen d'un être humain (environ 8 000 dollars par an en parité de pouvoir d'achat)[20].

De la grande divergence à la mémoire de l'esclavage

La crise de 2008 a accéléré le rattrapage des économies asiatiques, et en particulier celle de la Chine dont le revenu moyen pourrait rejoindre celui de la moyenne européenne à horizon d'une génération. L'après-Covid-19 devrait accélérer cette tendance et refermer le cycle historique de « l'exception européenne ». Dans *Richesse et pauvreté des nations* (1998), l'historien américain David Landes

* ODD 12 : « Établir des modes de consommation et de production durables » ; ODD 13 : « Prendre d'urgence des mesures pour lutter contre les changements et leurs répercussions ».

(1924-2013) défend cette notion en expliquant l'inégalité entre nations riches, peu nombreuses, et nations pauvres, très majoritaires, par les différences culturelles favorisant l'invention scientifique et technique. Il s'inscrit ainsi dans une riche historiographie qui, depuis la fin du XIXe siècle, cherche à saisir la nature du développement économique de l'Europe occidentale par rapport aux autres régions, historiographie qui aurait enraciné l'eurocentrisme dans la compréhension du système international.

Dans *Une grande divergence* (2000), l'historien américain Kenneth Pomeranz rompt avec cette approche qui tend à considérer l'Europe occidentale, voire la seule Angleterre, comme porteuse d'un gène particulier, celui « de la réussite industrielle ». Il cherche des causes exogènes à l'écart de développement entre l'Europe et l'Asie, après avoir constaté que les niveaux de vie de l'Angleterre et du delta du Yangzi étaient comparables au milieu du XVIIIe siècle. Il établit que les deux régions épuisèrent leurs potentialités de croissance en raison de goulets d'étranglement écologiques, puis virent leurs trajectoires diverger à la fin du XVIIIe siècle. L'Angleterre échappa à sa vulnérabilité écologique grâce, d'une part, au charbon abondant sur son propre territoire et, de l'autre, aux exportations agricoles de ses colonies américaines produites par des esclaves. Kenneth Pomeranz rappelle l'importance de l'inclusion des Amériques dans le système économique européen à travers la traite des esclaves, l'exploitation des plantations et des mines, décisives « dans la création de notre monde[21] », sans toutefois en faire l'unique explication du développement économique de l'Europe.

Ces débats historiographiques sont éminemment politiques. Tout d'abord, ils orientent l'écriture de l'histoire des différents âges du capitalisme et des échanges internationaux, alimentant ainsi toute réflexion sur le degré d'ouverture ou de protectionnisme économique. Ensuite, ils reflètent le passage d'une histoire universelle et eurocentrique à une histoire globale (on parle aussi d'histoire connectée) s'intéressant aux multiples sens de la circulation – maître mot – des personnes, des marchandises et des idées. Sans doute cette histoire accompagne-t-elle le déplacement du centre de gravité du système-monde de l'aire euro-atlantique à l'aire indo-pacifique. Enfin et surtout, cette historiographie souligne l'importance centrale du commerce triangulaire et des traites d'esclaves dans l'émergence et la domination d'un capitalisme fondé sur les contacts intercontinentaux, « qui eut pour effet une extension de la présence européenne à l'extérieur[22] ».

Cette mémoire de l'esclavage constitue un enjeu de politique internationale, dans la mesure où elle reflète un système de domination qui, sans être la seule explication, a permis l'enrichissement des uns au prix des souffrances infligées aux autres. Cette mémoire peut, dès lors, servir d'explication politique aux retards de développement économique et alimenter des discussions sur les réparations attendues, qu'elles soient d'ordre symbolique ou matériel. Haïti représente un cas emblématique de « la continuité entre les logiques esclavagistes, coloniales et propriétaristes », selon Thomas Piketty[23]. À la suite d'une révolte d'esclaves victorieuse, le pays a connu l'abolition de l'esclavage et l'indépendance. La France la lui a accordée après que le gouvernement haïtien eut accepté de payer un dédommagement aux propriétaires d'esclaves. Lequel s'élevait à plus de 300 % du revenu national d'Haïti en 1825, soit une gigantesque dette publique « qui contribua fortement à miner le développement de Haïti au cours des deux siècles suivants ». Elle ne fut définitivement remboursée qu'au début des années 1950.

La mémoire de l'esclavage ne cesse de rejouer dans de nombreux pays. Aux États-Unis, la mort de George Floyd, étranglé par un policier lors d'une interpellation à Minneapolis en mai 2020, a provoqué de nombreuses manifestations et un mouvement de réprobation international. La question raciale a toujours traversé la vie politique américaine ; elle resurgit en Europe au moment où les mécanismes d'intégration des populations immigrées se grippent. En France, la loi tendant à la reconnaissance de la traite et de l'esclavage en tant que crime contre l'humanité, dite loi Taubira*, a marqué une prise de conscience. Elle a suscité de vifs débats et a ouvert la voie à des demandes de réparation symbolique auprès d'entreprises descendantes de groupes ayant participé au commerce triangulaire, qui pourraient être amenées à reconnaître « leur responsabilité historique[24] ». En

---

* Du nom de Christiane Taubira, députée de la Guyane (1993-2012), puis garde des Sceaux (2012-2016).

juin 2020, la Lloyds Bank ou le brasseur Greene King ont reconnu qu'une partie de leurs fondateurs avaient profité de la traite des Noirs. La connaissance de l'histoire de l'esclavage est indispensable à la compréhension de la construction du capitalisme mondial. Elle hante beaucoup plus les pays occidentaux que les pays arabo-musulmans ou asiatiques, qui avaient aussi organisé des traites à grande échelle. Cette concurrence de mémoires s'exerce au sein des sociétés multiculturelles mais aussi entre pays. Se rendre maître du passé est une étape indispensable pour imposer ses vues politiques.

Circulation des richesses et des inégalités

L'organisation et la hiérarchisation des circuits économiques concourent aux échanges de richesses et à la répartition des inégalités aussi bien entre pays qu'en leur sein. Lorsqu'elles existent, les politiques de redistribution visent à atténuer les effets des inégalités. En Europe, leur orientation résulte d'un arbitrage entre celles qui ciblent les individus indépendamment de leur lieu de résidence et celles qui sont précisément attachées à leur lieu de résidence. Les premières considèrent les inégalités spatiales comme le reflet de la distribution des populations démunies, alors que les secondes postulent que la localisation maintient, voire accentue, les inégalités socio-économiques. Les allègements de taxes, par le biais de zones franches, en relèvent. Ces politiques s'efforcent de renforcer l'attractivité économique d'un territoire par rapport à un autre face à une mondialisation qui opposerait « les gens de quelque part face à ceux de nulle part[25] ».

La mondialisation entraîne une hyperconnectivité entre métropoles au détriment du « monde des périphéries », qui rassemble dans l'ensemble des pays développés des petites villes, des villes moyennes et des zones rurales dévitalisées. Pour les économies développées, cela aboutit à une situation inédite dans laquelle les classes moyennes peinent à vivre là où se créent l'emploi et la richesse et à la conclusion d'une « disparition de la classe moyenne occidentale[26] ». Si cette lecture radicale fait l'objet de nombreuses critiques, en soulignant notamment le creusement des inégalités au sein des grandes métropoles[27], elle illustre à quel point on se définit toujours, aux niveaux national et international, par son lieu de vie. En un sens, la mondialisation a encouragé la mobilité des uns pour mieux figer celle des autres.

Dans cette optique, Branko Milanović met en évidence la « prime de citoyenneté » pour ceux nés aux bons endroits par opposition à la « pénalité de citoyenneté » pour ceux nés aux mauvais endroits. Cette prime fonctionne comme une rente et assure, selon l'endroit de naissance, un niveau de revenu ainsi que des accès favorisant l'activité économique : « Une large part de notre revenu dépend du hasard de notre naissance. » Ces profondes différences des conditions de vie expliquent en grande partie les motivations migratoires à la fois des pauvres, des qualifiés et des riches. En effet, les premiers, s'ils parviennent à rejoindre les pays développés, ont la possibilité de doubler, de tripler, voire de décupler, leur revenu réel par rapport à celui qu'ils percevaient dans le pays de départ. Des pays comme le Canada, le Royaume-Uni ou l'Australie ont développé des politiques pour attirer des migrants « qualifiés » disposant d'un haut niveau d'études, de talents athlétiques ou artistiques. Les États-Unis accordent une *green card* à des migrants fortunés qui investissent des sommes très significatives dans leur économie. En outre, la population la plus riche est la plus mobile, ce qui lui permet d'échapper à la pression fiscale et de la reporter sur les classes moyennes non mobiles.

En ce qui concerne les très riches, Branko Milanović met en lumière un point crucial. À la chute de l'URSS, les économistes libéraux ont encouragé les privatisations rapides en pensant que les nouveaux riches réclameraient, dans des pays comme la Russie ou l'Ukraine, un état de droit pour protéger leur fortune comme les « barons voleurs » l'avaient fait aux États-Unis au XIXe siècle. Ce ne fut pas le cas car, avec la mondialisation, « il n'est pas nécessaire de se battre pour l'état de droit dans son propre pays[28] ». Il est beaucoup plus simple de transférer ses avoirs à Londres, New York, Genève ou Paris, en investissant notamment dans l'immobilier, là où prévaut un état de droit que l'on vient en quelque sorte acheter.

Par ailleurs, les inégalités avivent une compétitivité territoriale à l'échelle des États-nations, qui attendent des retours économiques en allant sur « un marché d'échelle supérieure[29] ». Professeur de stratégie d'entreprise à Harvard, Michael Porter a transposé la notion d'avantage comparatif des entreprises aux pays. Dans *L'Avantage concurrentiel des nations* (1990), il analyse le rôle de l'environnement économique, institutionnel et politique d'une nation dans la compétitivité mondiale de ses entreprises. Bien que critiquée, son approche a exercé une forte influence sur les représentations de la performance économique entre régions du monde. La compétitivité renvoie à des économies nationales qui s'affrontent pour gagner des parts de marché au détriment des autres. Parallèlement, les États s'emploient à rendre leurs territoires attractifs pour les grandes firmes internationales, qui les mettent en concurrence. Quand deux acteurs agissent à des échelles différentes, l'avantage dans la négociation revient à celui qui intervient à une échelle supérieure pour une raison simple : il a davantage d'options.

Avec une économie mondialisée, l'amélioration de la compétitivité est recherchée par les pays pour créer de la richesse sur leur territoire. Dans cette optique, le ruissellement de richesse permet théoriquement de réduire les inégalités, avec les limites que l'on sait. En réalité, la lutte contre les inégalités impose désormais de combiner au moins trois variables : le différentiel de croissance entre pays, les flux migratoires et la durabilité environnementale. Elle implique une forte solidarité internationale. Nous en sommes loin. Une forte accentuation des inégalités accélère la polarisation d'une société, comme le montre l'exemple des États-Unis. Le phénomène Trump ne peut se comprendre sans cet arrière-plan du sentiment de déclassement social éprouvé par toute une partie de son électorat, qui se retourne contre tous ceux que le 45e président des États-Unis pointe du doigt. L'élection de Joe Biden illustre le degré de polarisation de la société américaine. Autrement dit, la réflexion sur les inégalités ne se pose pas seulement en termes de justice sociale et de croissance économique, mais aussi du point de vue de la violence politique.

***

À ce stade, il n'est pas possible d'apprécier les conséquences de la Covid-19 en termes de réduction ou d'aggravation des inégalités, que ce soit entre pays ou en leur sein. Cependant, l'analyse des épisodes historiques de pandémies montre que « leurs effets macroéconomiques persistent en moyenne pendant quarante ans[30] ». Cette durée s'explique en particulier par des taux d'intérêt déprimés en raison de l'aversion au risque et de l'épargne de précaution. À la différence des guerres, les pandémies ne détruisent pas les appareils de production, mais ne stimulent donc pas les investissements productifs. La crise de la Covid-19 a d'ores et déjà eu une conséquence immédiate : la reprise en main du contrôle des frontières par les États, y compris au sein de l'espace Schengen. Le confinement a montré leur capacité à bloquer durablement des flux de personnes. C'est un précédent important à garder à l'esprit au moment où les réflexions sur les « migrants environnementaux » se multiplient. L'instrumentalisation des flux migratoires par un État contre un autre devient un moyen d'exercer une pression politique, économique et identitaire. En période de tension, la relation entre l'UE et la Turquie est souvent lue dans cette optique en oubliant un peu vite que la Turquie, à l'instar du Liban, a accueilli plusieurs millions de réfugiés de Syrie qui fuyaient la guerre dans leur pays.

Les intentions de la Chine : la « problématique de l'immigration de Chinois en Afrique et d'Africains en Chine » commence à se poser de manière aiguë, selon un spécialiste du continent africain[31]. En dépit de l'importance du sujet, les études manquent pour mesurer l'ampleur des phénomènes migratoires de la Chine, que ce soient les migrations intérieures ou les effets de diasporas. Ce manque concerne également les inégalités car le Bureau national des statistiques chinois n'a jamais diffusé de données à l'échelle des ménages[32]. Au cours de la prochaine décennie, la Chine a intérêt à maintenir son double positionnement de pays toujours en développement et d'économie avancée : cela lui permet de rallier les pays en développement, séduits par l'efficacité de son modèle, et donc de rompre avec le discours occidental sur le développement, tout en continuant à accumuler de la richesse et de la puissance pour pouvoir définir les règles du jeu. À lui seul, le développement économique de la Chine a reconfiguré la répartition des inégalités au niveau mondial. À l'avenir, seule l'Inde paraît en mesure de produire un effet comparable.

Les intentions des États-Unis : plusieurs évolutions pourraient conduire à un « cocktail fatal » de hausse des inégalités, en raison notamment à l'extrême concentration des revenus du capital et du fait que, avec les TIC, « les riches capitalistes et les riches travailleurs sont les mêmes personnes » et se marient entre elles[33]. La concentration des revenus leur confère un pouvoir politique considérable en raison du mode de financement des campagnes électorales. Elle s'est également traduite par un effondrement des politiques d'éducation et d'infrastructures. Autrement dit, les intentions et les orientations des États-Unis vont dépendre des rapports de force au sein d'un pays profondément divisé par la présidence Trump, qui a instrumentalisé à des fins politiques la question raciale et le dossier migratoire. La principale priorité des États-Unis au cours de la prochaine décennie pourrait être de chercher à maintenir leur cohésion interne, mais les conditions de l'élection de Joe Biden rappellent l'ampleur de la tâche à accomplir. Ce dernier prétend conduire une politique extérieure prenant en compte les intérêts économiques et identitaires des classes moyennes de son pays. C'est pourquoi il entend investir massivement dans les infrastructures, mais se heurte aux profondes divisions parlementaires. Sur le plan extérieur, leur démographie, plus dynamique que celle de l'Europe, du Japon et de la Corée du Sud, devrait les conduire à reconsidérer leur système d'alliance.

Les intentions de l'UE : le problème fondamental consiste à concilier un système de redistribution sociale sans équivalent dans le monde avec un vieillissement démographique. En décembre 2012, Angela Merkel avait résumé ainsi la situation : avec 7 % de la population mondiale, l'Europe représente 50 % des dépenses sociales mondiales. En juin 2020, en commentant le projet franco-allemand de plan de relance européen, elle déclarait : « Il est dans l'intérêt de l'Allemagne que nous ayons un marché unique fort, que l'UE devienne de plus en plus unie et qu'elle ne s'effondre pas. Ce qui est bon pour l'Europe était et demeure bon pour nous. » Entre ces dates, l'UE a dû faire face aux turbulences de l'euro, à l'afflux de réfugiés, au Brexit et à diverses crises, autant d'éléments qui ont eu deux conséquences majeures : une accentuation des inégalités entre pays européens, avec un accroissement du différentiel franco-allemand au détriment de Paris ; un renforcement de la centralité de l'Allemagne. Angela Merkel a utilisé sa longévité politique pour imposer sa méthode, son rythme et ses décisions à ses partenaires. De ce point de vue, sa gestion de la crise des réfugiés illustre aussi la centralité acquise par l'Allemagne dans la politique migratoire de l'UE. C'est sur ce dossier que les intentions de l'UE sont les plus difficiles à percer en raison de forts antagonismes politiques entre pays européens et en leur sein. Berlin et Paris doivent garder à l'esprit que l'importance qu'ils accordent aux partenariats euro-africains n'est absolument pas partagée par les pays d'Europe centrale et orientale. Ces derniers ont rejoint l'UE et l'OTAN pour se soustraire à l'influence russe sans jamais considérer que leur avenir se jouerait en Afrique.

L'INVISIBLE

5

NUMÉRISER

Qu'il semble loin le temps où John Perry Barlow (1947-2018) publiait « une déclaration d'indépendance du cyberespace ». C'était en 1996, en réaction aux premières mesures de contrôle de discours en ligne prises par l'administration Clinton. Cofondateur de l'Electronic Frontier Foundation, poète et activiste, John Perry Barlow incarnait l'utopie d'un Internet libre, gratuit et sans frontière, reliant la contre-culture des années 1960 à la Silicon Valley. « Nous devons déclarer nos personnalités virtuelles exemptes de votre souveraineté, même lorsque nous continuons à accepter votre loi pour ce qui est de notre corps », disait-il, avant d'appeler à une « civilisation de l'esprit dans le cyberespace » plus humaine et plus juste que celle issue des gouvernements.

En juin 2020, la capitalisation boursière des sept *majors* du numérique* – Apple, Alphabet, Microsoft, Amazon, Facebook, Tencent et Alibaba – s'élevait à 7 168 milliards

* Figurant parmi les dix premières capitalisations mondiales.

de dollars. Celle des six premières compagnies pétrolières* – Saudi Aramco, Exxon Mobil, Chevron, Reliance Industries, Shell, PetroChina –, durement frappées par la crise sanitaire, atteignait 2 465 milliards de dollars. En 2005, les huit premières capitalisations boursières (General Electric, ExxonMobil, Microsoft, Citigroup, BP, Walmart, Shell et Johnson & Johnson) s'élevaient à 2 104 milliards de dollars. En juin 2021, les huit premières capitalisations boursières (Apple, Microsoft, Saudi Aramco, Amazon, Alphabet, Facebook, Tencent et Tesla) s'élevaient à 11 949 milliards de dollars. Ces chiffres reflètent le glissement d'une économie politique internationale reposant sur le contrôle du pétrole à une économie impliquant celui des données numériques. Les multiples services offerts par les grandes plateformes numériques innervent désormais tous les secteurs économiques. Les conditions générales d'utilisation (CGU) qu'elles imposent régulent de plus en plus nos vies aux côtés des législations nationales ou supranationales. L'activité numérique dépend non seulement d'infrastructures physiques et applicatives mais surtout de données, c'est-à-dire d'informations stockées à un endroit, qu'il faut savoir générer, organiser et exploiter. Pour les États, elles représentent un enjeu de souveraineté et de sécurité ; pour les entreprises, elles deviennent indispensables à la création de valeur ; pour les utilisateurs, elles offrent de nouveaux services, au péril de leur vie privée (*privacy*).

---

* Figurant parmi les cent premières capitalisations mondiales.

Les grandes plateformes donnent aujourd'hui une impression de toute-puissance accentuée par la mise en œuvre de l'intelligence artificielle (IA). Cependant, leur discours optimiste, libérateur et futuriste se heurte aux réactions des États comme des utilisateurs. Ces derniers prennent conscience de l'émergence d'un « capitalisme de surveillance » reposant sur l'extraction et l'exploitation de données personnelles à leur insu[1]. Grâce à elles, leur profilage se fait de manière instantanée. Les autorités publiques européennes se considèrent engagées dans une « guerre des données » dont l'issue conditionne leur positionnement géoéconomique par rapport aux États-Unis et à la Chine[2]. Les plateformes assument des fonctions régaliennes quand les États se transforment en réseaux. Il en résulte une interpénétration des moyens dans une architecture de systèmes décentralisés, certains privés, certains publics, à finalité interne ou externe, qui collectent en continu des données individuelles. Cet enchâssement redistribue la puissance.

Les 10 premières capitalisations boursières mondiales (juin 2020)

Entreprises	Pays	Domaine	Capitalisations boursières (en milliards de dollars)
Saudi Arabian Oil	Arabie Saoudite	Pétrole et gaz	1 741
Apple	États-Unis	Technologie	1 568
Microsoft	États-Unis	Technologie	1 505
Amazon	États-Unis	Services aux consommateurs/ Technologie	1 337

Entreprises	Pays	Domaine	Capitalisations boursières (en milliards de dollars)
Alphabet	États-Unis	Technologie	953
Facebook	États-Unis	Technologie	629
Tencent	Chine	Technologie	599
Alibaba	Chine	Technologie	577
Berkshire	États-Unis	Finance	430
Visa	États-Unis	Finance	372

Source : Bloomberg avec PwC Analysis.

La mondialisation continue par la numérisation

Pour les cabinets de conseil en stratégie d'entreprise, les données constituent la nouvelle matière première de l'activité économique ; ils considèrent la convergence entre mondialisation et numérisation comme inexorable. Entre 2005 et 2016, le flux de données a été multiplié par 80. Selon l'UE, le volume de données produites dans le monde devrait passer de 33 zettaoctets en 2018 à 175 zettaoctets en 2025*. Le nombre de données émises devrait être multiplié par deux tous les dix-huit mois.

La guerre des données

De l'avis général, l'UE a perdu la bataille des données individuelles. À partir du milieu des années 1990,

* 1 Zo : 10^{21} octets.

l'ouverture à la concurrence des télécommunications a accéléré la diffusion d'Internet aux États-Unis, en Europe et en Asie. Les grands opérateurs nationaux de téléphonie – France Télécom, Deutsche Telecom ou AT&T (American Telephone & Telegraph) par exemple – investirent massivement dans de nouveaux réseaux et dans l'achat de licences. Parallèlement, les équipementiers – Lucent, Nortel, Alcatel ou Cisco parmi d'autres – rivalisèrent pour prendre le contrôle de jeunes pousses technologiques à des prix souvent exorbitants, ce qui eut de lourdes conséquences sur leurs bilans. En 1997, Huawei décrocha son premier contrat à l'étranger. En 2004, l'entreprise de Shenzhen signait son premier gros contrat en Europe, avec un fournisseur néerlandais. Son développement fulgurant reflète le déplacement du centre de gravité technologique vers la Chine.

Les autorités américaines ont orienté les investissements dans le numérique par le biais d'incitations fiscales. Entre 1995 et 2000, l'indice du NASDAQ, le marché boursier américain, est multiplié par cinq. À titre d'exemple, le cours de bourse de Netscape, alors leader des navigateurs de recherche, passa de 28 à 75 dollars en une journée. En mars 2000, la première bulle Internet éclata et entraîna des faillites en chaîne, mais des groupes comme Amazon (créé en 1994) ou Google (créé en 1998) continuèrent à se développer. En 2004, Mark Zuckerberg fonda le réseau social Facebook.

Avec Microsoft et Apple (créés en 1976), ces trois groupes forment l'acronyme GAFAM, qui symbolise à lui seul l'économie numérique en raison de sa puissance financière, technologique et politique. Ces groupes américains ont profondément modifié la vie des consommateurs européens. Le passage d'une consommation de masse à une consommation personnalisée a créé des réflexes d'instantanéité et des propositions toujours pertinentes. Revers de la médaille : un profilage intime du consommateur, rendu possible par la parfaite maîtrise des flux continus d'informations personnelles captées et quantifiées à chaque instant par le biais d'algorithmes, remet en cause la notion même de vie privée.

En 2000, les États-Unis et l'UE ont signé le Safe Harbour, accord qui autorisait le transfert de données de citoyens européens au profit des entreprises américaines. Cet accord a été invalidé par la cour de justice de l'UE en 2015 (arrêt Schrems I). Le Privacy Shield, son successeur, a été invalidé par cette même cour (arrêt Schrems II) en juillet 2020, qui a souligné le manque de recours des citoyens européens quand leurs données sont transférées et exploitées aux États-Unis, notamment par le FBI ou la NSA. Il aura fallu quinze ans aux Européens pour saisir l'ampleur de l'accumulation primitive des données, pour paraphraser Karl Marx (1818-1883), et son accumulation primitive du capital, à laquelle se sont livrés les GAFAM. De plus, ces derniers, à l'instar des groupes chinois dans leur pays, ont bénéficié d'un vaste marché intérieur moins réglementé. L'UE, plus fragmentée, n'a pas pu bénéficier du même effet d'échelle, ni su développer par elle-même des services aussi performants. Elle a réagi en 2018 avec l'entrée en vigueur du Règlement général sur la protection des données (RGPD) qui vise à « redonner aux citoyens le contrôle de leurs données personnelles tout en simplifiant l'environnement réglementaire des entreprises[3] ». Tardive, cette réaction ne permet pas de protéger suffisamment les données sensibles[4]. Le problème est à la fois réglementaire et industriel dans la mesure où l'Europe manque d'hébergeurs *cloud* de classe mondiale pour protéger notamment ses données de santé ou d'éducation.

Avec le RGPD, l'UE a apporté une réponse réglementaire et juridique à sa déficience politique et industrielle. Par la voix de Thierry Breton, commissaire européen au Marché intérieur, elle explique qu'elle entre dans une nouvelle phase, celle des données industrielles générées par l'Internet des objets : « Cette guerre des données industrielles débute maintenant et l'Europe sera son principal champ de bataille[5]. » Cinq cents milliards d'objets devraient être connectés à horizon 2030. L'enjeu consiste à capter ces nouveaux flux de données industrielles, à très forte valeur ajoutée, pour les exploiter au plus près de leur lieu de production en privilégiant des groupes industriels européens. Cela implique aussi d'augmenter les capacités de calcul.

Les progrès du *edge computing*, c'est-à-dire les capacités à intervenir au plus près de la création de données, ainsi que le déploiement de la 5G, transforment les modes de production et de consommation. À la différence des antennes 4G qui émettent dans toutes les directions, les antennes 5G envoient leurs signaux de manière ciblée vers les utilisateurs, et uniquement quand cela est nécessaire. Elles ont des débits dix fois plus élevés que ceux de la 4G, ce qui devrait accélérer les flux pour rendre plus efficace la gestion des villes intelligentes, des caméras connectées, de l'automatisation de l'industrie ou des transports, des véhicules autonomes ou des applications à très haut débit de télésanté. Avec la 5G, il est beaucoup plus difficile de séparer le cœur de la périphérie des systèmes d'information, ce qui oblige à accorder davantage de confiance au fournisseur d'accès.

Qui dit 5G, dit désormais Huawei, tant le groupe de Ren Zhengfei s'est imposé à l'avant-garde de cette révolution industrielle et veut apparaître comme « la compagnie indispensable[6] ». Elle a bénéficié à plein de la dérégulation du secteur des télécommunications en s'imposant sur le marché de la 4G grâce à « un bon matériel moins cher », qui représenterait 80 % de l'infrastructure en Allemagne, 50 % au Royaume-Uni et 20 % en France[7]. Ce point est important, dans la mesure où la 4G sert de base au déploiement de la 5G. Des acteurs américains comme Lucent (qui fusionna en 2006 avec Alcatel avant que l'ensemble ne soit racheté par le finlandais Nokia en 2016) se tournèrent vers le marché chinois pour compenser la forte diminution de leurs marges sur leurs marchés traditionnels. L'accès au marché chinois s'est accompagné de transferts technologiques au profit des partenaires industriels chinois et des laboratoires publics de recherche. En 1999, John Roth, le président du groupe canadien Nortel, déclarait : « Nous avons un engagement de long terme sur le marché chinois afin d'aider à développer une industrie locale des télécoms de classe internationale. » Dix ans plus tard, Nortel faisait faillite.

Pour justifier un déploiement rapide de la 5G, Ren Zhengfei avance des arguments géoéconomiques. Il y a dix ans, le PIB de la Malaisie et celui de la Corée du Sud étaient comparables. Cette dernière a beaucoup investi dans les nouvelles technologies : « Eh bien, son PIB est maintenant plus de deux fois supérieur à celui de la Malaisie. » Avant d'ajouter : « Sans les technologies 5G, les États-Unis pourraient devenir un pays arriéré[8]. » Le message s'adresse aussi aux Européens. Les milieux diplomatiques américains en ont une vive conscience. Lors d'entretiens au Département d'État, en mai 2019, un bref document de travail, indiquant que Huawei et ZTE « présentent des risques économiques et de sécurité inacceptables pour les États-Unis et nos alliés », m'a été remis. Il soulignait que la 5G ne s'inscrit pas dans la guerre commerciale déclenchée par l'administration Trump pour la raison suivante : les alternatives aux fournisseurs chinois sont européennes (Nokia et Ericsson) ou sud-coréenne (Samsung), mais « pas américaines[9] ».

L'IA et les transformations de l'industrie

Aujourd'hui, la plupart des données individuelles ou d'organisations sont stockées et traitées dans des systèmes de colocation et de *cloud computing* gérés par de grands hébergeurs comme Amazon Web Services, Microsoft Azure, Google Cloud ou IBM Cloud qui proposent des services applicatifs particulièrement efficaces en raison des effets de taille et d'une innovation continue. L'intensification des flux de données a entraîné une hausse exponentielle des capacités de stockage externe dans des *data centers* dont les capacités de traitement sont en constante augmentation. Ce sont des infrastructures très consommatrices d'énergie. Ce secteur a connu une course au gigantisme et à la concentration : en 2017, 40 % des plus grands *data centers* mondiaux se trouvaient aux États-Unis. En Europe, ils étaient principalement localisés dans le corridor Londres, Amsterdam, Paris, Francfort et sur les littoraux aux extrémités des grandes routes mondiales de câbles sous-marins[10].

L'UE se prépare aux données industrielles qui pourraient lui offrir « une occasion de prendre la première place mondiale dans l'économie », selon son Livre blanc consacré à l'intelligence artificielle[11]. En 2020, 80 % des opérations de traitement des données qui ont lieu dans le nuage se déroulent dans des *data centers* ou des installations informatiques centralisées ; 20 % dans des objets connectés intelligents (voitures, appareils domestiques, robots industriels, installations informatiques proches de l'utilisateur). D'ici 2025, selon certains, ces proportions sont appelées à s'inverser, ce qui devrait encourager l'UE « à créer des réserves européennes communes de données » pour développer une IA digne de confiance[12]. À ce stade, le développement de l'IA nécessite encore la constitution de vastes corpus de données. Il est devenu courant de présenter la Chine comme « l'Arabie Saoudite de la donnée », même si cette comparaison est trompeuse. En effet, les ressources fossiles sont évaluées en fonction des réserves découvertes ou encore à découvrir – elles sont par essence limitées –, alors que rien n'arrête la croissance exponentielle des données dont le volume double tous les deux ans.

L'IA apparaît comme le nouvel outil de puissance, qui conférerait un avantage décisif à celui qui le maîtriserait. C'est pourquoi les États et les acteurs privés élaborent des stratégies destinées, pour les uns, à prendre un temps d'avance et, pour les autres, à ne pas se laisser déclasser. C'est particulièrement vrai pour les plateformes numériques, qui distribuent peu de dividendes à leurs actionnaires, mais réinvestissent massivement leurs gains. L'IA est difficile à définir, certains préférant d'ailleurs parler d'intelligence ajoutée plutôt que d'intelligence artificielle pour atténuer sa portée « prométhéenne ». Le mathématicien Cédric Villani la définit comme une technique permettant à un ordinateur de réaliser des tâches subtiles, dépendantes de nombreux paramètres, capables de prédictions « et dont le programmeur ne connaît pas la réponse *a priori* ». En somme, l'IA offre à celui qui sait l'utiliser des capacités d'analyse démultipliées.

Dans un entretien accordé à *Wired* (2016), Barack Obama a popularisé la distinction entre l'IA généraliste et l'IA spécialisée. Relevant encore de la science-fiction, la première serait chargée de prendre l'ensemble des décisions humaines comme dans le film *Matrix* (1999) alors que la seconde, devenue réalité, serait circonscrite à des applications précises. C'est évidemment cette dernière qui connaît les développements les plus spectaculaires en matière, par exemple, de reconnaissance faciale, de traitement automatisé du langage ou de véhicules autonomes. Pour Andrew Ng, qui a dirigé la recherche en IA chez Google et Baidu, l'IA serait « la nouvelle électricité », c'est-à-dire une force capable d'appliquer des algorithmes à tout type de données numériques et, ce faisant, d'effectuer des tâches complexes beaucoup plus rapidement que l'humain[13]. La logique du *machine learning* consiste à exposer à une IA un grand nombre de données pour l'entraîner à reconnaître des modèles ; elle requiert une expertise rare, que s'arrachent les grands groupes, en matière de programmation à partir d'algorithmes sophistiqués.

Au-delà des questions d'éthique, l'IA a des répercussions immédiates dans quatre domaines clés de la compétition de puissance. En premier lieu, elle amplifie la « course aux talents » à l'échelle globale. Les plateformes attirent les meilleurs ingénieurs, convaincus d'inventer le monde de demain à prix d'or. Selon Graham Allison, directeur du Belfer Center for Science and International Affairs (1995-2017) à Harvard, l'enjeu pour les États-Unis serait de parvenir à recruter, *via* la Silicon Valley, les 0,0001 % d'individus les plus capables des 7,7 milliards d'habitants (soit 770 000 personnes)[14]. Kai-Fu Lee, président de Google China (2005-2009), estime quant à lui que la Silicon Valley est devenue apathique en comparaison des clusters technologiques chinois. À mesure que l'IA se propage dans l'économie, la quantité de bons spécialistes dont dispose un pays serait plus importante que la qualité de ses chercheurs d'élite. Pour devenir une superpuissance de l'IA, il importerait avant tout de disposer d'une abondance de données, d'entrepreneurs ambitieux, de scientifiques compétents et, surtout, d'un environnement politique favorable[15].

En deuxième lieu, l'IA accélère la robotisation et l'automatisation des économies industrielles et fait apparaître une géorobotique autour de cinq pays : la Chine, la Corée du Sud, le Japon, l'Allemagne et les États-Unis. Ces trois derniers dominent le marché des robots industriels et médicaux à haute valeur ajoutée. La France, le Canada ou le Royaume-Uni tentent difficilement de rester dans la course. Le déficit de la France en robots industriels multitâches s'est accentué par rapport à l'Allemagne. Cependant, des groupes anticipent une « renaissance industrielle » à l'instar de l'ingénieriste Fives ou de Dassault Systèmes, leader mondial des logiciels de conception assistée par ordinateurs. Dans tous les secteurs d'activité, ce dernier propose des « jumeaux numériques[16] ». Il s'agit fondamentalement de fusionner les systèmes de production et d'information pour former un « système cyberphysique de production » permettant la coordination de l'ensemble. À l'image d'un avion en pilotage automatique qui ajuste en permanence ses paramètres de vol, les usines de nouvelle génération doivent pouvoir s'autoréguler sans cesse. Pour fonctionner, elles s'appuient sur des plateformes de services destinées à gérer en temps réel leurs équipements. Placées dans le *cloud* par des géants comme Amazon Web Services ou Microsoft Azure, elles offrent une puissance de calcul capable de redimensionner en direct un appareil de production en fonction du volume de la demande. C'est ce que l'on appelle la « scalabilité ». Une grande partie de la valeur industrielle se déplace donc vers ces plateformes, au risque de provoquer de nouvelles formes d'hyperconcentration et de placer l'industriel en situation de sous-traitant d'une ou plusieurs plateformes[17].

En troisième lieu, l'automatisation et l'intelligence à distance (*remote intelligence*) vont profondément modifier le salariat, en particulier dans le secteur tertiaire des économies avancées, encore peu soumis à la concurrence directe d'opérateurs formés et moins chers. Le télétravail va encourager la télémigration, c'est-à-dire l'usage des TIC pour réaliser des tâches à distance, qui pourrait déstabiliser un peu plus encore les classes moyennes occidentales, et engendrer des bouleversements politiques et sociaux plus importants que ceux provoqués par leur désindustrialisation[18].

En dernier lieu, l'IA requiert des composants et des matériaux clés : les semi-conducteurs. Leur production est aujourd'hui largement dominée par les États-Unis. En 2018, le déficit commercial de la Chine en semi-conducteurs dépassait celui des hydrocarbures et représentait 12 % de son volume total d'importations. Son retard était encore plus marqué dans le domaine des puces dédiées à l'IA, dont 75 % à l'échelle mondiale sont produites par l'entreprise américaine Nvidia[19]. Cela illustre l'hyperconcentration des acteurs dans ce domaine crucial pour exercer la suprématie technologique. En raison de son savoir-faire et de ses capacités de productions, l'entreprise TSMC (Taiwan Semiconductor Manufacturing Company) est au cœur de la confrontation technologique sino-américaine. Les autorités chinoises se sont lancées dans un plan de rattrapage visant à acquérir une souveraineté sur l'ensemble de la chaîne de valeur des semi-conducteurs en 2025, alors que les États-Unis veulent accentuer leur avantage dans ce domaine.

Puissances numériques et capitalisme de surveillance

« En Chine, en Allemagne, en France, à Singapour, en Italie et aux États-Unis, vous essayez de confiner le virus de la liberté en érigeant des postes de garde aux frontières du cyberespace ». Dès 1996, John Perry Barlow dénonçait les tentatives de contrôle d'Internet par les États sans forcément anticiper la concentration de pouvoir aux mains des grandes plateformes numériques. Selon lui, les lois promulguées par les États déclaraient « que les idées sont un produit industriel comme un autre, pas plus noble que la fonte brute… », alors que dans le cyberespace elles pouvaient être distribuées à l'infini pour un coût nul : « L'acheminement global de la pensée n'a plus besoin de vos usines. » Ce n'est pas l'avis des plateformes. En réalité, ces dernières et les États ne peuvent aujourd'hui fonctionner les uns sans les autres.

L'ascension de la puissance numérique chinoise

Cette interpénétration entre États et plateformes est particulièrement visible en Chine. Depuis 2016, date de la victoire de la machine AlphaGo contre le Coréen Lee Sedol, considéré comme le meilleur joueur de go au monde, les autorités chinoises font de l'IA un axe de développement prioritaire. Elles y voient un moment décisif pour la civilisation chinoise, qui n'a pas su tirer profit de la révolution industrielle : « Mais à ce moment-là, notre pays est passé à côté de la révolution industrielle et a été doublé par l'Occident. La Chine ne commettra pas la même erreur avec le *big data* et l'IA. La numérisation a offert au peuple chinois la chance du millénaire[20]. » Pour le Parti communiste chinois, l'IA doit permettre à la fois de nourrir la croissance économique et de consolider la sécurité nationale.

Sur le plan intérieur, l'objectif vise à construire une plateforme unique réunissant toutes les données concernant un individu. Projet sans doute plus facile à concevoir qu'à réaliser car l'appareil chinois n'est nullement épargné par les rivalités intestines et les luttes pour le contrôle de l'information. Il n'en demeure pas moins que l'IA est inhérente aux villes intelligentes (*smart cities*), permettant à la fois de réguler le trafic automobile ou d'optimiser la consommation énergétique, mais surtout de garantir la sécurité des biens et des personnes. Pour Robin Li, le cofondateur de Baidu, l'ambition est de changer la vie grâce à l'IA : « Plus de bouchons ni de pollution. Dans le futur, chacun pourra être détendu et de bonne humeur. Nous allons rendre les gens plus heureux. » En 2016, la Chine comptait déjà 176 millions de caméras de surveillance (contre 62 millions aux États-Unis), conçues comme les yeux des villes intelligentes avec des acteurs comme Megvii et SenseTime. En novembre 2017, *Le Quotidien du peuple* résumait ainsi le mouvement en cours : « Certains peuvent se sentir menacés par une technologie qui met pratiquement chacun sous l'œil d'un microscope. Mais la grande majorité se sent en sécurité parce qu'elle sait que la technologie est en de bonnes mains[21]. »

Sur le plan extérieur, la Chine exporte son offre de *smart city*, qui va de pair avec le développement de la 5G. L'Asie centrale est une des régions privilégiées à travers des contrats passés avec l'Ouzbékistan, le Kazakhstan et le Tadjikistan, ainsi que l'Afrique orientale avec des contrats au Kenya ou en Zambie. À noter également, le contrat obtenu par Huawei en Arabie Saoudite pour assurer la sécurité du

Hajj, le pèlerinage annuel de La Mecque[22]. Cette offensive se traduit par des partenariats commerciaux qui obligent des entreprises européennes à d'importants transferts de données. Avec la 5G, le sens des transferts technologiques s'inverse ; ce ne sont plus les entreprises occidentales qui apportent leur savoir-faire en Chine, mais c'est cette dernière qui propose de leur procurer les moyens indispensables à leur renaissance industrielle. La Chine n'est plus seulement l'atelier du monde ; elle est aussi devenue un laboratoire technologique. Nouer des partenariats avec ses entreprises devient nécessaire pour rester dans la course technologique. Cependant, l'offre technologique de la Chine ne saurait être dissociée de la nature de son régime.

« Toutes les entreprises chinoises sont liées au PCC. » Ce sont les termes utilisés par un diplomate chinois de haut rang pour rappeler le mode de fonctionnement chinois à un public de chefs d'entreprises français curieux des ambitions de Huawei en Europe[23]. En 2015, en Chine, la loi de sécurité nationale précisait que les citoyens et les entreprises ont « la responsabilité et l'obligation de maintenir la sécurité nationale ». En 2017, la loi sur le renseignement national stipulait que les entreprises chinoises devaient « soutenir, assister et coopérer avec » les services de renseignement. Conscient des effets de cette législation sur son image à l'étranger, Huawei s'est efforcé de se distancier des autorités chinoises. En janvier 2019, Ren Zhengfei est intervenu dans les médias pour indiquer que son groupe « ne nuirait jamais à l'intérêt de ses clients » et ne répondrait pas à des demandes de renseignement. En mai 2019, Huawei a rendu publique une étude juridique soulignant que le groupe ne pouvait être contraint à espionner. Cependant, depuis 1996, le gouvernement chinois le présente comme un « champion national » et exerce une pression constante sur les autorités canadiennes pour obtenir la libération de la fille de Ren Zhengfei[24].

L'État contrôle la totalité des infrastructures de réseau en tenant un carré numérique propre à la Chine : sécurité des réseaux et des données ; stabilité sociale garantie par l'autocontrôle des plateformes ; « sécurité culturelle », c'est-à-dire gestion restrictive des contenus jugés dangereux pour l'identité chinoise ; défense d'un écosystème favorable aux innovateurs chinois à l'abri de la concurrence étrangère. Internet y fonctionne de manière autonome en étant protégé de l'extérieur par un pare-feu, souvent comparé à une « grande muraille » numérique, et à l'intérieur par un « bouclier doré ». Ces protections permettent une censure immédiate de tout contenu critique à l'encontre des autorités, mais aussi une anticipation des revendications sociales. Elles garantissent la compétitivité des entreprises chinoises, qui peuvent lancer leurs produits sur un vaste marché unifié et captif.

Ces conditions ont permis l'émergence de géants numériques chinois, au premier rang desquels figurent Alibaba, Tencent et Baidu. Fondée en 1999 par Ma Yu (dit Jack Ma, né en 1964), Alibaba est une plateforme de commerce en ligne dédiée aux entreprises. Cotée à New York depuis 2014, son entrée en Bourse avait donné lieu à la plus grande introduction de l'histoire américaine avec près de 22 milliards de dollars levés. Sa filiale financière,

Ant Financial, qui s'est vu refuser une offre d'achat sur MoneyGram par les autorités américaines (janvier 2018), gère le programme expérimental de crédit social, baptisé Sesame. Créé en 1998 par Ma Huateng (dit Pony Ma, né en 1971), Tencent est au départ une messagerie instantanée. En 2011, Tencent lance WeChat, qui intègre dans une application unique, particulièrement facile à utiliser, un réseau social, une messagerie, un moyen de paiement, des systèmes de réservation et une plateforme d'e-commerce. Elle compte 900 millions d'utilisateurs quotidiens (dont 90 % sont chinois). À titre de comparaison, Apple Pay compte 22 millions d'utilisateurs. Pour se représenter la fulgurance du développement chinois, rappelons que la Chine comptait 22 millions d'internautes en 2000, soit un quart du nombre d'Américains connectés à la même époque. Tencent dispose aujourd'hui d'une puissance financière lui permettant de prendre de nombreuses participations dans des start-up chinoises et dans des groupes étrangers (Tesla, Supercell, Snap, Spotify…) avec pour ambition de parachever l'intégration des différents métiers du numérique. Fondée en 2000, Baidu est le premier moteur de recherche chinois (plus de 75 % des requêtes) et le deuxième au niveau mondial après Google. Le groupe investit massivement dans l'IA pour véhicules autonomes.

Rétrospectivement, cette émergence a été favorisée par trois facteurs clés. Premièrement, le basculement complet du pays au début des années 2000 dans la téléphonie mobile alors que le réseau complet de téléphones fixes n'était toujours pas achevé. Deuxièmement, le paiement numérique au début des années 2010 par le biais d'applications dédiées, au détriment des cartes de crédit ou des espèces. Troisièmement, la collusion entre autorités publiques et acteurs numériques pour mettre en données toutes les catégories de la population chinoise. Fin 2018, l'Académie chinoise des technologies s'est félicitée dans son Livre blanc sur la sécurité en intelligence artificielle de la participations active des grands groupes privés Alibaba, Tencent ou Baidu à la numérisation du « contrôle national de la société » dans des champs comme « la surveillance sécuritaire, la recherche de données et le contrôle de l'opinion publique[25] ». À la suite d'un discours tenu en octobre 2020 et critiquant les autorités politiques, Jack Ma, fondateur d'Alibaba, disparaît plusieurs semaines. C'est un exemple parmi d'autres de la vigoureuse reprise en main de la Big Tech par le parti, qui ne peut tolérer ses interventions répétées dans le champ politique. La diffusion des TIC dans les pays de l'OCDE a favorisé le monopole de plateformes numériques qui ont affaibli le principe de concurrence, creusé les inégalités et finalement dégradé le dynamisme de leurs économies. Les champions chinois ont non seulement importé les technologies américaines mais aussi copié leur *business model*, y compris leurs défauts[26].

Cybersécurité : la lutte permanente

Le déploiement de la 5G participe directement à la politique de puissance de la Chine, qui entend exercer sa prédominance par le numérique. Compte tenu des dangers d'espionnage et de dépendance technologique, les autorités publiques françaises suivent attentivement les échanges entre opérateurs et équipementiers « parce que nous savons très bien que, si nous laissons les opérateurs tout faire seuls, les questions de sécurité et de souveraineté ne seront pas prises en compte », déclarait Guillaume Poupard, directeur général de l'Agence nationale de la sécurité des systèmes d'information (ANSSI), en janvier 2020[27]. Pour limiter les risques, les opérateurs français doivent demander des autorisations à l'ANSSI sur leurs choix d'équipementiers pour déployer leurs antennes. Sans citer de groupe, Guillaume Poupard est parfaitement explicite dans son analyse de risque : « Je sais très bien qu'il y a des risques plus forts avec des équipements qui viennent de Chine, donc construits par une entreprise qui est, malgré elle, soumise à des pressions éventuelles venant du gouvernement chinois, qu'avec des entreprises comme Nokia ou Ericsson, parce que je sais qu'un pays membre de l'Union européenne ne va pas faire pression sur Nokia ou Ericsson pour éteindre les réseaux en France[28]. »

La cybersécurité est devenue un marché crucial où rivalisent des groupes (Cisco, Symantec, Thales, Kaspersky...) ayant des liens étroits et complexes avec leurs autorités publiques. Elle oblige à reconsidérer les notions de *privacy* et de secret dans la mesure où les volumes de données collectées sur les individus le sont aussi bien par les acteurs étatiques que privés. Les États louent ou subtilisent des données commerciales pour les combiner aux leurs ou constituent de vastes bases de données qui sont ensuite exploitées par des entreprises privées. En réalité, la ligne de démarcation semble de plus en plus difficile à tracer dans ce domaine : les conditions de la *privacy* ont sans doute glissé de la gestion de bases de données publiques aux modalités d'accès des États à des bases de données privées, et réciproquement.

Les travaux prospectifs ont parfaitement identifié le caractère systémique des menaces cyber en raison précisément « de l'enchevêtrement des enjeux et de l'imbrication des acteurs publics comme privés[29] ». Les scénarios ne manquent pas pour imaginer une cyberattaque massive qui paralyserait par exemple notre système hospitalier. La Covid-19 a provoqué le confinement de plus de trois milliards de personnes en trois mois ; un virus informatique pourrait entraîner des effets comparables, voire les démultiplier. Le fonctionnement des organisations repose sur des outils informatiques dominés par un nombre très limité d'acteurs. À titre d'exemple, les systèmes d'exploitation Windows de Microsoft occupent 83 % du marché sur les postes de travail ; les microprocesseurs Intel représentent 79 % des microprocesseurs d'architecture en circulation dans le monde[30]. Une vulnérabilité systémique se situe dans des systèmes conçus sans avoir intégré la cybersécurité dans leur conception initiale. Ce sont les mises à jour qui doivent permettre de se prémunir contre des attaques ou des incidents dans un contexte d'interconnexion croissante entre les systèmes. En août 2017, le Japon s'est retrouvé en partie isolé d'Internet pendant quelques heures à la suite d'une mauvaise manœuvre attribuée par plusieurs médias à Google[31]. On imagine sans peine les conséquences d'un isolement prolongé de cette nature.

Cela doit conduire à bien distinguer les accidents inhérents à tout système des agressions rendues possibles par ces mêmes systèmes. Dans le cyberespace se pose la double question de la résilience et de l'attribution, qui « reste bien une décision politique[32] ». Dans la mesure où la génération, le stockage et l'exploitation des données constituent un avantage comparatif majeur, leur sécurité est devenue un enjeu clé pour les États, les entreprises et les citoyens. Elle concerne à la fois la couche matérielle du cyberespace, c'est-à-dire les infrastructures physiques appelées à jouer un rôle croissant avec l'Internet des objets, la couche applicative des logiciels et des systèmes d'exploitation, et enfin la couche cognitive, dite « sémantique ». Pour simplifier, les deux premières couches correspondent aux contenants et la troisième aux contenus. Ces trois couches sont la cible d'attaques croissantes dans leur forme et dans leur intensité à travers des opérations très spécifiques ou des actions massives et indiscriminées. En ce sens, les menaces numériques s'apparentent à un risque infectieux pouvant aussi bien toucher l'ensemble d'une population qu'un petit nombre d'acteurs clés.

Les attaquants informatiques poursuivent quatre grands types d'objectifs : l'espionnage, les trafics, la désinformation et le sabotage. Mené principalement, mais pas exclusivement, par les services de renseignement, l'espionnage informatique correspond à une transposition dans le monde numérique d'activités traditionnelles de renseignement. En juillet 2012, le général Keith Alexander, directeur de la National Security Agency (NSA) (2005-2014), estimait le coût du vol de propriété intellectuelle à 250 milliards de dollars par an (« le plus formidable transfert de richesse de l'Histoire »), reconnaissant par là même l'ascendant pris par la Chine. En 2015, Barack Obama et Xi Jinping étaient parvenus à un accord qui réduisait significativement les actions gouvernementales d'espionnage d'entreprises américaines privées. L'acceptation par la Chine s'expliquerait par la crainte de sanctions commerciales, par le fait que l'essentiel du travail d'acquisition technologique avait, semble-t-il, été fait et par le coût du piratage pour l'économie chinoise. Sur le plan intérieur chinois, cet accord s'inscrivait dans la campagne anticorruption lancée par Xi Jinping : le coup d'arrêt au cyberespionnage économique d'État lui permettait de reprendre la main sur l'appareil militaire en créant une cinquième branche aux forces armées. La force de soutien stratégique (FSS) venait s'ajouter à l'armée de terre, à la marine, à l'armée de l'air et à la force missilière[33].

Jusqu'au milieu des années 1990, la cybercriminalité se réduisait à l'action de hackers isolés. Les réseaux se sont professionnalisés au cours des années 2000 pour obtenir des sommes d'argent par le bais de rançongiciels ou pour organiser des trafics illégaux en tous genre. La frontière entre groupes cybercriminels et États s'avère de plus en plus difficile à tracer, dans la mesure où ils cherchent à exploiter les mêmes failles informatiques de leurs cibles. Les campagnes électorales sont devenues des périodes éminemment sensibles en raison des opérations de désinformation auxquelles elles donnent lieu par le biais notamment des infox véhiculées par les réseaux sociaux. Pour finir, le sabotage informatique consiste à pénétrer des systèmes adverses pour y déposer des implants activables au moment du passage à l'acte. En avril 2015, l'attaque de la chaîne de télévision TV5 Monde a constitué la première action de cette nature rendue publique. Compte tenu des interconnexions, le sabotage informatique entraîne des destructions dans le monde physique, qui peuvent évidemment provoquer des morts.

La maîtrise de la cybersécurité se trouve aujourd'hui au cœur de la confrontation de puissance. En raison des moyens mobilisés, les États-Unis et la Chine surclassent les autres pays dans ce domaine. La Russie dispose d'un savoir-faire reconnu en matière de désinformation et de hacking, alors que des pays comme le Royaume-Uni, la France, le Canada ou l'Allemagne sont en mesure de conduire des opérations intégrées à leurs manœuvres militaires d'ensemble. À cette liste, il faut ajouter le cas spécifique d'Israël, qui a fait de la cybersécurité un axe clé de son développement économique et de sa posture stratégique. Israël regroupe au sein de l'unité 8200 les conscrits sélectionnés pour leurs aptitudes informatiques. Au terme de leurs trois ans de service militaire (vingt-deux mois pour les femmes), les entreprises de cybersécurité se les disputent, ce qui aboutit à la plus forte densité mondiale d'entreprises innovantes de cybersécurité[34]. À l'échelle globale, ce sont les écarts d'adoption, de sensibilisation et de pratique en matière de cybersécurité qui se ressentiront sur la hiérarchie des puissances, entre celles qui savent protéger leur patrimoine de données et celles qui n'en ont tout simplement pas les moyens financiers ou la volonté politique.

***

Contrairement aux espérances de John Perry Barlow, le cyberespace est devenu, en une génération, le principal terrain d'affrontement entre principes de souveraineté et valeurs universelles, entre régimes démocratiques et gouvernements autoritaires. L'ampleur de la collusion entre acteurs privés et autorités publiques génère un « impérialisme d'interpénétration[35] » que seuls les États-Unis et la Chine sont en mesure d'exercer pleinement. Cette dernière n'est évidemment pas le seul pays à fournir des technologies numériques répressives. Les États-Unis, la Russie, le Royaume-Uni, la France ou Israël proposent de nombreuses solutions de sécurité publique, qui induisent des formes d'urbanisation et de contrôle des espaces publics – redessinant ainsi les contours des libertés publiques et individuelles. Ces technologies autorisent six grands types d'action – surveillance, censure, harcèlement, attaques cyber, coupure de réseaux et persécutions ciblées –, qui risquent fort d'aboutir à un capitalisme de surveillance, consistant fondamentalement à extraire et à exploiter des données personnelles à l'insu des utilisateurs si des garde-fous solides ne sont pas instaurés. Pour juguler la pandémie de la Covid-19, diverses applications de « traçage » ont été utilisées comme le passe sanitaire, donnant un aperçu des possibilités futures.

Les intentions de la Chine : la mise en données du monde permet à des penseurs chinois comme Zhao Tingyang de donner corps à leur système de pensée – le Tianxia – « dont le sujet politique serait le monde lui-même, un ordre de coexistence dont l'unité politique serait le monde dans sa totalité ». Ce système permet de penser l'inclusion du monde et la souveraineté du monde en se démarquant de l'approche occidentale. Zhao Tingyang voit la guerre comme l'échec de la politique ; « elle est un pari venant après l'épuisement des plans de la politique[36] ». Dans la pratique, le développement de l'IA doit permettre le fonctionnement de tous les outils de contrôle social nécessaires au gouvernement du PCC, avec l'idée d'en faire un modèle pour d'autres pays. En ce sens, le Parti devrait accentuer son contrôle des géants de la tech chinoise. Compte tenu de sa puissance de configuration des flux d'information, le déploiement de la 5G et l'IA seront au cœur de la stratégie chinoise, qui doit aussi permettre de façonner un imaginaire technologique *made in China*. De la même manière qu'elle a été fascinée par la technologie occidentale à partir de la guerre de l'opium, elle veut à son tour fasciner l'Occident par ses prouesses technologiques. Et elle conçoit la technologie comme un outil de domination économique, politique aujourd'hui et culturel demain.

Les intentions des États-Unis : le système global de surveillance et de consommation mis en place grâce aux TIC les place dans une position unique vis-à-vis des autres puissances. À titre d'exemple, 80 % du trafic Internet en France transitent par le territoire américain. Cela conduit Edward Snowden au constat suivant : « Si chaque nation dispose de son propre code juridique, elle partage avec les autres son code informatique. La technologie traverse les frontières et possède quasiment tous les passeports. » Le général Michael Hayden (1999-2005), qui a dirigé la NSA puis la CIA (2006-2009), reconnaît Edward Snowden comme le symptôme d'un « large changement culturel » visant à redéfinir les équilibres entre secret, transparence et consentement des gouvernés. Et admet que ce dernier n'est plus évident à obtenir en dépit des menaces extérieures[37]. C'est sur la nature du consentement, question politique par excellence, qu'il est difficile aujourd'hui de percer les intentions américaines après quatre ans de présidence Trump. Steve Bannon, son ancien conseiller, comprit, dès 2013, comment construire des « armes informationnelles » à partir des données amassées par les réseaux sociaux, comme le raconte Christopher Wylie, le lanceur d'alerte de Cambridge Analytica, cette société accusée d'avoir aspiré les données personnelles de plusieurs millions d'utilisateurs de Facebook à des fins électorales, dont l'histoire « montre comment nos identités et nos comportements sont devenus de simples marchandises sur le juteux marché des données ». Selon lui, la mise en données du monde par les plateformes numériques aboutit à une « ségrégation cognitive, qui confine les individus dans leurs propres ghettos informationnels[38] ». Sera-t-elle corrigée ou aggravée ? Pour Facebook, le métaverse, c'est-à-dire un monde complet de réalité virtuelle, représente la nouvelle frontière d'Internet. Chacun serait appelé à développer son avatar numérique. Le degré d'emprise des plateformes sur la vie économique et politique sera le grand sujet politique aux États-Unis avec des conséquences directes pour l'Europe.

Les intentions de l'UE : ayant perdu la bataille des moyens numériques, elle voudrait remporter celle des modèles. Elle mise sur les données industrielles et l'Internet des objets pour revenir dans une course technologique qu'elle a jusqu'à présent subie. Une leçon est à tirer de la bataille des données personnelles : les Livres blancs, l'éthique et la régulation ne remplacent pas les capacités d'investissement, les acteurs industriels, le soutien politique et la vitesse de déploiement. Cependant, dans le prolongement du RGPD entré en vigueur en 2018, la régulation restera le moyen privilégié par l'UE pour tenter de contrecarrer l'influence des plateformes américaines. Le RGPD traite les citoyens de l'UE comme des « personnes concernées », dans la mesure où elles génèrent des données personnellement identifiables, là où, aux États-Unis, ces données appartiennent aux plateformes qui les collectent. L'UE ne pourra faire l'économie d'investissements dans des capacités avancées de *cloud* si elle prétend à l'autonomie stratégique. Son problème central réside dans l'impossibilité de faire coïncider le statut de personne physique avec celui de « personne concernée » car la première vit sous une juridiction précise, alors que la seconde se trouve simultanément dans de nombreux serveurs, localisés en différents endroits. C'est pourquoi l'UE pourrait être amenée à revoir sa doctrine en matière de données en cherchant moins à protéger leur confidentialité selon leur nature que leurs corrélations. C'est l'indivision entre elles que l'UE pourrait promouvoir, tout en acceptant de réaliser les investissements nécessaires pour tenter de rester dans la course sur les trois couches d'Internet. Et donc de déployer la 5G et d'investir dans l'IA.

Investissement dans la recherche et le développement

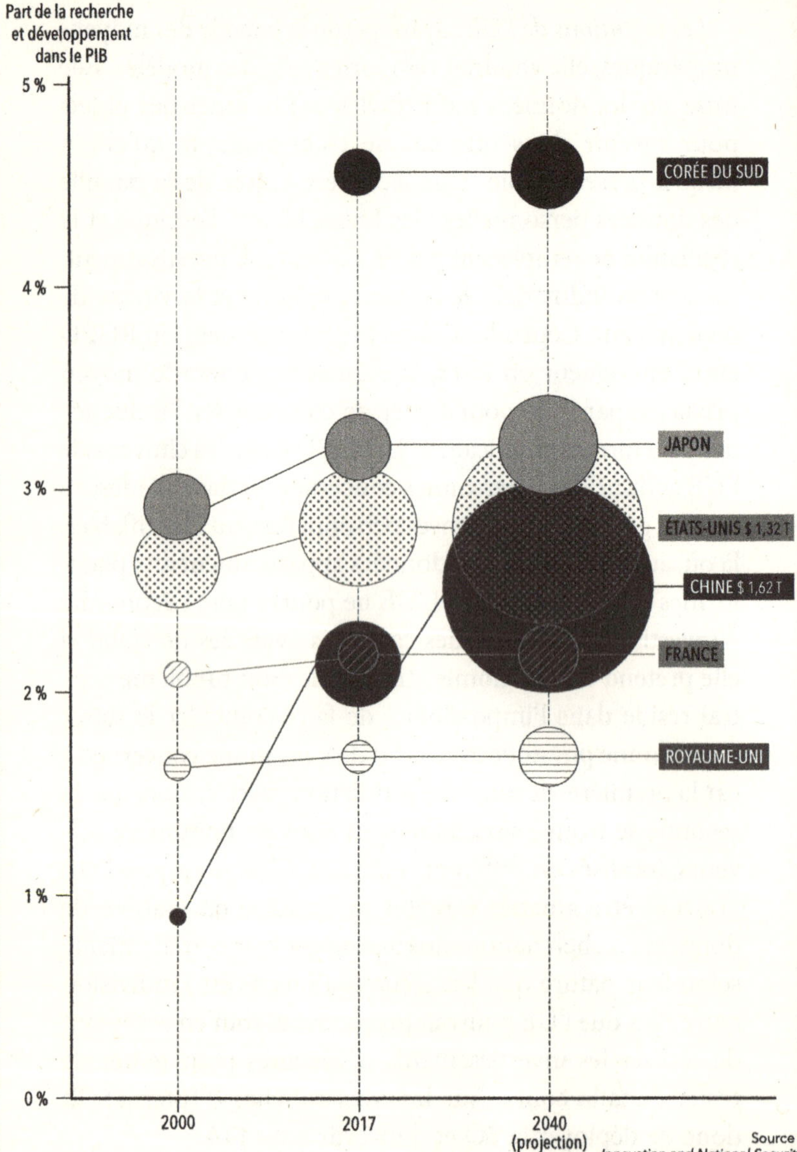

Source : *Innovation and National Security. Keeping our Edge*, Independant Task Force Report, n° 77, Council on Foreign Relations, 2019, p. 38.

6

INNOVER

« Le général Feng Chi Sheng, avec quelques autres officiers, proposa un nouveau modèle de flèche incendiaire. L'Empereur fit faire des essais et, comme ils furent concluants, les inventeurs reçurent des présents : des robes et de la soie[1]. » Voilà comment étaient récompensées les inventions dans l'art militaire à l'époque de la dynastie Song. Grâce à elles, la Chine a exercé une prédominance du xe au xve siècle. En inventant la boussole, la poudre, le papier et l'imprimerie, elle fut le laboratoire du monde bien avant d'en être l'atelier. Aujourd'hui, le pays ne cache plus ses ambitions dans le domaine de la 5G ou de l'IA. Assiste-t-on à un « rattrapage technologique » ou à une « renaissance de son innovation » qui lui permettront de retrouver la place centrale qu'il occupait au Moyen Âge[2] ?

De la réponse à cette question dépend l'interprétation de la guerre technologique à laquelle la Chine et les États-Unis se livrent actuellement. Dans *La Recherche de la puissance* (1982), l'historien William

McNeill (1917-2016) a décrit « l'interdépendance de la technologie militaire et des modèles politiques » et le passage de la prédominance militaire de la Chine à l'Europe[3]. À travers les siècles, les armes, la technologie, le marché et la puissance se sont étroitement imbriqués. Ce rappel n'est sans doute pas inutile à l'heure où prédomine un discours d'émancipation individuelle grâce aux TIC, silencieux sur les enjeux de puissance qui le sous-tendent. Le marketing masque volontiers la stratégie.

La technologie se diffuse d'un pays à un autre par des processus complexes en fonction de cycles plus ou moins rapides. Historiquement, elle a souvent résulté d'innovations militaires trouvant ensuite des applications civiles. Cette dualité est sans doute en train de s'inverser avec des innovations civiles trouvant des applications militaires. Dans les deux cas de figure, il importe d'identifier et d'apprécier au plus juste l'avance ou le retard des compétiteurs stratégiques et des concurrents industriels. La compréhension des cycles technologiques américain et chinois s'avère essentielle pour l'Europe et le reste du monde. En effet, la maîtrise de technologies comme l'IA, l'informatique quantique ou l'hypersonique* devrait redistribuer les rapports de force internationaux à l'échelle d'une génération.

Des technologies disruptives procurent un avantage militaire immédiat à ceux qui les possèdent et leur

* Un armement hypersonique se déplace à une vitesse supérieure à Mach 5, soit cinq fois la vitesse du son.

permettent de changer les règles du jeu. C'est le cas, par exemple, des armes hypersoniques actuellement développées par la Chine, la Russie et les États-Unis, et susceptibles de remettre en cause la stabilité stratégique. Le lien entre dépense militaire et technologie se trouve à l'origine de « systèmes nationaux d'innovation » qui communiquent entre eux par des transferts autorisés par le décideur politique. Parallèlement, l'intensification des échanges au sein de la communauté scientifique a favorisé un « techno-globalisme », encouragé par les entreprises multinationales, les organisations internationales et les réseaux de chercheurs, qui a entraîné une « dénationalisation » de la technologie[4]. Sur fond de pandémie mondiale, l'actuelle rivalité sino-américaine ouvre-t-elle un cycle de renationalisation technologique ? Avec quelles conséquences pour l'Europe ?

La nouvelle course aux armements

La supériorité technologique n'est pas forcément synonyme de supériorité militaire. D'autres facteurs comme la santé, l'entraînement, le moral, l'organisation, la doctrine ou la qualité des chefs contribuent à cette dernière. La préparation à la guerre, élargie aux menaces terroristes, sanitaires et environnementales dans des procédures intégrées d'intervention, participe à la définition de la puissance[5]. Peu de pays en sont réellement capables car cela implique un effort financier sur la durée, ainsi que des outils de planification stratégique. S'il ne dit rien de l'efficacité en temps de guerre, le niveau de dépense militaire reflète le degré de constance stratégique et d'ambition technologique. En ce sens, c'est un indicateur précieux pour dessiner les trajectoires de puissance.

La technologie, c'est aussi de la politique

En 2019, les quinze premières dépenses militaires mondiales s'élevaient à 1 433 milliards de dollars, dont quatre pays européens (Royaume-Uni, France, Allemagne et Italie) ne représentaient que 12 %[6]. Les cinq premières dépenses mondiales sont : les États-Unis, très loin devant la Chine, l'Arabie Saoudite, la Russie et l'Inde. Les États-Unis conservent la suprématie militaire grâce à une stratégie de moyens qui les autorise, en toutes circonstances, à disposer de forces supérieures à celles de toute coalition imaginable. Leurs investissements de défense demeurent aujourd'hui plus élevés que le total du budget militaire chinois. L'Europe, quant à elle, s'est engagée dans une démilitarisation amorcée dès les années 1970, confirmée pendant la décennie suivante, accentuée dans les années 1990 et accélérée par la crise de 2008 : en un demi-siècle, la dépense militaire est passée en Europe de 3 %-4 % à un peu plus de 1 %-1,5 % du PIB, soit une réduction sans équivalent historique.

À titre d'exemple, la France a diminué son budget de défense de 18 % entre 1991 et 2001, période qui correspondait aux « dividendes de la paix » touchés après la fin de la guerre froide[7]. Parallèlement, la dette publique est passée de 35 % du PIB en 1991 à 60 % en 2001. La barre symbolique des 100 % a été franchie en décembre 2019 à la veille de la crise de la Covid-19, qui a depuis sévèrement aggravé la dette qui atteint 118 % en mars 2021. Cette diminution et cette hausse tendancielles se sont inscrites dans le cycle économique des années 1990-2000, celui d'une croissance économique mondiale soutenue massivement par l'ouverture des frontières, la progression du commerce international et la financiarisation de l'économie. Ce cycle a correspondu également à un retrait de l'État de son cœur de métier d'autant plus complexe à analyser qu'il s'est accompagné d'une inflation de ses dépenses. En d'autres termes, l'État providence a pris le pas sur l'État régalien ; la redistribution au profit des individus l'a emporté sur la mobilisation en vue de la protection collective.

En privilégiant à ce point les dépenses sociales au détriment des dépenses militaires, les Européens ont fait un choix conforme à leur projet pacifique, sans toutefois l'adapter à la dégradation de leur environnement stratégique, caractérisée notamment par la déstabilisation de leurs flancs sud et est, et par des attaques terroristes sur leur sol. Pas plus que le niveau de dépense militaire d'un pays ne garantit son efficacité en période de conflit, celui de sa dépense sociale ne garantit son efficacité en temps de crise sanitaire. C'est un des premiers enseignements à tirer de la crise de la Covid-19, en rappelant que la France a la dépense de santé rapportée au PIB/habitant la plus élevée de l'UE avec celle de l'Allemagne. Tout juste peut-on subodorer que la situation de crise aurait été aggravée sans ces mobilisations financières préalables.

Au cours des années 2000, les Européens se sont démonétisés en matière stratégique au moment où Américains, Chinois, Russes, Saoudiens et Indiens relançaient leurs efforts de défense. Rétrospectivement, le 11 Septembre n'a pas marqué pour eux une rupture stratégique traduite en espèces sonnantes et trébuchantes, à la différence des autres acteurs. Cette position à contre-courant reflète « la déresponsabilisation, voire l'infantilisation, de nombre de pays européens[8] », incapables de penser leur défense sans les États-Unis et tenant pour acquise la garantie de sécurité apportée par ces derniers. Plus les Américains dépensaient, plus les Européens se croyaient en sécurité au prix d'une contribution symbolique à la guerre globale contre le terrorisme déclenchée par Washington. Les coalitions formées par les États-Unis pour intervenir en Afghanistan en 2001, puis en Irak en 2003 – la France, l'Allemagne et la Russie, refusèrent de se joindre à cette dernière –, illustrent ces mécanismes de dépendance.

Dans le cas de la France, en dépit de discours volontaristes, aucune loi de programmation militaire (LPM) n'a été respectée depuis la fin de la guerre froide, ceci créant un phénomène de bosse budgétaire, sans cesse repoussée et toujours alourdie, qui diffère certains programmes jusqu'à les rendre obsolètes. La logique voudrait que les choix budgétaires découlent de l'analyse du contexte stratégique. Face à des menaces plus faiblement perçues, l'exécutif veut desserrer l'étau de la dépense militaire. Quand les menaces se font directes, il est contraint à des efforts supplémentaires. Jusqu'en 2017, date de relance de la dépense militaire, la contradiction entre la dégradation stratégique et l'érosion budgétaire n'a cessé de s'accentuer. Parallèlement, la dépense militaire se caractérise par une inflation tendancielle du coût des matériels en raison de la course technologique, des relations militaro-industrielles, de la rapidité de l'obsolescence électronique et de la complexité de « l'intégration-systèmes ». En tendance, deux courbes se croisent, celle de la déflation budgétaire et celle de l'inflation technologique des matériels.

À partir de ce constat, plusieurs enseignements peuvent être tirés. Premièrement, il est impossible de combler, en période de crise, un effort militaire relâché pendant plusieurs décennies. Deuxièmement, la course technologique aboutit à des systèmes d'armes toujours plus complexes et onéreux. Troisièmement, cette tendance a inspiré, dès 1961, des mises en garde exprimées notamment par Dwight Eisenhower (1890-1969) contre « l'influence illégitime » du complexe militaro-industriel et le risque du « développement désastreux d'un pouvoir usurpé[9] ». Quatrièmement, le modèle occidental de guerre *high-tech*, qui repose en particulier sur la frappe à distance et la maîtrise des espaces communs (air, mer, espace exo-atmosphérique et cyber), alimente le fantasme d'une guerre sans morts pour ceux qui possèdent la technologie. Or, comme le rappelle Colin Gray (1943-2020), professeur anglo-américain d'études stratégiques à l'université de Reading : « Pour dévoiler les secrets de la guerre future nous devons regarder dans le cœur des gens et non examiner les splendides brochures des fabricants d'armes[10]. »

Ruptures technologiques

L'innovation technologique ne se décrète pas, mais est partout recherchée. Pour les entreprises, elle se comprend comme un processus par lequel l'organisation transforme le travail, le capital, la matière première ou l'information en produits et services d'une plus grande valeur marchande. Dans les *business schools*, Clayton Christensen (1952-2020), professeur à Harvard[11], reste une référence en matière de *disruptive technologies*. Il explique que les entreprises bien gérées finissent par échouer d'avoir trop écouté leurs clients et de ne pas avoir suffisamment conçu de produits *a priori* moins rentables, mais susceptibles de changer la nature de la demande ou des usages.

Pour les États, l'innovation technologique se pose en d'autres termes dans la mesure où elle peut modifier la hiérarchie des puissances dans laquelle s'inscrit l'activité économique. Elle est souvent initiée ou développée par les besoins militaires, comme dans le cas du nucléaire et d'Internet, qui n'ont pas eu les mêmes effets sur la politique internationale. Cependant, l'IA est en train d'inverser des circuits d'innovation traditionnels puisqu'elle vient du monde civil. Pour anticiper la vitesse de diffusion d'une technologie, deux facteurs clés doivent être observés : la part des coûts fixes nécessaires à l'innovation ; la nature de l'interaction entre secteurs public et privé[12]. Dans le cas du nucléaire, la part des coûts fixes assurés par les États, ainsi que les barrières qu'ils ont érigées, ont fortement restreint la diffusion technologique ; dans celui d'Internet, la multiplicité des acteurs privés et des applications sociétales a, à l'inverse, accéléré la diffusion technologique.

Compte tenu de leurs capacités plus limitées que celles des Chinois et des Américains, les Européens ne peuvent se permettre de se tromper sur les révolutions scientifiques et technologiques à l'œuvre, et sur les secteurs dans lesquels leurs investissements peuvent faire la différence. Dans *Chocs futurs*, le Secrétariat général de la défense et de la sécurité nationale (SGDSN) s'est efforcé d'identifier les ruptures technologiques susceptibles de provoquer des ruptures stratégiques à horizon 2030[13]. Elles sont au nombre de sept : les armes hypersoniques, les armes spatiales, l'impression 3D, la biologie de synthèse, les neurosciences, la cryptographie, les robots et systèmes autonomes.

Les armes hypersoniques méritent une attention particulière dans la mesure où leur mise en œuvre par la Chine, la Russie, les États-Unis et l'Inde risque d'accentuer rapidement les déséquilibres avec les Européens. Avec la France, ces quatre pays sont les seuls à disposer de programmes visibles en la matière. Ces missiles pourraient parcourir 10 000 kilomètres en trente minutes et s'inscriraient dans des stratégies de déni d'accès et d'interdiction de zone (A2/AD)[14]. Sur le plan militaire, les armes hypersoniques marquent une rupture en raison de leur vitesse, de leurs capacités manœuvrantes, qui rendent leur interception très délicate, et de leur portée. Point clé : elles peuvent porter des charges conventionnelles et/ou nucléaires, ce qui oblige à penser leur emploi à la fois dans le domaine conventionnel et/ou dans un système de dissuasion nucléaire, multipliant ainsi les risques de méprise. La Russie, la Chine et la France les inscrivent dans le cadre de la dissuasion nucléaire. À ce stade, ce n'est pas le cas des États-Unis, qui n'envisagent de les utiliser que pour des frappes conventionnelles sans préavis. La Russie, la Chine et l'Inde développent ces armements afin d'interdire de vastes étendues maritimes. À titre d'exemple, le planeur hypersonique chinois (DZ ZF) aurait été testé avec succès à sept reprises depuis 2014. Sa vitesse permettrait à Pékin de contrôler la plupart des communications maritimes en Asie et de menacer directement la base américaine de Guam, au cœur des îles Mariannes, à 3 300 kilomètres de la péninsule coréenne. Cela aurait pour finalité d'interdire le déploiement de groupes aéronavals à proximité de la Chine.

La compétition actuelle entraîne une course aux armements qui devrait encourager les Européens à une remontée en puissance s'ils ne veulent pas subir un décrochage technologique. Souvent provoquée par un choc psychologique, cette compétition ne se limite pas au réarmement, mais englobe plusieurs dimensions :

militaire (réorganisation des forces armées), technologique (recherche de l'innovation), industrielle (modernisation et acquisition des équipements) et politique (volonté d'ouvrir un nouveau cycle)[15]. Il est difficile de faire admettre un redressement militaire à des sociétés habituées à une longue période de paix et confrontées à des menaces plus diffuses que directes.

Vers une remontée en puissance ?

« Funeste erreur ! » reconnaissait Emmanuel Macron dans son discours sur la stratégie de défense et de dissuasion (7 février 2020) après avoir présenté l'Europe comme « un gros marché, confortable, théâtre d'influence et de prédation à tout-va », incapable de protéger ses entreprises technologiques. À titre d'exemple, à l'été 2020, Photonis, entreprise de 450 salariés basée à Brive-la-Gaillarde, leader des équipements de vision nocturne et fournisseur officiel des armées françaises, faisait l'objet d'une tentative de rachat par un groupe américain.

Selon Emmanuel Macron, les Européens peinent à s'adapter à trois ruptures majeures. La première est d'ordre stratégique avec l'apparition d'une nouvelle hiérarchie de puissance ; la deuxième est d'ordre politique et juridique avec la déconstruction des normes internationales, par exemple en matière de maîtrise des armements ou de droit maritime ; la troisième est technologique. « La technologie, dit-il, est en effet à la fois un enjeu, un perturbateur et un arbitre des équilibres stratégiques[16]. »

Il cite le déploiement de la 5G, le *cloud* pour stocker les données et les systèmes d'exploitation des interfaces numériques – trop souvent considérés comme de simples solutions commerciales et industrielles et non comme des « infrastructures stratégiques » –, avant d'énumérer l'intelligence artificielle, la physique quantique et la biologie de synthèse comme les nouvelles technologies.

Emmanuel Macron résume les enjeux immédiats de la manière suivante : « Pour construire l'Europe de demain, nos normes ne peuvent être sous contrôle américain, nos infrastructures, nos ports et aéroports sous capitaux chinois et nos réseaux numériques sous pression russe. » Alors que la 5G est une « question pivot qui peut faire basculer les équilibres », selon un responsable du renseignement français[17], le dossier a été abordé avec « beaucoup de naïveté » par l'UE, au dire d'un haut responsable de la nouvelle Commission européenne[18]. Après avoir veillé à marginaliser les équipementiers chinois pour les cœurs de réseaux, plusieurs responsables français disent n'avoir « pas d'inquiétude » sur d'éventuelles prises de contrôle du futur réseau[19].

Ce discours qui tranche avec celui de la plupart des dirigeants européens poursuit un double objectif : justifier l'effort financier de la loi de programmation militaire (LPM) ; sortir les partenaires européens de leur anesthésie stratégique. Les attaques terroristes de 2015 ont provoqué en France un choc psychologique qui est à l'origine du discours de remontée en puissance. L'effet de sidération a créé un sentiment d'urgence davantage éprouvé à Paris qu'à Berlin, Rome, Varsovie ou Budapest, en dépit des manifestations de solidarité. Chaque capitale ressent différemment les menaces, entre celles relevant du terrorisme, des flux migratoires ou de l'intimidation stratégique exercée par la Russie. Pour la plupart des Européens, la compétition de puissance, notamment entre la Chine et les États-Unis, ne justifierait pas d'efforts militaires particuliers dans la mesure où ils bénéficieraient de la garantie de sécurité de ces derniers. À de rares exceptions près, ils n'établissent plus de lien direct entre leur niveau de dépense militaire et leurs futures capacités technologiques et, inversement, entre le dynamisme de leurs écosystèmes technologiques et leurs capacités de défense.

Basée sur le constat et les orientations de la *Revue stratégique de défense et de sécurité*, remise à Emmanuel Macron en octobre 2017, actualisée en janvier 2021, la LPM (2019-2025) adoptée en mars 2018 a marqué une profonde rupture dans la mesure où elle prévoit d'augmenter significativement, pour la première fois depuis longtemps, le budget des armées (295 milliards d'euros sur l'ensemble de la période). Dans le dispositif, la base industrielle et technologique de défense (BITD) représente un « enjeu de souveraineté[20] ». Constituée d'une dizaine de groupes de taille mondiale et de 4 000 PME, elle regroupe plus de 200 000 emplois, pour la plupart de haute technicité et difficilement délocalisables. Cela permet à la France d'être reconnue comme une « grande puissance technologique ». Grâce à l'engagement pris par Emmanuel Macron dès son arrivée au pouvoir, les armées ont gagné en 2018 la bataille de la programmation, mais elles sont loin d'être assurées de remporter la guérilla budgétaire.

Comme le notait un responsable de la direction du Trésor avant la crise de la Covid-19, les efforts en faveur des armées devraient s'apprécier en fonction de l'objectif de « souveraineté budgétaire » – le niveau de dette publique représentait alors 100 % du PIB –, d'autant que cette augmentation « s'est faite par économie des autres ministères[21] ». Avec la crise sanitaire, ce niveau dépasse les 118 % et oblige à de nouveaux arbitrages. En la matière, seule la constance importe car les rapports de puissance s'évaluent moins en exercices annuels qu'en décennies.

Pour porter ses fruits, la LPM (2019-2025) devrait être respectée et l'effort financier poursuivi au-delà de 2025. C'est la condition pour permettre à l'outil militaire de se régénérer après des années d'érosion budgétaire et de fort engagement, qui ont entraîné des réductions de format très préjudiciables à la sécurité nationale. Il s'agit également de retrouver une forme d'épaisseur pour pouvoir faire face à des menaces conventionnelles classiques. C'est aussi la condition pour maintenir un savoir-faire technologique indispensable dans la compétition économique internationale. C'est enfin la condition d'un certain leadership français en Europe qui n'est pas sans risque : celui de voir la France poursuivre seule ses efforts au détriment de la cohésion européenne. Qu'en sera-t-il après le passage de la Covid-19 ? Avant la crise, il s'agissait moins d'une véritable remontée en puissance que d'un coup d'arrêt à la baisse des crédits de défense. Avec la crise, cet effort va-t-il être accentué, maintenu, relâché ou, plus simplement, abandonné ? Beaucoup dépendra de la lecture faite de l'environnement stratégique et de la volonté politique d'être en mesure de se défendre.

Le privé au service du militaire ou l'inverse ?

Tous les gouvernements du monde rêvent de créer leur Silicon Valley en espérant y voir naître les prochains Google ou Microsoft[22], comme si leurs politiques pouvaient naturellement engendrer des champions industriels. En matière d'investissements technologiques, ces derniers sont en train de dépasser les États. Sur la nature de leurs interactions, deux modèles s'opposent. Le premier considère que la science émane forcément d'une société civile cosmopolite, qui voit les relations avec l'État et les armées comme dangereuses, corruptrices et conservatrices. Le second présente les États comme des producteurs de sciences concurrents et accorde aux besoins militaires une importance essentielle dans la recherche. Ni le techno-nationalisme ni le techno-globalisme n'expliquent les politiques de recherche, dans la mesure où le rôle des États varie non seulement dans le temps (de guerre ou de paix), mais aussi dans leurs positions les uns par rapport aux autres selon qu'il s'agit d'États puissants ou aspirant à le devenir[23].

Le complexe militaro-numérique à la manœuvre

Ren Zhengfei et Eric Schmidt incarnent, chacun à sa manière, les oscillations permanentes entre techno-nationalisme et techno-globalisme et l'affrontement technologique sino-américain. Né en 1955, docteur en informatique de l'université de Berkeley, Eric Schmidt a commencé sa carrière de chercheur aux Bell Laboratories avant de rejoindre Sun Microsystems. En 2001, il est devenu le Chief Operating Officer (CEO) de Google créé en 1998 par Larry Page et Sergey Brin, qui se donnèrent pour mission en 2005 « d'organiser l'information à l'échelle mondiale et de la rendre universellement accessible et utile ». Pendant dix ans, Eric Schmidt a accompagné le développement fulgurant et planétaire du moteur de recherche avant de prendre la présidence exécutive d'Alphabet, la holding qui a chapeauté Google jusqu'en 2017.

Depuis 2016, il préside le conseil du Department of Defense's Innovation au Pentagone. Très tôt, il a multiplié les mises en garde sur les transformations induites par la technologie. Par exemple, il a déclaré en 2010 : « Si je regarde suffisamment vos messageries et votre localisation, avec de l'intelligence artificielle, nous pouvons prévoir où vous allez vous rendre. » Selon lui, les citoyens et les États gagnent en pouvoir grâce à la connectivité mais pas de la même manière : les citoyens en multipliant leurs accès ; les États en renforçant leur rôle de gardiens. Cette tension rendait inévitable la « balkanisation » d'Internet en raison de la multiplicité des juridictions à l'œuvre, c'est-à-dire la fragmentation du réseau à travers des accès de plus en plus contrôlés[24].

Né en 1944, ingénieur et architecte de formation, Ren Zhengfei a rejoint le corps des ingénieurs militaires en 1974, après plusieurs emplois civils, puis est entré au Parti communiste chinois. En 1987, il a fondé Huawei, qui fournit au départ des éléments de réseaux de communication aux opérateurs. En 2018, la firme de Shenzhen a dépassé Apple en devenant numéro 2 mondial du smartphone derrière Samsung. Cette année-là, elle a réalisé un chiffre d'affaires de 107 milliards de dollars, investi plus de 14 milliards en R&D et déposé le plus grand nombre de brevets dans le monde. Présent dans plus de 170 pays, Huawei est également fournisseur de solutions numériques en terminaux, réseaux et *cloud*. C'est le leader dans le domaine de la 5G.

En décembre 2018, l'arrestation au Canada de Meng Wanzhou, directrice financière et fille du fondateur, marque le début de l'offensive de l'administration Trump contre l'entreprise. En mai 2019, la Maison Blanche place Huawei sur une *entity list* pour lui interdire de se fournir en composants électroniques aux États-Unis et menace de bloquer l'installation d'Android, le système d'exploitation de Google, sur les téléphones de la firme chinoise. En juillet 2019, dans un entretien fleuve, Ren Zhengfei explique que le monde a besoin de trois points d'appui – États-Unis, Chine et Europe – pour maintenir son équilibre. La situation engendrée par l'administration Trump devrait encourager Chinois et Européens à renforcer leurs liens technologiques : « Il faut que les entrepreneurs et les gouvernements travaillent ensemble. » Se référant à « l'équité socialiste », il déclare : « Le gouvernement chinois doit maintenir un contrôle fort pour que le pays ne sombre pas dans le chaos[25]. » Petit signe de détente, Meng Wanzhou est autorisée à rentrer en Chine après la libération par cette dernière de deux chercheurs canadiens en septembre 2021.

Les parcours d'Eric Schmidt et de Ren Zhengfei reflètent à quel point « l'impératif de l'innovation » conditionne désormais la compétition sino-américaine[26]. En raison de ses implications économiques et stratégiques, la technologie est au cœur de la bataille de modèles que se livrent les deux pays. Aujourd'hui en position de challenger, la Chine entend ravir la prééminence technologique aux États-Unis d'ici 2030. Pour ce faire, elle encourage une fusion civilo-militaire des efforts de recherche pour accélérer la modernisation de ses forces armées[27]. Elle bénéficie d'un avantage numérique en collectant, sans aucune limitation, les données de plus de 800 millions d'internautes, dont 98 % accèdent à Internet *via* leur mobile[28]. La géopolitique du XXe siècle a été profondément marquée par le pétrole et le nucléaire, qui façonnèrent des interactions profondes et complexes entre autorités publiques et groupes énergétiques partout dans le monde. Celle du XXIe siècle s'organise de plus en plus autour des données, indispensables à toute activité numérique.

Les plateformes numériques et les entreprises technologiques sont en passe de devenir la colonne vertébrale des outils de défense et de sécurité, aussi bien aux États-Unis qu'en Chine[29]. Alors que le nucléaire a symbolisé, plus que tout autre secteur, le nationalisme technologique étatique, la plupart des technologies numériques ont été développées par le secteur privé. C'est en 1964 que les

États-Unis ont le plus investi de fonds publics en R&D avec 1,86 % de leur PIB, chiffre tombé à 0,66 % en 2016. En 1980, les courbes de l'investissement privé et public se sont croisées aux États-Unis, ouvrant le cycle de « dénationalisation » de la technologie. En 2018, les investissements en R&D des cinq grands groupes technologiques américains (Amazon, Alphabet, Intel, Microsoft et Apple) s'élevaient à 75 milliards de dollars tandis que ceux des fournisseurs traditionnels du Pentagone (Boeing, United Technologies, Lockheed Martin, Raytheon, Northrop Grumman) se chiffraient à 8 milliards[30]. Le centre de gravité s'est clairement déplacé vers le numérique.

La bataille spatiale a commencé

Dans les années 1950, la recherche spatiale est née de la confrontation américano-soviétique. Elle donna lieu à la création d'organisations spécialisées comme la NASA en 1958, qui conserve aujourd'hui encore un rôle de premier plan. Les États-Unis répondirent au lancement de Spoutnik en 1957 par la mission Apollo 11 en 1969. En étant les premiers à marcher sur la Lune, ils affirmèrent leur suprématie technologique en posant une plaque « au nom de l'humanité ». En 1984, Ronald Reagan présenta Freedom, son projet de station orbitale américaine, comme expression de la libre entreprise et symbole du modèle américain : « Nous sommes les premiers, nous sommes les meilleurs, et nous le sommes parce que nous sommes libres », déclara-t-il avant d'ajouter : « Comme les océans ont ouvert un nouveau monde pour les navires et les commerçants américains, l'espace offre aujourd'hui d'énormes possibilités pour le commerce[31]. » Freedom était présenté comme le volet civil de l'Initiative de Défense stratégique, la fameuse « guerre des étoiles » lancée un an plus tôt pour sanctuariser les États-Unis contre les missiles balistiques soviétiques. Au début des années 1980, la course aux armements fut fatale à une Union soviétique déclassée sur le plan technologique.

Quarante ans plus tard, des puissances comme la Chine, l'Inde, le Japon ou Israël développent des politiques spatiales ambitieuses, à l'instar de celle des Européens. Parallèlement, des acteurs privés, comme SpaceX d'Elon Musk, annoncent le passage de l'exploration à l'exploitation spatiale. Si les programmes civils ont connu bien des vicissitudes, aux États-Unis, depuis la fin de la guerre froide, il apparaît que le soutien à l'espace militaire y a été d'une remarquable stabilité. En outre, l'émergence des acteurs privés n'aurait pas été possible sans un fort soutien fédéral. Autrement dit, l'accélération de l'hybridation public/privé dans le domaine spatial accompagne l'actuelle course aux armements. Depuis 2018, les États-Unis investissent massivement et font de leur politique spatiale la clé de voûte de leur suprématie militaire. C'est le milieu dans lequel ils veulent encore accentuer leur avantage par rapport à l'ensemble de leurs concurrents.

Cette ambition passe par la promotion d'un discours sur le *New Space*, présenté comme la nouvelle frontière de l'humanité. Adepte du transhumanisme, Elon Musk prétend œuvrer pour réduire le « risque de l'extinction humaine ». Au-delà de l'utopie, le *New Space* se caractérise d'ores et déjà par trois évolutions majeures : le *big data*, l'impression 3D et les investissements privés. Ces évolutions obligent les Européens à repenser leur politique spatiale en profondeur. Au cours des deux dernières décennies, l'Europe spatiale a conforté sa deuxième position mondiale en dépit d'une gouvernance très complexe. Parmi ses succès technologiques : le programme de géolocalisation Galileo, le plus précis au monde (un demi-mètre), concurrent du GPS américain, du Glonass russe et du Beidou chinois ; le programme d'observation de la Terre Copernicus. Parallèlement, l'UE a établi un cadre de soutien à la surveillance de l'espace et au suivi des objets en orbite (on compte plus de 2 000 satellites actifs), ainsi qu'un programme de communications gouvernementales (GovSatCom), destiné à fournir des services sécurisés de communication par satellite entre pays et opérateurs d'importance vitale de l'Union.

Dans ce contexte, l'enjeu pour l'Europe consiste à maintenir son autonomie d'accès à l'espace en adaptant sa filière de lanceurs, condition indispensable à son indépendance stratégique, à l'heure des constellations de petits satellites. Il lui faut être présent sur l'amont (accès) et sur l'aval (services). Avec 250 fusées lancées en quarante ans, Ariane représente une réussite remarquable pour l'Europe, mais son avenir dépend désormais d'Ariane 6, dont le premier tir doit intervenir dans un contexte de concurrence avivée. En 2018, la Chine a procédé à 39 lancements ; les États-Unis à 34 et l'Europe à 11. Créé en 2014, ArianeGroup illustre la capacité d'adaptation industrielle des Européens. Ce groupe dual joue un rôle essentiel pour la crédibilité de la dissuasion nucléaire, non seulement avec la production des différentes versions du missile balistique M51 mais aussi, plus récemment, avec des systèmes, sans cesse améliorés, de connaissance de l'environnement spatial. La surveillance de l'environnement spatial a aussi permis à ArianeGroup d'alerter les autorités publiques sur la multiplication des incidents satellitaires.

La visite du site d'ArianeGroup aux Mureaux vaut le détour : c'est un concentré de technologie européenne à une heure de Paris. La surveillance de l'espace est devenue une nécessité vitale en raison des infrastructures satellitaires indispensables à la vie courante et de la multiplication des activités militaires. Il faut être capable d'identifier tous les déchets spatiaux, dont la gestion va devenir un marché, ainsi que tout tir en gardant par exemple à l'esprit la durée d'un tir balistique depuis l'Iran sur la France : 20 à 25 minutes. Les ingénieurs des Mureaux considèrent que la guerre spatiale a officiellement commencé en 2007 par un tir chinois sur l'un de ses propres satellites, suivi en 2008 d'une démonstration analogue de la part des États-Unis. En 2019, Narendra Modi est intervenu à la télévision pour annoncer que l'Inde avait réussi un tel tir. La France connaît une inflexion majeure en 2012 lorsque les ingénieurs des Mureaux ont fourni aux plus hautes autorités la photo d'un satellite se rapprochant du satellite Syracuse, chargé des communications militaires : « On ne peut pas vous dire qui a espionné[32]. » En revanche, cinq ans plus tard, un nouvel épisode d'espionnage du satellite franco-italien est rendu public et attribué à la Russie.

En 2019, le ministère des Armées a publié sa *Stratégie spatiale de défense*, qui insiste sur la nécessité de renforcer la connaissance de l'environnement spatial, ainsi que sur la nécessité de renouveler la doctrine en matière d'opérations spatiales. Le document s'inquiète du développement des capacités antisatellites par missile et rappelle que le traité de l'espace de 1967 consacre le principe de la liberté d'exploration et d'utilisation de l'espace exo-atmosphérique, déclaré comme « apanage de l'humanité tout entière ». *Res communis*, l'espace exo-atmosphérique est libre d'accès et d'usage, à la différence de l'espace aérien où s'exerce la souveraineté complète et exclusive de l'État sous-jacent. Or, ce principe de non-appropriation est aujourd'hui partiellement remis en cause par certains États ou acteurs privés, qui considèrent qu'il ne s'applique pas aux minerais et autres ressources susceptibles d'être extraits des corps célestes. À titre d'exemple, les États-Unis, les Émirats arabes unis et le Luxembourg se sont dotés de lois autorisant leur exploitation privée. La *Stratégie spatiale de défense* prend acte du *New Space*, tout en rappelant qu'un nombre réduit de projets aboutiront, comme lors de l'émergence d'Internet, et que de nombreux investissements seront perdus. Manière de tempérer les ardeurs de ceux qui préconisent l'abandon de la filière lanceurs au profit d'un positionnement sur les services spatiaux. Pour les Européens, l'accès à l'espace est la condition *sine qua non* de leur autonomie stratégique.

***

La guerre froide s'est caractérisée par le duopole nucléaire soviéto-américain dont les conséquences militaires et civiles structurent encore lourdement la politique internationale. En dépit de quelques contacts, les systèmes technologiques des États-Unis et de l'URSS sont globalement restés hermétiques l'un à l'autre. La fin de la guerre froide traduit le triomphe du premier sur le second. La relance de la course aux armements au cours des années 1980 a été fatale à une URSS incapable d'exploiter sa technologie au-delà de la sphère militaire. À l'inverse, Internet (qui commence en 1969) est d'emblée une technologie duale aux profondes implications sociétales. C'est aussi le cas de l'IA, domaine dans lequel la Chine et les États-Unis sont d'ores et déjà en situation de duopole : leur interdépendance en la matière est une composante centrale de leurs interactions, comme le montrent les centres de recherche de Baidu et de Tencent dans la Silicon Valley ou ceux des GAFAMI en Chine. De la nature de cette interaction, comme de la dualité civile et militaire, dépendent la suprématie technologique et donc l'ordonnancement industriel du monde.

Les intentions de la Chine : la Chine compte prendre l'ascendant grâce aux usages de l'IA. Pour ce faire, elle entend renforcer ses points forts, qui résident pour l'heure dans la connaissance approfondie des besoins des consommateurs et dans l'amélioration des procédés de production à faible coût et prix. Parallèlement, elle souhaite progresser dans les processus de rétro-ingénierie et dans la recherche scientifique fondamentale[33]. La Chine veut réduire drastiquement sa dépendance aux importations technologiques et vise l'autosuffisance avec un objectif de contenu national des composants de 70 % en 2025. Elle a acté le « découplage » technologique décidé par les États-Unis. À cette date, elle ambitionne d'être le premier fabricant mondial d'équipements de télécommunications, de chemins de fer et de production d'électricité. Les brevets qu'elle dépose le sont principalement par Huawei, ZTE, Alibaba, Tencent et Xiaomi. La Chine est le seul pays capable de se lancer dans une remontée technologique contre les États-Unis. Elle va continuer à pratiquer un espionnage industriel intensif, à vouloir imposer ses standards et normes techniques, à renforcer les entreprises précédemment mentionnées en promouvant leur valeur de marque, car elles deviennent les vecteurs de l'image de puissance technologique qu'elle veut produire. Les conséquences du resserrement politique sur la Big Tech en matière d'innovation restent à apprécier.

Les intentions des États-Unis : pour contrecarrer l'avance de la Chine dans le domaine de la 5G, les États-Unis de Donald Trump se sont livrés à une sorte de « maccarthysme technologique[34] » destiné à développer une paranoïa nationaliste pour les équipements 5G, pour rattraper leur retard et aligner leurs alliés. Mais la 5G n'est pas tout. Les États-Unis vont continuer à s'appuyer sur un écosystème unique en raison des interactions entre acteurs privés et publics, ainsi résumée par Edward Snowden : « L'ironie veut que ce soit en retravaillant dans le privé que j'ai été en mesure de comprendre ce que faisaient les dirigeants de mon pays. » Les investissements en la matière remontent au début des années 1990, quand l'administration Clinton-Gore a construit politiquement l'économie de la connaissance en créant les autoroutes de l'information dont les plateformes numériques sont devenues les grands péages à l'échelle globale. Leur doxa entrepreneuriale et leur marketing présentent les technologies comme des vecteurs de paix mondiale et d'émancipation individuelle qui feraient, à ce titre, tomber les barrières entre nations, alors qu'« elles sont en réalité le produit de ces mêmes barrières et sont conçues pour les renforcer[35] ». Les investissements actuels des États-Unis indiquent la suprématie qu'ils veulent accentuer dans le domaine spatial pour les deux prochaines générations.

Les intentions de l'UE : en dépit de réelles capacités scientifiques et technologiques, l'UE n'est pas parvenue à atteindre l'objectif fixé par la stratégie de Lisbonne (2000) : devenir « l'économie de la connaissance la plus compétitive et la plus dynamique au monde d'ici à 2010 ». L'UE concevait alors son ambition par rapport aux États-Unis, dont la gestion de l'innovation peut se résumer en trois verbes : « contrôler, accélérer et acheter[36] ». Elle n'est parvenue à rivaliser dans aucune de ces phases. Au cours des années 2010, elle a cédé sa place de challenger à la Chine qui s'est imposée comme la puissance technologique capable de prendre l'ascendant dans un certain nombre de domaines. Son problème est double. Le premier, bien identifié, concerne le passage de l'innovation à la commercialisation à l'échelle globale. Le second, qui l'est moins, concerne la distinction souvent faite entre en le civil et le militaire, qui perd de sa pertinence dans le monde numérique. L'UE doit apprendre à penser et à agir davantage en termes *civilitaires* si elle veut pouvoir valoriser son innovation par rapport à la Chine et aux États-Unis[37]. Mais le souhaite-t-elle vraiment ?

Enjeux sécuritaires en Afrique subsaharienne

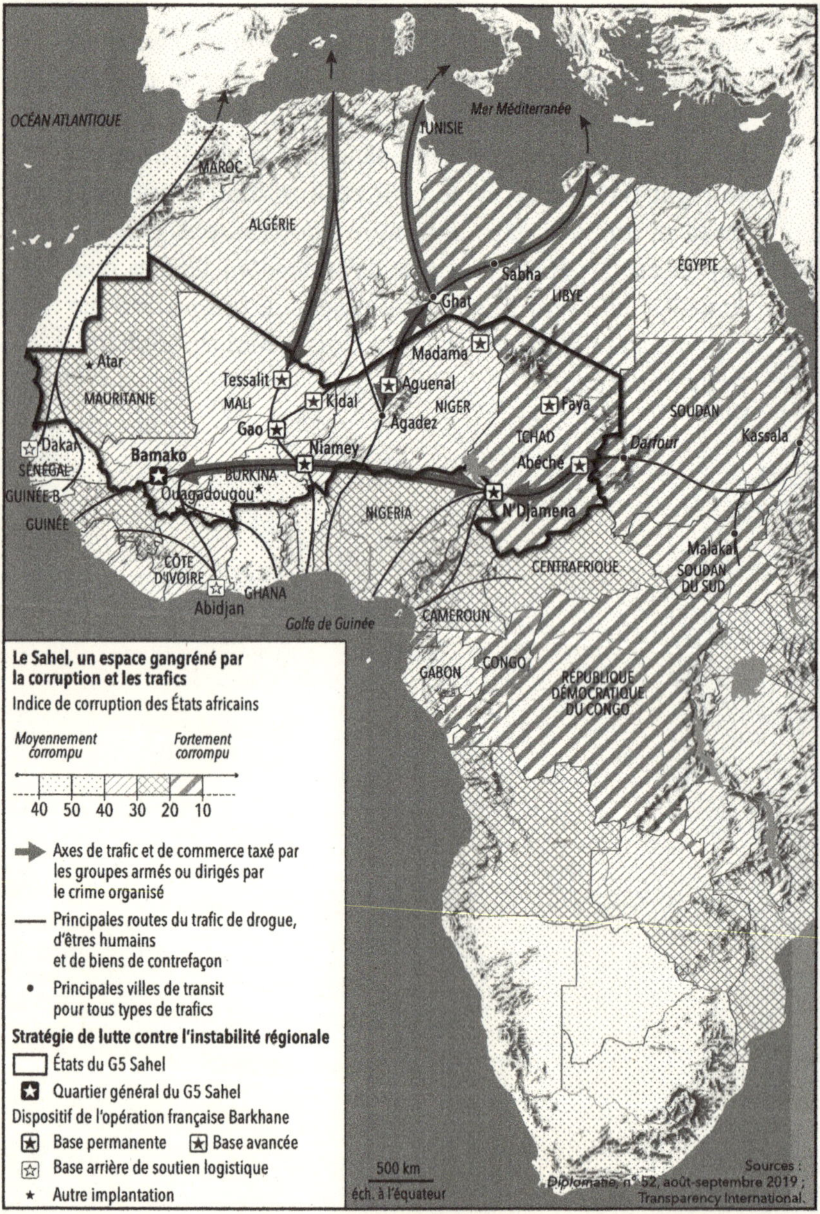

7

DISSIMULER

La scène se passe à Primrose Hill, avec vue panoramique sur Londres : « Tu veux que je te dise les vilains secrets de ton propre pays ? » demande la cheffe de station du BND*, les services de renseignement allemands, à son contact du MI6, les services de Sa Majesté. Elle lui dévoile un plan anglo-américain dont le but est de saper les institutions de l'UE et de démanteler les tarifs douaniers internationaux. Après le Brexit, la Grande-Bretagne doit apporter des gages aux États-Unis. Cette opération en cours vise à recruter, grâce au chantage et aux pots-de-vin, des fonctionnaires, des parlementaires et des faiseurs d'opinion sur le continent, tout en propageant des *fake news* pour exacerber les tensions entre États membres. Cette scène est décrite par John Le Carré dans son roman *Retour de service*[1].

Gomorra (2006), lui, n'est pas un roman[2]. Depuis sa publication, Roberto Saviano vit sous protection policière.

---

* Bundesnachrichtendienst.

Il a mis en lumière le « Système » institué par la *camorra* en Campanie à travers des trafics en tout genre : contrefaçon, armes, drogues et déchets toxiques. Son récit commence par la description d'un conteneur d'où tombent les corps congelés, recroquevillés sur eux-mêmes, de migrants chinois. Concentré de la mondialisation, le port de Naples reçoit des marchandises déchargées par des Ghanéens, des Ivoiriens, des Chinois, des Albanais, mais aussi des Napolitains, des Calabrais ou des Lucaniens, « comme un seau d'eau qu'on vide dans le sable ». À une question sur les Triades, la mafia chinoise, Xian Nino, un entrepreneur sino-italien interrogé par Roberto Saviano, répond : « Euro, dollar, yuan : c'est ça ma triade », avant d'ajouter : « L'économie a un haut et un bas. Nous, on est entrés par le bas et on sort par le haut. »

Sans poursuivre la même finalité, les services de renseignement et les réseaux criminels partagent le secret et la clandestinité comme modes de fonctionnement. Les premiers servent les États, dont la sécurité physique de leurs ressortissants demeure la première raison d'être ; les seconds enrichissent des clans aux contours imprécis par la mainmise violente sur un territoire. S'ils nourrissent abondamment les œuvres de fiction, le renseignement et la criminalité s'avèrent indispensables à l'analyse géopolitique car l'art de la dissimulation est consubstantielle à l'exercice de la puissance.

Le Grand Jeu

L'historien britannique Christopher Andrew le constate, les bibles du renseignement ne furent écrites ni en Grèce ni à Rome mais en Chine et en Inde. *L'Art de la guerre* et l'*Arthashâstra* datent des Ve et IVe siècles avant notre ère. La Renaissance européenne correspond à la domination des royaumes européens en matière de renseignement, domination incontestée jusqu'à l'indépendance des États-Unis d'Amérique (1776). Le cardinal de Richelieu (1585-1642) institua la première agence SIGINT* avec son « cabinet noir » ; George Washington (1732-1799) obtint 12 % du budget fédéral pour les activités de renseignement, proportion jamais atteinte depuis lors par la République impériale[3]. Nul ne connaît aujourd'hui avec précision le budget consacré par la Chine à ses activités de renseignement.

Grande stratégie et renseignement

Ancien directeur de la CIA (1997-2004), George Tenet résumait ainsi l'action de son service : « Nous volons des secrets » ; comme, à titre d'exemple, la localisation

* SIGINT (Signals Intelligence) désigne le renseignement obtenu par les écoutes de communications ; HUMINT (Human Intelligence) le renseignement humain ; IMINT (Imagery Intelligence) le renseignement satellitaire et SOCMINT (Social Media Intelligence) le renseignement extrait des réseaux sociaux.

des missiles de portée intermédiaire de la Russie ou les conversations personnelles de la chancelière allemande. L'historien Sherman Kent (1903-1986), qui élabora les méthodes d'analyse de la CIA, définit le renseignement comme « le savoir dont les hommes au sommet de la hiérarchie civile et militaire doivent disposer pour préserver le bien-être national[4] ». Revêtant un caractère vital pour la continuité de l'État, il doit prévenir la surprise stratégique, empêcher les tentatives de subversion et sécuriser le fonctionnement de la société. En la matière, les échecs sont retentissants quand les succès sont tus.

Dans les démocraties, sa fonction affichée est « d'abaisser le niveau de violence, intérieure ou extérieure[5] », mais l'encadrement sévère de sa pratique n'empêche pas toujours certaines dérives. À partir du moment où les États exercent le monopole de la violence légitime, le renseignement s'observe avant tout dans un cadre interétatique. Marqueur de souveraineté, il a pour finalité de percer les intentions véritables des autres capitales. À titre d'exemple, quelles sont celles de Moscou à l'égard de Pékin, et réciproquement ? En principe, les réponses se trouvent aussi bien à Washington, à Tokyo et à New Delhi que dans les capitales européennes.

Les services de renseignement servent la diplomatie pour « voir loin » et contribuer à la gestion de crise. Comme en médecine, le diagnostic, qui repose sur un examen, une analyse et un raisonnement, précède le pronostic : « Le diplomate n'a de chances de prévoir le futur que s'il comprend le présent[6]. » Pour Pierre Brochand, diplomate et ancien DGSE (2002-2008), « la diplomatie utilise un grand-angle et le renseignement un téléobjectif[7] ». Parallèlement, l'autorité politique recourt aux services pour s'affranchir, si besoin, de la légalité ou de ses engagements internationaux. Selon Bernard Bajolet, diplomate et lui aussi ancien DGSE (2013-2017), « le renseignement commence là où s'arrête la diplomatie[8] ». Les services de renseignement s'emploient, en permanence, à pénétrer l'appareil de décision du pays cible, tout en cherchant à contrecarrer les tentatives adverses. Ce n'est pas qu'un script du *Bureau des légendes*, la célèbre série d'Éric Rochant : en juillet 2020, deux fonctionnaires de la DGSE, à la retraite, ont été condamnés à douze et huit ans de réclusion pour « crime et délit de trahison » par la cour d'assises spéciale de Paris. Ils travaillaient pour la Chine[9].

Né de la guerre, le renseignement doit permettre de détecter les intentions et les capacités de l'ennemi pour éviter qu'il n'obtienne un avantage militaire décisif. Si son importance a tendance à être parfois exagérée[10], il contribue directement à la définition des menaces stratégiques et à la manière de les parer. La guerre froide se caractérisait par la menace permanente d'un conflit nucléaire. Qu'en est-il aujourd'hui ?

La notion de guerre hybride aide à définir les conflits actuels (Afghanistan, Irak, Ukraine, Syrie, Mali, Libye notamment), qui combinent intimidation stratégique de la part d'États disposant d'armes de destruction massive, opérations interarmées impliquant aussi des unités spéciales, des mercenaires et des manœuvres de désinformation à grande échelle. L'hybridité est également affaire d'interprétation politique de l'effet produit. Une haute autorité militaire française constate, par exemple, qu'en Crimée la victoire militaire de la Russie « a été obtenue en rendant un gouvernement [celui de l'Ukraine] incapable de réagir ». C'est pourquoi elle préconise de « ne pas laisser la guerre hybride à nos adversaires », en croisant davantage les champs matériel et immatériel, ce qui requiert un savoir-faire spécifique en matière de renseignement, d'action clandestine et de communication stratégique[11].

Lutte contre la prolifération et le terrorisme

Les orientations données aux services de renseignement par l'autorité politique délimitent, en principe, un cadre d'action pour plusieurs années, à condition, bien sûr, qu'elle soit en mesure de les formuler, puis de les contrôler. Après l'éclatement de l'URSS, les services de renseignement américains se sont concentrés sur la lutte contre les proliférations d'armes de destruction massive, qui serviront de prétexte à l'intervention militaire en Irak.

En 1993, l'opération Sapphire a permis le transfert d'un millier de containers d'uranium enrichi d'Ust-Kamenogorsk au Kazakhstan à Oak Ridge dans le Tennessee. Noursoultan Nazarbaïev, le président du Kazakhstan, avait autorisé cette opération secrète de la CIA, laquelle était bien décidée à prendre de vitesse les services iraniens[12]. Depuis 1979, date de la révolution islamiste, les programmes militaires, en particulier nucléaire et balistique, de Téhéran mobilisent de nombreux services de renseignement. Après la guerre contre l'Irak (1980-1988), Téhéran a bénéficié de la chute de l'URSS en acquérant une « supériorité stratégique sur ses voisins du Nord », comme l'explique un expert iranien de premier plan[13]. Cela a encouragé Téhéran à exercer, *via* la Syrie et le Liban, une influence en Méditerranée orientale en faisant preuve d'une « habileté exceptionnelle », selon une haute autorité militaire française[14].

Avec une ironie toute britannique, Christopher Andrew constate que les services de renseignement occidentaux manquaient probablement de théologiens à la fin de la guerre froide[15]. En se concentrant à ce point sur la prolifération des armes de destruction massive et sur l'Iran, ils n'ont pas suffisamment pris la mesure, en particulier aux États-Unis, de l'émergence du fondamentalisme islamique sunnite. La création d'Al-Qaïda en 1988 par Oussama Ben Laden en Afghanistan passa inaperçue. En dépit de l'attentat de 1993 contre le World Trade Center, la première étude sérieuse des services américains sur le sujet date de 1999. Le 11 Septembre marque leur faillite. Ben Laden a moqué leur incapacité à saisir la dimension religieuse des actions menées par des terroristes qui se voient en martyrs : « Nous aimons la mort. Les États-Unis aiment la vie. C'est une grande différence entre nous », déclara-t-il après la destruction des Twin Towers. Son successeur, Ayman Al-Zawahiri, revendiqua l'attentat contre la rédaction de *Charlie Hebdo* en janvier 2015. Ceux de novembre 2015, au Stade de France, au Bataclan et sur plusieurs terrasses, le furent par Daech.

La lutte contre le terrorisme est avant tout une guerre du renseignement. Elle se mène contre des groupes militarisés entretenant des liens ambivalents avec plusieurs capitales. *In fine*, un service de renseignement ne peut compter que sur ses propres forces, même si la lutte contre le terrorisme favorise les coopérations entre services. Les règles en sont rarement écrites, y compris entre alliés, car il est possible d'échanger du renseignement avec des pays ciblés par ailleurs : « La norme est : moins on en dit, mieux cela vaut[16]. » L'ambassadeur Bernard Émié, actuel DGSE, insiste sur l'étroitesse des liens franco-américains dans ce domaine : « La CIA et la DGSE sont aujourd'hui des partenaires de très grande confiance. Cette solidarité née dans les pages de gloire de la Seconde Guerre mondiale se retrouve notamment dans celles du combat contre le terrorisme. » La question est de savoir si c'est aussi le cas avec les Britanniques après Aukus. Il indique les priorités de son service : la lutte contre le terrorisme en lien étroit avec la DGSI et les armées ; la lutte contre la prolifération nucléaire, balistique, radiologique, chimique et biologique ; la lutte contre l'immigration clandestine ; la cybermenace, la protection du patrimoine technologique et scientifique. Pour finir, il évoque le « renseignement politique », indispensable pour « anticiper et décrypter le monde[17] ». Ces orientations doivent assurer à l'autorité politique une autonomie d'appréciation et d'action.

Les faces cachées de l'économie

« On peut obtenir beaucoup plus avec un mot gentil et un revolver, qu'avec un mot gentil tout seul. » Cette phrase prêtée à Al Capone (1899-1947) servait jadis d'introduction à un cours d'HEC consacré à l'éthique des affaires, comme s'il fallait illustrer en souriant les liens poreux entre économies légale et illégale[18]. Dans les sociétés ouvertes, les groupes criminels s'organisent avant de détourner les logiques économiques et démocratiques à leur profit. L'économie libérale fonctionne sur le principe d'une autorégulation du marché entre l'offre et la demande, la fameuse « main invisible » d'Adam Smith. Grâce au secret, les pratiques criminelles faussent toute idée de « libre concurrence » entre acteurs économiques, tout en impliquant des acteurs politiques. La loi du silence régit les échanges ; elle permet de conjuguer la main invisible du marché et la main invisible du crime, bien plus efficace[19].

Le règne des mafias

Les grandes mafias italiennes émergent en Italie lors du Risorgimento (1821-1861) avec la fin de structures féodales. L'intermédiation et la protection forment le « métier de base » des mafieux, qui instituent un système de surveillance et une culture de l'illégalité. Rapidement, ces sociétés secrètes, régies par un « code d'honneur », infiltrent le monde politique et exportent leurs pratiques vers les États-Unis. La police a longtemps cru que la mafia avait été créée sur le territoire américain par de pauvres immigrés italiens. En réalité, les dirigeants de riches familles siciliennes, calabraises ou napolitaines décidèrent, à partir des années 1880, de fonder des succursales dans le Nouveau Monde. Autre point plus récent à relever : l'extrême mobilisation des forces de l'ordre dans la lutte contre le terrorisme d'extrême gauche laissa au crime organisé une grande latitude. Le général Carlo dalla Chiesa (1920-1982) démantela les Brigades rouges, groupe terroriste d'extrême gauche. Nommé préfet de Palerme en 1982 pour combattre la mafia, il fut tué quelques semaines après son arrivée en Sicile. À la même époque, le scandale de la banque Ambrosiano révéla les connexions établies par la mafia avec les services secrets italiens et le Vatican, ce qui conduisit le pape Jean-Paul II (1920-2005) à se rendre en Sicile. Après les assassinats des juges Giovanni Falcone (1939-1992) et Paolo Borsellino (1940-1992), il y prononça un discours retentissant, dénonçant « une civilisation contraire, la civilisation de la mort », avant de lancer aux mafieux : « Convertissez-vous ! Un jour viendra le jugement de Dieu[20] ! »

Comme Roberto Saviano le décrit dans *Gomorra*, la mafia dispose de capacités de contrôle d'un territoire, et ce contrôle se fait la plupart du temps avec l'assentiment tacite des populations locales. Pourvoyeuse d'emplois, elle contrôle la petite délinquance, s'approprie les marchés publics et oriente les votes. Condamné à sept ans de prison en 2010 pour « complicité d'association mafieuse », le sénateur italien Marcello Dell'Utri fut capturé au Liban (2014) puis extradé en Italie pour y purger sa peine. Cofondateur de Forza Italia, il est présenté comme l'intermédiaire entre Cosa Nostra et Silvio Berlusconi, président du Conseil italien à trois reprises, et aujourd'hui député européen.

La mainmise des mafias s'explique aussi par la pluralité de leurs activités à la fois légales et illégales. Avec la crise économique et sociale provoquée par la crise sanitaire, elles pourraient connaître une forte recrudescence en Europe dans les prochaines années. Les activités illégales se concentrent dans cinq marchés prohibés. Premièrement, la contrefaçon, qui implique la violation d'un droit de propriété intellectuelle, en particulier pour les équipements électroniques, les bijoux, les médicaments et les textiles. Ce phénomène très difficile à quantifier oscillerait, selon les estimations, entre 3,3 % et 10 % du commerce mondial[21]. Deuxièmement, le trafic d'êtres humains et les migrations clandestines, qui générerait plus de 32 milliards de dollars par an selon l'Office des Nations unies contre la drogue et le crime (ONUDC). La traite à des fins d'exploitation sexuelle concernerait 59 % des victimes identifiées. Au cours des dernières années, les réseaux de prostitution nigérians ont supplanté les chinois et est-européens, en particulier en Italie où les Nigérianes représenteraient 80 % des prostituées[22].

Troisièmement, la criminalité environnementale se développe rapidement avec les trafics d'espèces protégées et ceux de déchets, d'autant plus que les peines encourues restent faibles. Certains produits, tels la corne de rhinocéros, l'ivoire d'éléphant, les ailerons de requin, les écailles de pangolin ou le pénis de tigre, font l'objet d'un pillage méthodique. En Asie, la consommation de spécimens sauvages est associée au statut social[23]. Hong Kong tient lieu de plaque tournante pour ce type de trafic entre Afrique et Asie. Les nouveaux animaux de compagnie (NAC) comme les serpents, les tortues ou le perroquet gris du Gabon alimentent des marchés en forte croissance en Europe et en Amérique du Nord. Quatrièmement, les trafics d'œuvres d'art généreraient 6 milliards d'euros chaque année. Daech a détruit des sites archéologiques pour effacer un patrimoine culturel, tout en industrialisant la contrebande des œuvres pour se financer. En 2019, Interpol avait enregistré plus de 50 000 objets volés.

Cinquièmement, les trafics d'armes, plus risqués, qui s'observent à plusieurs niveaux. Plus d'un milliard d'armes légères et de petit calibre (ALPC) circuleraient dans le monde, dont 84 % seraient détenues par des civils[24]. Elles sont une marchandise monnayable et participent directement aux instruments de coercition utilisés par les groupes criminels. À la confluence des services de renseignement, de réseaux criminels sophistiqués et de groupes terroristes, des trafics permettent d'alimenter les programmes d'armes de destruction massive. Père de la bombe nucléaire au Pakistan, Abdul Qadeer Khan a, par exemple, mis en place un réseau international permettant de fournir les composants nécessaires à des programmes nucléaires. Il aurait été en contact avec l'Irak, l'Iran, la Syrie, la Libye et la Corée du Nord.

Les trafics de stupéfiants occupent une place à part en raison des profits considérables qu'ils génèrent. Selon l'ONUDC, 275 millions de personnes dans le monde auraient consommé au moins une fois de la drogue, soit 5,6 % de la population âgée de 15 à 64 ans. Avec 188 millions de consommateurs, le cannabis est de loin la drogue la plus répandue, avec l'Amérique du Nord pour principal marché. Depuis 2012, plus de la moitié des États américains ont légalisé la production, la distribution et la consommation de cannabis à des fins médicales, et huit d'entre eux à des fins récréatives. Le Canada a suivi en 2018. Privées d'une partie de leurs revenus, les organisations criminelles se diversifient avec la méthamphétamine ou les opioïdes de synthèse. Le Paraguay est devenu le premier producteur mondial de cannabis illégal. Trois pays se concentrent sur la cocaïne, dont la consommation est en forte croissance : Colombie, Pérou et Bolivie. Issue du pavot, l'héroïne est produite dans trois zones principales : Afghanistan (80 % des surfaces cultivées), triangle d'or (Myanmar, Laos, Vietnam) et Mexique. Depuis le milieu des années 2010, les États-Unis et le Canada traversent une grave crise sanitaire avec la consommation d'opioïdes, avec ou sans prescription, en particulier le fentanyl.

Ces trafics ont un impact géopolitique. Avec Donald Trump, les relations entre les États-Unis et le Mexique ont connu une profonde dégradation en raison des migrations. Elles ne peuvent se comprendre sans l'économie de la drogue. Pendant la guerre du Vietnam, le Mexique fournissait l'armée américaine en produits pharmaceutiques à base d'opium, ce qui a ouvert la voie aux trafics clandestins. Dans les années 1980-1990, les cartels mexicains s'émancipèrent des cartels colombiens et devinrent des groupes puissamment armés, capables de tenir tête aux forces régulières. Le président Felipe Calderón (2006-2012) mobilisa directement ces dernières. Cette « militarisation » a fait plus de 250 000 morts et de nombreux disparus. Contrairement à son prédécesseur, le président Andrés Manuel López Obrador, élu en 2018, souhaitait redonner à la police et aux civils la responsabilité de la lutte contre les cartels. En octobre 2019, le cartel de Sinaloa a infligé une véritable humiliation aux autorités mexicaines. Attaqués à l'arme lourde, les policiers ont dû relâcher, après l'avoir arrêté, le fils de Joaquín « El Chapo » Guzmán, un des plus grands trafiquants au monde.

Condamné à perpétuité (2019) aux États-Unis, El Chapo est incarcéré dans « l'Alcatraz des Rocheuses ». Il a parmi ses codétenus l'ancien agent du FBI Robert Hanssen, condamné à perpétuité (2002) pour espionnage en faveur de Moscou ; le Français Zacarias Moussaoui, condamné à perpétuité (2006) pour terrorisme en lien avec les attentats du 11 Septembre. Trois parcours clandestins – criminalité, espionnage et terrorisme – finissent dans la même prison américaine de haute sécurité.

Petits et grands arrangements

Le blanchiment consiste à injecter des fonds provenant d'activités délictueuses ou criminelles dans l'économie légale. Le terme viendrait du réseau de laveries automatiques créé par Al Capone pour déclarer les revenus de la contrebande d'alcool pendant la prohibition. Sur le plan technique, le blanchiment se fait en trois phases : la plus risquée, le placement, consiste à ouvrir des comptes bancaires ; la plus complexe, l'empilement à travers un mille-feuille d'opérations et de sociétés écrans, brouille la traçabilité des fonds ; la plus politique, l'intégration définitive des capitaux dans l'économie légale, génère de nouveaux bénéfices. Ces différentes phases nécessitent l'intervention de spécialistes comme des banquiers d'affaires, des gestionnaires de fortune privée, des fiscalistes et des avocats, capables de tirer au mieux parti des failles juridiques et des différentes législations nationales. Elles requièrent aussi la corruption des milieux politiques.

Dans la pratique, les techniques de blanchiment sont variées : exportation de monnaie, *smurfing**, maquillage de propriété, fausse facturation, documents comptables tronqués, casinos, opérations immobilières, enchères truquées… Les crypto-monnaies et le *crowdfunding*** offrent de nouvelles possibilités, ainsi que les opérations boursières. En raison de la rapidité et de la quantité des échanges boursiers, il faut six mois à un spécialiste de l'Autorité des marchés financiers (AMF) pour analyser cinq minutes d'ordres boursiers[25]. Les sommes en jeu peuvent provoquer des bulles financières susceptibles de

* Blanchiment à travers de multiples dépôts de petites sommes en liquide sur différents comptes dans différentes banques.

** Financement participatif.

déstabiliser des économies dans leur ensemble, et alimentent les places financières *off-shore*.

Les conséquences du blanchiment sont souvent minimisées par les économistes même si elles gangrènent durablement un territoire ou un pays[26]. Comme l'avait constaté le juge Giovanni Falcone, la rédemption n'existe pas chez les mafieux : « Car on ne cesse jamais d'être mafioso [...]. Dieu sait si j'en ai vu, dans ma carrière, des crève-la-faim devenir de riches et grands entrepreneurs. Mais jamais aucun n'a abandonné ni l'affiliation ni les méthodes mafieuses. Leurs enfants non plus[27]. » À mesure qu'elle infiltre l'économie légale après avoir pris le contrôle d'un territoire, une mafia se fait moins violente et plus subtilement contraignante en recourant aux intimidations ou aux amicales pressions. Sa moindre visibilité ne signifie nullement sa disparition, mais au contraire son emprise et son acceptation par la population locale et les autres clans mafieux. Dès lors, les entreprises légales mafieuses se trouvent en mesure d'écarter les concurrents non mafieux et de créer des zones grises. Les investissements dans le foncier, l'immobilier mais aussi dans l'appareil productif contribuent ensuite à l'enracinement et à l'enrichissement ultérieur du clan. La « main invisible » du marché se révèle incapable de déloger un pouvoir mafieux du territoire qu'il contrôle.

Si la mafia ne peut exister sans la corruption, la corruption peut exister sans la mafia. Elle se définit comme « l'abus de fonctions publiques ou privées pour son bénéfice personnel ». Sous l'influence des États-Unis, l'OCDE a adopté, en 1997, la Convention sur la lutte contre la corruption d'agents publics étrangers dans les transactions commerciales internationales, aujourd'hui ratifiée par 41 pays (dont tous les membres de l'organisation). Le plus souvent, la corruption est comprise à travers les interférences des États dans les activités économiques, ce qui a tendance à laisser dans l'ombre la contribution de la sphère privée à ce phénomène[28].

Les spécialistes distinguent la corruption bureaucratique et la « grande corruption ». La première correspond à des pots-de-vin versés à des représentants de la puissance publique contre des faveurs. La seconde s'exerce au travers de versements opérés par des décideurs économiques ou des criminels au plus haut niveau des appareils d'État, afin d'obtenir une position préférentielle dans un secteur d'activité ou d'acheter de la clémence judiciaire. Les deux formes de corruption détournent l'État de son rôle de garant de l'intérêt général ; en empêchant la croissance réelle et en créant des clientèles ; en renforçant l'oligarchie et en interdisant la concurrence. Un troisième type de corruption – la corruption stratégique – se définit comme l'usage délibéré de moyens illégaux de la part d'un État à l'encontre d'un autre État.

Un article de *Foreign Affairs*, publié à l'été 2020, analyse le commerce de l'influence politique à Washington et dans les grandes capitales occidentales en s'appuyant sur les exemples de la Russie, de l'Ukraine, de la Turquie et de la Chine[29]. À titre d'exemple, les activités du fils de Joe Biden, Hunter, en Chine et en Ukraine ont donné lieu à de nombreuses spéculations au cours de la campagne présidentielle de 2020, reflétant l'intrication des réseaux politiques et de business pour gagner des marchés à l'étranger. Une nébuleuse de consultants en tout genre monnayent leurs contacts dans les gouvernements, les administrations, les parlements et les autorités de régulation au profit de puissances étrangères. En outre, la mise en œuvre de sanctions économiques nécessite la maîtrise d'une ingénierie politico-judiciaire pour les entreprises souhaitant ne pas enfreindre la législation nationale ou, au contraire, la contourner.

En raison de son efficacité et de son ampleur, la corruption stratégique représente un enjeu majeur de la pratique occidentale des affaires dans la mesure où elle altère directement la séparation des pouvoirs – exécutif, législatif et judiciaire – sur laquelle sont fondés les régimes démocratiques et les sociétés ouvertes. Sans être des parangons de vertu, les pays de l'OCDE s'imposent des règles de transparence et de conformité de plus en plus contraignantes. La Russie et la Chine, quant à elles, produisent un capitalisme d'État reposant sur une fusion des pouvoirs et une forte instrumentalisation politico-diplomatique de leurs investissements à l'étranger. Très sensible politiquement en raison des intérêts personnels en jeu, la lutte contre la corruption stratégique devrait mobiliser systématiquement des moyens policiers et judiciaires, mais aussi diplomatiques et de contre-espionnage.

À L'ÉPREUVE DE LA TRANSPARENCE

Le renseignement économique est aussi ancien que le renseignement politique ou militaire. Un réseau privé, comme celui de la famille des banquiers Fugger, implantée à Augsbourg, au XVIe siècle, avait des ramifications jusqu'au Levant. Aujourd'hui, plusieurs métiers doivent être distingués même s'ils se chevauchent souvent. Le *business intelligence* est devenu un secteur d'activité à part entière avec des acteurs comme Kroll Associates*, longtemps surnommé « Wall Street's Private Eye ». Mis en œuvre dès 1951 par l'entreprise IBM, il conçoit l'information comme un facteur de compétitivité en soi, qu'il faut à la fois protéger et acquérir en restant dans le domaine de l'entreprise et de ses concurrents. À titre d'exemple, il s'agit d'anticiper comment un changement de norme ou une innovation peuvent changer une industrie, ce qui implique une veille très active. Les informations et renseignements recueillis jouent un rôle souvent décisif dans les processus de *due diligence*, c'est-à-dire des vérifications faites par un acquéreur ou un investisseur avant une transaction.

Le consultant en stratégie d'entreprise Michael Porter définit pour sa part la *competitive intelligence* comme la recherche coordonnée entre un État et des entreprises au service des acteurs économiques nationaux. Cela conduit inévitablement à s'interroger sur le rôle des services de

---

* Racheté en 2018 par Duff & Phelps.

renseignement étatiques dans la guerre commerciale que peuvent, par exemple, se livrer Airbus et Boeing dans le domaine aéronautique. En Europe, les aspects défensifs font partie du champ général d'action des services. En revanche, les aspects offensifs suscitent des débats forcément feutrés. Sur le plan théorique, engager systématiquement les services revient à considérer que la compétition économique internationale menacerait la sécurité nationale. Sur le plan pratique, le choix des entreprises à soutenir n'est pas évident entre un champion national aux activités largement délocalisées et la filiale d'un groupe étranger employant de nombreux salariés sur le territoire national. Aux États-Unis ou en Chine, les services de renseignement sont beaucoup plus directement mobilisés en appui aux entreprises qu'en Europe. Cette situation conduit un responsable du renseignement intérieur français à ce constat amer : « Sans politique industrielle, une politique de renseignement n'est qu'une rustine[30]. »

La diffusion des TIC provoque des phénomènes contradictoires. D'un côté, ces technologies instaurent un règne de la transparence, qui expose les gouvernements en fonction du décalage entre leurs discours et leurs actions. Selon le principe d'*accountability*, les gouvernants sont tenus de rendre des comptes précis aux gouvernés sur leurs politiques publiques et sur leurs comportements personnels. Dans les sphères publique et privée, les lanceurs d'alerte peuvent dénoncer des pratiques en les révélant au grand jour. En 2006, Julian Assange a créé le site WikiLeaks avec « *We open governments* » comme slogan.

Il s'agissait de donner une large audience aux lanceurs d'alerte en publiant des documents confidentiels reflétant la duplicité des gouvernements. Qualifié de « service de renseignement non-étatique hostile » par Mike Pompeo lorsqu'il dirigeait la CIA (2017-2018), l'avenir de WikiLeaks est suspendu à celui de Julian Assange. Réfugié à l'ambassade d'Équateur à Londres en 2012, Julian Assange a été arrêté par la police britannique, puis incarcéré, après avoir été déchu de la nationalité équatorienne qui lui avait été accordée. Les États-Unis demandent son extradition ; il y encourt jusqu'à 175 ans de prison pour espionnage.

De l'autre, les TIC renforcent l'influence des services de renseignement et accentuent la porosité avec un petit nombre d'acteurs privés. En effet, la multiplication des risques liés à la cybersécurité favorise l'émergence d'entreprises très compétitives, comme Booz Allen Hamilton, « jumeau privé de la NSA », auxquelles les services de renseignement sous-traitent des missions. Cette sous-traitance peut se transformer en dépendance en raison du poids grandissant des entreprises de technologie et d'information dans la collecte du renseignement numérique. Edward Snowden raconte comment les jeunes informaticiens comme lui, consultant chez Booz Allen Hamilton venu travailler à la CIA et à la NSA, ont été « accueillis à bras ouverts au sein des services les plus secrets » et ont ainsi participé au changement le plus important de l'histoire de l'espionnage américain : « le passage de la surveillance ciblée à la surveillance de populations entières ». En outre, il explique que la tentative de transition rapide des échanges commerciaux traditionnels au commerce électronique s'est soldée par une bulle spéculative et un krach boursier en 2000. Les entreprises se sont rendu compte que ceux qui se connectaient cherchaient moins à commercer qu'à s'exprimer, et que ces connexions humaines pouvaient être monétisées en se glissant dans leurs conversations : « C'est ce qui a signé le début du capitalisme de surveillance et la fin de l'Internet tel que je l'avais connu[31]. »

Enfin, les TIC transforment les réseaux sociaux en champs d'opérations d'influence ou de désinformation, notamment en période électorale. Appelée à se répandre dans tous les milieux, la multiplication des *deepfakes*, comme les vidéos truquées de dirigeants politiques, nécessite une vigilance particulière. Si l'on songe à la dépêche d'Ems, cet imbroglio politico-médiatique qui précipita la guerre franco-allemande de 1870, les exemples historiques de manipulations diplomatiques ne manquent pas, mais les *deepfakes* peuvent avoir des effets particulièrement destructeurs dans un contexte de brouillage entre faits et fiction. En février 2020, un procès se tint à Paris pour juger des malfaiteurs ayant usurpé l'identité de Jean-Yves Le Drian, alors ministre de la Défense, à l'aide d'un masque en silicone. *Via* Skype, ils demandaient des fonds à des dirigeants d'entreprises pour obtenir la libération d'otages et auraient ainsi accumulé 50 millions d'euros. Comme plusieurs campagnes électorales récentes l'ont montré, les *fake news* contribuent directement à la guerre cognitive que se livrent les grandes puissances par l'intermédiaire des plateformes numériques.

À l'ère de la transparence, la Chine occupe une position singulière dans la mesure où elle ne cesse d'intensifier sa présence sur les réseaux globaux, à travers par exemple sa chaîne CGTN, tout en entretenant méthodiquement l'opacité sur son système de gouvernement. La guerre froide a donné naissance à plusieurs générations de kremlinologues qui cherchèrent à analyser les jeux politiques en URSS et dans le bloc communiste. Rares, très rares, sont aujourd'hui les spécialistes capables de saisir les rapports de force au sein du Parti communiste chinois (PCC), construit sur le modèle soviétique, alors même qu'il est le cœur du pouvoir. Saisir son fonctionnement réel devrait occuper les services de renseignement d'un grand nombre de pays, qui ont pour la plupart succombé au « charme irrésistible » du marché chinois sans trop se soucier du projet de puissance de Pékin.

***

Signe de la dégradation des relations entre les deux pays, la Maison Blanche et le Département d'État sous Donald Trump parlaient de plus en plus du PCC, et de moins en moins de la Chine, pour mieux souligner l'idéologie charriée par Pékin. Le Parti unique subordonne la souveraineté étatique, l'intégrité territoriale et le développement économique, priorités pour tout État, au maintien de son propre pouvoir. Pour ce faire, il contrôle l'ensemble de l'appareil à travers trois leviers : la nomination des cadres, la propagande et l'Armée populaire de libération. Fort de ses 90 millions de membres et de ses 20 millions de cadres, le PCC décide de tout : « Le Parti est comme Dieu. Vous ne pouvez juste pas le voir », résume un universitaire chinois[32]. Dès lors, le contraste est saisissant entre la Maison Blanche, devenue une maison de verre aux yeux du monde, et Zhongnanhai, siège du pouvoir chinois à l'ouest de la Cité interdite. Depuis 1972, le journaliste Bob Woodward éclaire le (dys)fonctionnement de la première à ses lecteurs. Il n'a pas d'*alter ego* en Chine.

Par définition, les activités des services de renseignement et des groupes criminels ne peuvent être que devinées, mais elles sont essentielles à garder à l'esprit dans le jeu entre les États-Unis, la Chine et l'UE en raison de leurs influences respectives sur les politiques étrangères et certaines grandes entreprises, en particulier dans les domaines de l'énergie, du numérique et de l'armement. Parallèlement, le contexte de crise sanitaire, économique et sociale favorise les activités des mafias.

Les intentions de la Chine : sur le plan « supramilitaire », les stratèges chinois conçoivent les guerres diplomatique, psychologique, technologique, virtuelle, de réseau, du renseignement, de contrebande et de la drogue, qui offrent, avec les autres types de guerre, « une variété de tactiques véritablement hallucinante ». La Chine entend développer les moyens de combiner ces tactiques « pour créer une tactique entièrement nouvelle » en recourant à « l'informatique ». Cela se traduit par un investissement massif dans son complexe militaro-numérique dont il est très difficile de percer le fonctionnement. Il faut dès lors décrypter les intentions exprimées dans les discours accessibles, comme celui de Qiao Liang et Wang Xiangsui : « Nous pourrions, selon les besoins, arranger les cartes que nous avons en main de toutes les manières possibles, et même, en fin de compte, remporter la partie. » Ils ajoutent : « Il est impossible d'imaginer une tactique qui échappe au filet de la combinatoire. La conclusion est aussi simple que cela, mais elle ne peut certainement pas sortir du cerveau d'un simplet. »

Les intentions des États-Unis : la communauté du renseignement joue un rôle essentiel dans leur manière de conduire la guerre militaire et économique. Il est évident que les États-Unis comptent continuer à développer leur système de surveillance globale. Leurs intentions par rapport à leurs différents systèmes d'alliance sont moins claires, même s'ils devraient continuer à s'appuyer sur le *Five Eyes**. À cet égard, le revirement de Londres sur la 5G, qui a officiellement renoncé à recourir à un équipementier chinois en juillet 2020, rappelle que le GCHQ (Government Communications Headquarters) reste le principal partenaire de la NSA. Ces liens continueront à nourrir la « relation spéciale » entre les deux pays *a*

* Littéralement « Cinq Yeux », désigne l'alliance des services de renseignement des États-Unis, de l'Australie, du Canada, de la Nouvelle-Zélande et du Royaume-Uni.

fortiori après le Brexit. L'alliance Aukus va dans ce sens. Les révélations d'Edward Snowden en 2013 ont été très préjudiciables à la communauté du renseignement américain, qui a réagi de manière fulgurante en resserrant les liens, non pas avec ses alliés, mais avec les plateformes numériques. Elles ont mis en place des protocoles de chiffrement : le « http » a été remplacé par le « https » (le « s » signifiant « sécurité ») pour empêcher une partie tierce d'intercepter le trafic web. Cela conduit Edward Snowden, depuis son exil russe, au constat suivant : « L'année 2016 a été une année pivot dans l'histoire de l'informatique, la première depuis l'invention d'Internet où il y a eu davantage de trafic Internet chiffré que non chiffré[33]. » Il est certain que les services américains souhaiteraient à leur tour recruter un ou plusieurs Snowden russes et chinois. Il n'est pas dit qu'ils les médiatiseraient.

Les intentions de l'UE : si le renseignement donne lieu à de multiples formes de coopération entre services spécialisés, il reste le domaine de la souveraineté par excellence. En ce sens, il est parfaitement vain d'essayer de créer une structure de renseignement intégrée au sein de l'UE. En revanche, des échanges, voire des opérations conjointes, sont envisageables, en particulier dans la phase d'appréciation de la menace ou d'une situation. Ce pourrait être un axe privilégié à l'avenir. L'UE entend certainement percer davantage le fonctionnement du système chinois, continuer ses efforts sur le contre-terrorisme et investir davantage sur le renseignement économique (encore un sujet difficile à aborder entre

Européens, compte tenu des enjeux de concurrence). En 2013, Erard Corbin de Mangoux, préfet et ancien DGSE (2008-2013), déclarait lors d'une audition à l'Assemblée nationale : « Quant à un Farewell chinois, il est toujours possible », faisant allusion au recrutement de Vladimir Vetrov (1932-1985) au début des années 1980 par les services français, qui leur avait permis de mieux comprendre les méthodes de pénétration soviétique en Europe. Quelques années plus tard, un responsable du renseignement déplore la forte focalisation des services européens sur le terrorisme de la manière suivante : « C'est une chose de faire la guerre à des gardiens de chèvres ; c'en est une autre de recruter une source au Politburo chinois[34]. »

La Chine et le monde au XXIe siècle

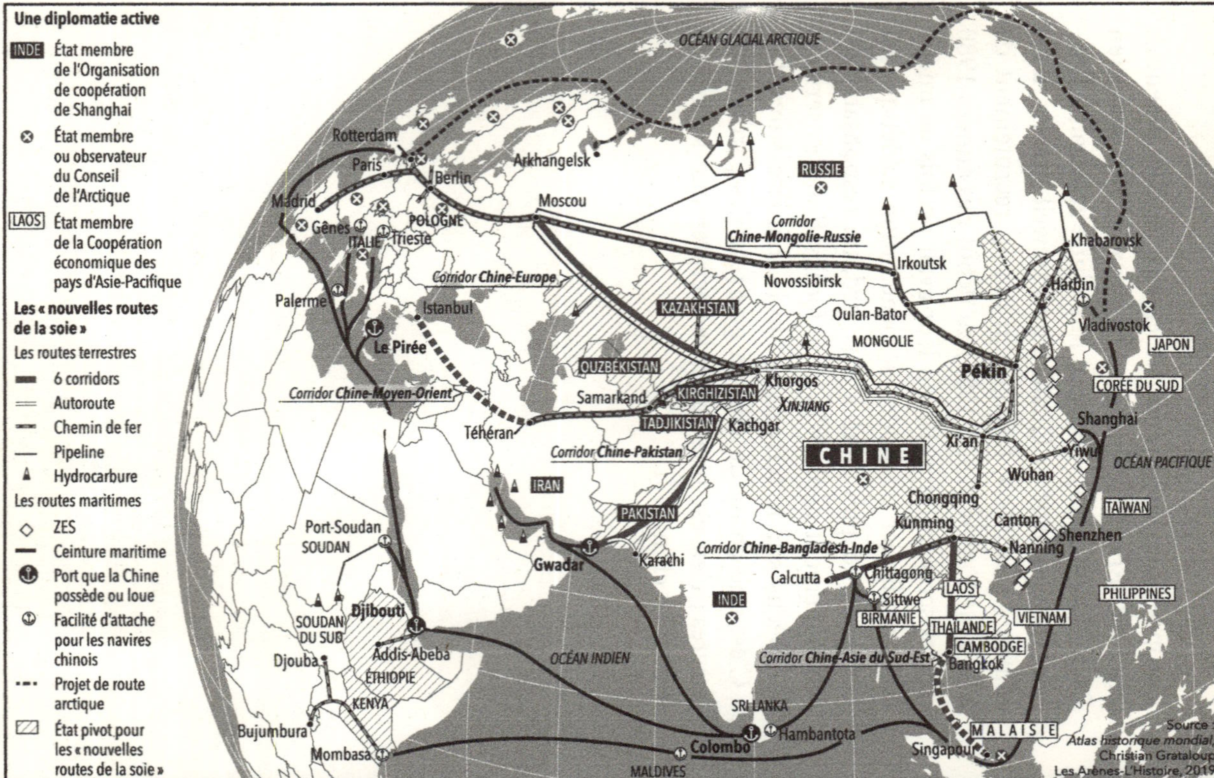

8

CONTRÔLER

« D'après plusieurs estimations, le dollar des États-Unis vaut 15 % à 20 % de sa valeur faciale. Le secret de la stabilité du dollar est l'expansion continue de sa zone d'influence [...]. C'est une pyramide financière qui repose sur les simplets qui croient en cette monnaie », pouvait-on lire sur un tract des Nashi, le mouvement des jeunes nationalistes russes, en 2006[1]. À cette date, la Russie avait remboursé une grande part de ses dettes après son défaut de paiement de 1998. Alexeï Koudrine, le ministre russe des Finances, avait alors saisi l'occasion pour déclarer que le dollar risquait de perdre son statut de « devise de réserve universelle ou absolue ». Quinze ans plus tard, le dollar reste, plus que jamais, la monnaie de référence.

Provoquée par la chute de Lehman Brothers, la crise de 2008 a mis en lumière la forte charge géopolitique des activités financières, en raison des liens étroits entretenus par les banques avec les territoires qui les ont vues naître. En dépit de leur rapidité, les flux financiers ne sont pas hors sol, mais circulent principalement entre les États-Unis, l'Asie et l'Europe, cœur et poumons du capitalisme global. Libellé en dollar, le colossal excédent commercial de la Chine (535 milliards de dollars en 2020) est, en partie, investi dans des bons du Trésor américain, établissant par là même un « équilibre de la terreur financière ». Les États-Unis entretiennent un vaste déficit commercial avec la Chine (316 milliards de dollars en 2020, en baisse) et les autres pays asiatiques. Les échanges financiers transatlantiques constituent un système circulatoire qui fonctionne indépendamment des échanges commerciaux entre les États-Unis et l'Europe.

In God We Trust peut-on lire sur les billets américains comme si Dieu garantissait la valeur du dollar. Le billet vert est au cœur de l'hégémonie américaine car il peut convertir tous les produits, quels qu'ils soient, en monnaie fiduciaire. Le dollar fonde le système bancaire américain, dont Thomas Jefferson (1743-1826), 3e président des États-Unis, voyait les dangers en écrivant en 1802 : « Je pense que les institutions bancaires sont plus dangereuses pour nos libertés que des armées entières prêtes au combat. » Jefferson supposait que les banques privées, en prenant le contrôle de la monnaie, pourraient priver les gens de toute possession. Deux siècles plus tard, le danger est toujours bien présent mais il s'étend très au-delà des États-Unis grâce à la prééminence mondiale acquise par le dollar. Le système bancaire américain irrigue les marchés financiers à travers de multiples canaux, créant les interdépendances, lesquelles peuvent aussi être transformées en leviers de coercition si nécessaire. Globalement, la puissance américaine s'exerce par le contrôle simultané des nœuds névralgiques du système international. À l'image des détroits pour la navigation maritime, ces nœuds forment un dispositif panoptique, matériel et immatériel, leur permettant d'embrasser l'ensemble des champs de la compétition internationale, de les connecter ou, au contraire, de les déconnecter selon leurs intérêts du moment. Ils conservent ce faisant une liberté d'action bien supérieure à celle des autres puissances.

Le dispositif de contrôle

La nuit du 15 août 1971 fut préparée dans le plus grand secret par Richard Nixon (1913-1994) et John Bowden Connally (1917-1993), son secrétaire au Trésor, qui fit sa profession de foi en ces termes : « Le fond de ma pensée, c'est que les étrangers cherchent à nous baiser. Notre objectif est de les baiser en premier[2]. » En mettant fin à la convertibilité entre le dollar et l'or, les États-Unis changeaient les règles du jeu du jour au lendemain. Ils prirent cette décision car leur balance commerciale était déficitaire pour la première fois depuis 1893. Le volume de dollars détenus par les banques centrales étrangères excédait la capacité d'échange en or possédé par les États Unis.

Dans les décombres de Bretton Woods

Le « choc Nixon » illustre le pouvoir de structuration des États-Unis. La décision de Donald Trump de se retirer de l'Accord de Paris sur le climat en a été une nouvelle illustration. Les autres acteurs internationaux dépendent beaucoup plus des États-Unis que l'inverse. Ces derniers peuvent plus fréquemment recourir à l'incertitude stratégique que leurs partenaires. « Cela est particulièrement pernicieux lorsque l'imprévisibilité est considérée comme une source d'avantage stratégique », explique François Villeroy de Galhau, gouverneur de la Banque de France[3]. Quelles pourraient être demain les décisions unilatérales du président des États-Unis susceptibles d'avoir un impact direct majeur sur les autres ? En matière de prévision, il s'agit surtout de savoir ce que l'autre peut faire.

Dans *Après l'hégémonie* (1984)[4], Robert Keohane, célèbre professeur à Princeton, se demandait si la fin de Bretton Woods, symbole du déclin des États-Unis, allait entraîner *ipso facto* l'enlisement graduel du système multilatéral construit à leur initiative. Et si un système alternatif était possible. Au lendemain de la Seconde Guerre mondiale, ils surent mobiliser des ressources pour produire un « effet d'influence » dans trois domaines clés : monétaire, en fournissant une quantité suffisante mais pas excessive de liquidités ; commercial, en abaissant les barrières douanières ; et énergétique, en contrôlant la production du Moyen-Orient et en l'orientant vers l'Europe et le Japon.

Le dispositif du Fonds monétaire international (FMI) et de la Banque mondiale, inventé notamment par John Maynard Keynes (1883-1946) et Harry Dexter White (1892-1948), visait à favoriser le libre-échange et à assurer la stabilité du système monétaire international. Sur le plan financier, face aux risques de régimes capitalistes nationaux autarciques ou de régimes communistes, les États-Unis lancèrent le plan Marshall à travers l'Organisation européenne de coopération économique (OECE), qui devint l'Organisation de coopération et de développement économiques (OCDE) en 1961*. À l'été 1950, l'Union européenne de paiements (UEP) fut instituée pour compléter le plan Marshall. Sur le plan commercial, pendant la guerre, les négociateurs britanniques et américains élaborèrent un schéma d'organisation internationale du commerce qui ne fut pas ratifiée par le Sénat américain, ce qui encouragea le gouvernement à poursuivre les mêmes objectifs à travers l'Accord général sur les tarifs douaniers et le commerce (GATT). En raison de sa nature temporaire supposée, les gouvernements acceptèrent les clauses du GATT de non-discrimination, de réciprocité et de libéralisation. Si les États-Unis ne parvinrent pas à institutionaliser le libre-échange, ils le firent pratiquer par leurs alliés, qui demandaient une protection militaire. Sur la base de ces différents accords, l'Organisation mondiale du commerce (OMC) fut créée en 1995**.

* Située à Paris, elle compte aujourd'hui 37 membres.

** Située à Genève, elle compte aujourd'hui 164 pays.

Sur le plan militaire, la protection passa non seulement par les alliances comme l'OTAN (1949) ou l'OTASE* (1954), mais aussi par la maîtrise des flux pétroliers, devenus indispensables à la croissance économique. Avant la Seconde Guerre mondiale, les États-Unis avaient œuvré à garantir l'accès des compagnies américaines aux ressources pétrolières situées dans des pays sous influence britannique ou française. Après la guerre, ils parvinrent à instaurer un partenariat unique avec l'Arabie Saoudite – leur objectif avait été résumé, dès 1943, par un conseiller américain : « développer au maximum le pétrole du Moyen-Orient et conserver les réserves de l'hémisphère occidental[5] ».

Ils intervinrent directement dans les affaires intérieures des pays producteurs, tout en fournissant de l'assistance militaire. Premier ministre d'Iran, Mohammad Mossadegh (1882-1967) nationalisa l'industrie pétrolière iranienne, qui était sous contrôle britannique depuis 1913. L'opération Ajax menée conjointement par le MI6 et la CIA pour le déposer (août 1953) eut deux conséquences principales : les Britanniques durent ouvrir leur consortium à cinq entreprises américaines et les profits furent partagés à 50/50 entre le consortium international et les autorités iraniennes. Le président Eisenhower souhaitait que cette opération restât secrète

* L'Organisation du traité de l'Asie du Sud-Est réunissaient les États-Unis, le Royaume-Uni, la France, l'Australie, le Pakistan, les Philippines, la Thaïlande et la Nouvelle-Zélande. Elle fut dissoute en 1977.

car, si tel n'était pas le cas, « nos chances de faire quelque chose de similaire dans le futur disparaîtraient presque complètement », prévoyait-il[6]. L'implication de la CIA fut rapidement découverte et, comme Ike Eisenhower l'avait redouté, cela empoisonna les relations entre Washington et Téhéran.

À la faveur de la crise de Suez (1956), Washington paracheva sa domination au Moyen-Orient et en Méditerranée au détriment de Londres et de Paris. Première réplique de la nuit du 15 août 1971, le choc pétrolier de 1973 ébranla l'édifice de contrôle du pétrole mondial construit par les États-Unis, qui répondirent, en 1974, par la création de l'Agence internationale de l'énergie (AIE)*, dans le cadre de l'OCDE, pour coordonner les politiques énergétiques des pays membres et faire contrepoids à l'Organisation des pays producteurs de pétrole (OPEP) créée en 1960**.

L'historien américain Charles Kindleberger (1910-2003), qui a étudié la fin de l'hégémonie britannique, estime que « la stabilité de l'économie internationale exige un stabilisateur, et un seul ». Si le démantèlement de Bretton Woods a été lu comme la fin de l'hégémonie exercée par les États-Unis, il ne signifie nullement la fin de leur domination, qui s'exerce à travers les institutions internationales. Elles jouent un rôle décisif dans la production des règles, des standards et d'une information partagée. Leur contrôle a longtemps permis aux États-Unis

---

* Située à Paris, elle compte aujourd'hui 30 pays.

** Située à Vienne, elle compte aujourd'hui 14 membres.

d'imposer leurs préférences en fonction de leurs intérêts sans résistance institutionnelle. En 2001, l'entrée de la Chine dans l'OMC a ouvert un nouveau cycle. Robert Keohane rappelle une évidence volontiers occultée par les libre-échangistes de profession : « L'harmonie n'a jamais été une caractéristique de la politique commerciale. Il y a toujours eu des conflits d'intérêts et des désaccords réels ou potentiels. » Avant d'ajouter que la coopération ne naît pas de l'harmonie mais du désaccord[7]. La question est de savoir si la crise sanitaire et l'élection américaine sont susceptibles d'ouvrir un nouveau cycle d'accords ou, au contraire, de fragiliser le système multilatéral un peu plus encore. Joe Biden affirme son intention de revenir au multilatéralisme sans qu'il soit possible, à ce stade, d'en apprécier la portée.

Les crises entraînent souvent des réponses informelles institutionnelles, destinées à améliorer la coordination entre acteurs. À la suite du premier choc pétrolier se met en place le G7*. Après les crises financières des années 1990, c'est au tour du G20 d'être créé**. En novembre 2008, il se réunit pour la première fois au

---

* Un G5 informel, réunissant les États-Unis, le Royaume-Uni, la RFA, le Japon et la France, est lancé en 1974. Il s'élargit ensuite à l'Italie et au Canada avant d'accueillir la Russie à partir de 1994. Cette dernière en sera suspendue en 2014 après l'annexion de la Crimée avant de s'en retirer définitivement en 2017.

** Afrique du Sud, Allemagne, Arabie Saoudite, Argentine, Australie, Brésil, Canada, Chine, Corée du Sud, États-Unis, France, Inde, Indonésie, Italie, Japon, Mexique, Royaume-Uni, Russie, Turquie et Union européenne.

niveau des chefs d'État et de gouvernement. Cet élargissement consacre la perte de poids relatif des économies avancées dans la production de la richesse mondiale et la montée en puissance de la Chine et des émergents, ainsi que l'hétérogénéité du système international. Ces tentatives de coordination masquent un problème fondamental, celui de la nature de la croissance américaine, qui est alimentée par des bulles financières « anormales » permettant de maintenir un taux de croissance « normal », comme le remarque l'ancien secrétaire d'État au Trésor (1999-2001) Larry Summers : « Pouvons-nous isoler une seule période soutenue au cours de laquelle l'économie a affiché une croissance satisfaisante dans des conditions qui étaient financièrement tenables[8] ? » À l'évidence, non.

Le secteur financier, cœur du dispositif américain

La crise de 2008 marque un tournant dans la mesure où elle résulte des risques accumulés dans le secteur financier des économies avancées. Partie des États-Unis, elle s'explique par trois raisons principales : l'excès généralisé d'endettement privé et public ; le laxisme de gestion d'institutions financières privées ; la sophistication technologique autorisant l'invention de produits financiers « dérivés[9] ». Pour en saisir les mécanismes élémentaires, il faut commencer par rappeler qu'il existe quatre grands types de marché : celui des taux d'intérêt correspondant aux obligations et prêts entre banques (estimé à environ 8 000 milliards d'euros/jour) ; celui des devises (environ 6 000 milliards d'euros/jour) ; celui des actions, où s'échangent des titres de propriété des entreprises (environ 500 milliards d'euros/jour) ; et celui des matières premières (pétrole, céréales, métaux, etc.). Sur ces marchés interviennent différents types d'acteurs.

Au premier rang figurent les banques centrales, qui portent la responsabilité de la politique monétaire, composante essentielle de toute politique économique*. Les banques centrales ne disposent pas des mêmes prérogatives selon les pays, mais doivent assurer l'émission de la monnaie fiduciaire et la fixation des taux d'intérêt, superviser le fonctionnement des marchés financiers et garantir le rôle de prêteur en dernier ressort. Une politique monétaire veille à ce que la quantité de monnaie disponible dans l'économie corresponde à ses besoins : si elle est trop accommodante, elle risque de produire de l'inflation ; si elle est trop restrictive, elle risque de produire de la déflation.

C'est en Suède en 1668 qu'est née la première banque centrale. La Banque de France est créée par Bonaparte en 1800, et la Réserve fédérale des États-Unis (Fed), qui regroupe douze banques régionales, en 1913. En 1930 est fondée la Banque des règlements internationaux (BRI), dont la mission est d'assurer la coordination entre banques centrales et de gérer les réserves de devises de ces institutions. Elle héberge le Comité de Bâle, qui définit les règles de supervision bancaire. Le traité de

* Une politique économique se subdivise en politiques monétaire, budgétaire, fiscale et structurelle.

Maastricht (1992) a posé le principe de l'indépendance des banques centrales de la future zone euro. Depuis son entrée en vigueur (1999), l'eurosystème regroupe la Banque centrale européenne (BCE), basée à Francfort, et les banques centrales nationales des dix-neuf pays de la zone. La BCE doit garantir la stabilité des prix, à la différence de la Fed qui doit assurer la même mission ainsi que le plein-emploi. C'est une différence majeure. Pour ce faire, elle définit les taux directeurs, c'est-à-dire les taux d'intérêt auxquels elle prête aux banques commerciales, qui financent les entreprises et les ménages.

Les banquiers centraux constituent un club très fermé qui se réunit tous les étés à Jackson Hole dans le Wyoming. Attendues par les marchés et les gouvernements, les décisions prises par Jerome Powell (Fed), Christine Lagarde (BCE), Andrew Bailey (Banque d'Angleterre), Haruhiko Kuroda (Banque du Japon) et Yi Gang (Banque populaire de Chine) ont une influence directe sur l'activité économique, *a fortiori* en période de crise aiguë. Dans le contexte de guerre commerciale, ce cénacle est essentiel pour maintenir des canaux de communication non exposés à la pression politique et médiatique, entre la Chine et les autres représentants. Comme le reconnaît un banquier central européen, des échanges avec leurs collègues chinois ont bien lieu, « mais nous ne voyons qu'un aspect des choses », avant d'exprimer sa « prudence sur l'état du système financier chinois », qui présente de nombreuses inconnues[10].

Au deuxième rang figurent les banques, qui ne sont pas des entreprises comme les autres. En 2017, l'Europe comptait 118 groupes bancaires « importants » dont 12 en France, qui sont l'objet d'une étroite supervision. Dans la pratique, « les banques européennes fonctionnent tout comme leurs intrépides homologues américains. Elles empruntent des dollars pour prêter des dollars[11] », constate l'historien britannique Adam Tooze dans son ouvrage *Crashed* (2018), qui estime qu'au « niveau mondial, vingt à trente banques comptent vraiment[12] ». La relation transatlantique est d'abord financière.

Autrement dit, l'axe central de la finance mondiale, dont la vitesse de rotation propulse la mondialisation, est américano-européen avec New York et Londres aux extrémités. Wall Street et la City ne peuvent se comprendre l'un sans l'autre car c'est en passant par Londres que le dollar est devenu une monnaie mondiale. Au milieu des années 1950 naît le marché des eurodollars, c'est-à-dire des dollars déposés dans une banque localisée hors des États-Unis. Ce furent les banques soviétiques établies en Europe occidentale pour gérer les exportations de matières premières et les ventes d'or qui ouvrirent les premiers comptes en dollars. La Midland Bank*, alors la plus grande banque anglaise, proposa une rémunération des comptes de dépôts supérieure à celle pratiquée aux États-Unis. Cette innovation financière enclencha une croissance rapide du marché des eurodollars, qui passa de 1,5 milliard de dollars en 1958 à 130 milliards en 1973.

Au cours des années 1980, les banques suisses, allemandes, françaises et néerlandaises prirent des positions

* Fondée en 1830 et rachetée en 1992 par HSBC.

dans la City, à partir desquelles elles firent des acquisitions significatives à Wall Street. Point aussi technique que politique : ni la City ni Wall Street ne se sentent responsables de la supervision, toujours onéreuse, des centaines de banques étrangères implantées sur leur territoire, ce qui signifie qu'en dépit de l'ampleur de leurs activités aux États-Unis, les banques européennes ne sont pas soumises aux mêmes règles prudentielles de part et d'autre de l'Atlantique.

La crise de 2008 a rappelé la hiérarchie : « Wall Street d'abord, les autres ensuite ». En effet, la Fed s'est transformée en fournisseur de dollars pour toutes les structures financières domiciliées à New York. Notons, comme le fait Jacques de Larosière, ancien directeur général du FMI (1978-1987), que « la Fed est aussi très proche des marchés financiers et des grandes banques américaines[13] ». Ensuite, elle a autorisé un groupe de banques centrales triées sur le volet à émettre des crédits en dollars au moyen d'accords de crédit réciproques, ce qui a déclenché des multiples transactions dont la majorité a été réalisée par la BCE : 10 000 milliards de dollars ont ainsi été injectés dans le système bancaire européen[14]. Cela conduit un banquier central européen au constat suivant : « En un sens, nous sommes devenus le treizième district* de la Réserve fédérale[15]. »

Avec cette crise financière, les États-Unis ont rappelé qu'ils étaient le seul pays capable d'imposer sa solution

* La Réserve fédérale est détenue par douze Regional Reserve Banks, dont la plus importante est celle de New York.

aux autres. Timothy Geithner, secrétaire d'État au Trésor (2009-2013), compara sa stratégie à la doctrine de Colin Powell (1937-2021), ancien chef d'état-major des armées américaines (1989-1993), puis secrétaire d'État (2001-2005) de George Bush, pour justifier le choix de frapper fort : en matière financière comme en matière militaire, « le gradualisme est plus risqué et plus coûteux qu'une action agressive[16] », estime-t-il.

Au troisième et quatrième rangs figurent les fonds souverains et les gestionnaires d'actifs (fonds de pension, fonds d'investissement privés et compagnies d'assurances). Les premiers se définissent comme des fonds d'investissement détenus par des États qui veulent placer leur épargne alimentée par leurs excédents commerciaux ou leurs revenus pétroliers, sans avoir à rendre compte à des actionnaires. En 1953, le Koweït a créé le premier fonds souverain. Plus de deux tiers des fonds souverains dans le monde ont été constitués dans les années 2000. En 2002, 21 fonds détenaient 790 milliards de dollars d'actifs ; en 2018, 80 fonds possédaient 7 480 milliards de dollars d'actifs. À cette date, parmi les dix premiers, on comptait quatre chinois, un singapourien, deux émiratis, un qatarien, un koweïtien et un européen, celui de la Norvège. Sont-ils de simples investisseurs passifs ou veulent-ils prendre le contrôle des conseils d'administration des entreprises où ils détiennent des participations ? Il n'existe pas de réponse unique mais, à titre d'exemple, l'influence exercée par le Qatar en Europe ne peut se comprendre sans les investissements directs de son fonds. En 2010, le fonds souverain du Qatar rachetait symboliquement le PSG, mais il est surtout au capital de plusieurs fleurons industriels.

La montée en puissance des gestionnaires d'actifs s'est accélérée. Des fonds comme BlackRock, Blackstone, Vanguard ou State Street contribuent directement à la puissance financière américaine en gérant l'épargne de dizaines de millions de ménages. Ces quatre fonds ont plus que triplé depuis 2008 et géraient, début 2020, plus de 17 000 milliards de dollars d'actifs alors que le bilan des dix plus grandes banques américaines stagne autour de 10 000 milliards de dollars[17]. Ce déplacement du centre de gravité des banques, soumises à des règles prudentielles strictes, aux fonds s'observe également en Europe. L'enjeu pour les banques est désormais de parvenir à servir ces fonds, qui ne cessent d'inventer des produits financiers sophistiqués. En 1987, Larry Fink, qui dirige actuellement BlackRock, reconnaissait que « parfois nos technologies, en créant de la valeur mobilière, dépassent notre capacité à la maîtriser ». La suite lui a largement donné raison.

Les multinationales

Charnières entre États et marchés, les firmes transnationales (FTN) jouent un rôle moteur dans l'organisation des appareils productifs, des échanges commerciaux et des flux financiers. Les entreprises de l'industrie extractive ont structuré la mondialisation en établissant une division internationale du travail : les pays du Nord importaient les matières premières des pays du Sud et exportaient des biens manufacturés. Dans la seconde partie du XXe siècle, la conteneurisation des échanges a rendu possible la production de biens manufacturés dans des pays éloignés à faible coût de main-d'œuvre. L'Asie a ainsi émergé grâce à la délocalisation de secteurs entiers comme le textile.

Depuis les années 1990, grâce aux progrès des systèmes d'information, les FTN fractionnent les étapes de production en fonction des différentiels territoriaux (accès au marché, coût de la main-d'œuvre, fiscalité, législation sociale…), ce qui modifie les flux commerciaux : aux échanges de matières premières et de biens manufacturés s'ajoutent les échanges de biens intermédiaires entre les différentes entreprises industrielles qui les produisent et les assemblent. Désormais, les transferts internes entre les entreprises et leurs filiales représentent un tiers du commerce mondial et les échanges entre les entreprises et leurs fournisseurs un autre tiers. Pour un certain nombre de grands groupes cotés au CAC 40, le terrain de jeu est désormais mondial. Comme l'explique le P-DG de l'un d'entre eux, « la meilleure protection [contre le risque géopolitique], c'est d'être réellement mondial[18] ».

Les FTN s'enchâssent dans un archipel de pôles de production hyperconnectés entre eux. La maîtrise du « sourcing », c'est-à-dire de l'achat de tous les intrants nécessaires à la production au niveau mondial, requiert un savoir-faire spécifique. C'est la clé du succès d'Apple pour l'iPhone, qui mobilise une quinzaine de fournisseurs stratégiques répartis à travers le monde pour produire les microprocesseurs, le verre et les écrans, les mémoires et la caméra, ensuite assemblés. La société franco-italienne STMicroelectronics, dont le siège est situé près de Genève, fournit, par exemple, le gyroscope.

Parmi les FTN, les très grandes entreprises, dont le nombre est estimé à 400 environ, disposent d'une puissance de transformation unique leur permettant non seulement de changer les règles du jeu concurrentiel mais aussi d'influer les comportements sociaux[19]. Le cabinet d'audit PwC publie régulièrement le classement des 100 premières entreprises mondiales, dont la capitalisation boursière atteint 31 700 milliards de dollars en mars 2021 (8 402 en 2009), à partir duquel plusieurs tendances se dégagent[20]. Premièrement, entre 2009 et 2019, la part des États-Unis dans la capitalisation mondiale progresse fortement alors que celle de l'Europe recule significativement : les premiers passent de 45 % à 63 % ; la seconde de 27 % à 15 %, au même niveau que la Chine. Deuxièmement, la domination américaine se reflète également début 2021 dans le nombre d'entreprises, avec 58 groupes, 13 pour la Chine et Taïwan et 8 pour l'Europe (dont 3 au Royaume-Uni et 3 en Suisse). La France compte 2 entreprises dans ce classement contre 5 en 2019 : LVMH, L'Oréal. Troisièmement, le secteur des technologies est devenu le plus important. Dans le top 10, on compte huit entreprises technologiques, une entreprise pétrolière et une entreprise financière ; sept américaines, deux chinoises et une saoudienne. Ce top 10 reflète la domination américaine, la progression chinoise et la perte de vitesse européenne.

L'articulation entre ce capitalisme de grandes firmes, de plus en plus extraverti, et les territoires, en particulier nationaux, qui cherchent à maintenir ou à créer des emplois, ouvre le débat sur les chaînes de valeur globales (CVG) et la relocalisation de la production. Avec la Covid-19, les pays européens ont pris conscience de leur dépendance sanitaire vis-à-vis de la Chine et, dans une moindre mesure, de l'Inde ou du Vietnam. À l'inverse, Pékin a acté le « découplage » technologique prôné par les États-Unis, et cherche aussi à sortir de sa dépendance à l'industrie des microprocesseurs contrôlée par ces derniers. Plus largement, le mouvement de convergence actuellement à l'œuvre entre les activités industrielles et celles de services par le biais du numérique pourrait entraîner une rétraction relative des CVG sous l'effet combiné de trois facteurs : la convergence salariale entre économies avancées et grands émergents, la durabilité environnementale et la sécurité nationale[21]. Autrement dit, après la Covid-19, la prise en compte des intérêts géopolitiques dans le fonctionnement des CVG devrait être renforcée par les autorités politiques même si les FTN voudront continuer à bénéficier de leur ramification et de leur fluidité pour réduire leurs coûts.

Les moyens de contrôle

À la veille de l'élection de Donald Trump en 2016, Robert Blackwill, figure influente de l'*establishment* politico-diplomatique américain, ancien ambassadeur en Inde (2001-2003), estimait que les États-Unis avaient perdu leur savoir-faire géoéconomique[22]. Se référant explicitement à la politique de Dwight Eisenhower, il constatait leur préférence pour les outils militaires, plutôt qu'économiques, pour atteindre leurs objectifs géopolitiques à partir de la guerre du Vietnam. Afin de rompre le cycle des interventions militaires, il préconisait un recours plus systématique aux moyens de coercition économique, rendue possible par le rôle du dollar, la taille de l'économie américaine et l'influence des entreprises américaines à l'étranger. À bien des égards, cette approche a été suivie par l'administration Trump, qui a spectaculairement limité les interventions militaires, tout en multipliant les actes de guerre économique. L'administration Biden n'y a nullement renoncé.

L'arme du dollar

Depuis la fin de la Seconde Guerre mondiale, la part des États-Unis dans les exportations mondiales n'a cessé de décroître, et pourtant le dollar demeure la monnaie de référence. Ce paradoxe confère un avantage décisif aux entreprises et aux banques américaines. Contrairement à leurs concurrentes, les premières sont payées dans la monnaie qu'elles utilisent pour rémunérer leurs salariés, fournisseurs et actionnaires. Les secondes accordent des prêts étrangers en dollars, reçoivent des dépôts en dollars, et n'ont donc pas à financer le coût d'une couverture de leurs positions en devises. Pour la Fed, fabriquer un billet de 100 dollars ne coûte que quelques *cents* alors que pour l'obtenir, les autres pays doivent débourser 100 dollars de biens et services réels.

Se remémorant les tentatives de la France de contester l'hégémonie du dollar dans les années 1960, l'économiste Barry Eichengreen invite à ne pas confondre la cause et l'effet. La perception de grande puissance d'un pays par les autres instaure le statut international de sa monnaie : « La livre a perdu sa position de monnaie internationale parce que la Grande-Bretagne a perdu son statut de grande puissance, non l'inverse[23]. » Pour mémoire, les Anglais furent contraints de suspendre la convertibilité de la livre et de l'or en 1947. Selon Barry Eichengreen, deux facteurs seraient susceptibles de provoquer un krach du dollar : un conflit politique entre les États-Unis et la Chine et un basculement soudain de la doxa des marchés financiers, qui considéreraient leurs positions aux États-Unis comme plus risquées qu'ailleurs. La Chine n'a guère d'autre solution actuellement pour valoriser les dollars reçus par son excédent commercial que de les prêter sur la durée aux États-Unis. L'influence stratégique de ces derniers réside avant tout dans leur poids dans l'économie mondiale : les variations du dollar par rapport aux autres monnaies importent moins que leur taux de croissance. Autrement dit, pour Barry Eichengreen, le sort du dollar est moins entre les mains de la Chine qu'entre les leurs.

Le système de la Society for Worldwide Interbank Financial Telecommunication (SWIFT) constitue un nœud névralgique des flux financiers en fournissant les informations sur les transactions et l'architecture pour les ordonner. Société coopérative de droit belge basée à Bruxelles, SWIFT ouvre son réseau opérationnel en 1977 pour remédier aux inconvénients des flux papier en proposant un service standardisé de transfert interbancaire. En 1989, le G7 crée le Groupe d'action financière (GAFI) pour lutter contre le blanchiment des capitaux*. Dès 1992, le GAFI demande des informations à SWIFT, qui refuse de les communiquer en se présentant comme un opérateur de communications et non comme un acteur bancaire. Après le 11 Septembre, le Trésor américain exerce de nouveau une forte pression sur SWIFT, au nom du Terrorist Finance Tracking Program (TFTP), en associant la Commission européenne et obtient les informations requises[24]. En 2012, sous la pression combinée des États-Unis et de l'UE, SWIFT déconnecte les banques iraniennes. Lors de l'annexion de la Crimée, les États-Unis et l'UE prennent des sanctions à l'encontre de la Russie ; elles sont toujours en vigueur. Le recours à SWIFT est de nouveau envisagé pour pénaliser la Russie. Cela encourage Moscou à adopter son propre système de règlement interbancaire et provoque ce commentaire lapidaire de Vladimir Poutine : « Je crois que nos amis américains sont tout simplement en train de scier la branche sur laquelle ils sont assis[25]. » À la suite des sanctions prises en 2014, la Russie a créé le système de paiement Mir, géré par sa banque centrale, pour ne plus

* Son secrétariat se trouve au siège de l'OCDE à Paris, mais c'est une structure distincte de l'OCDE.

dépendre de SWIFT. En avril 2020, Mir annonce avoir émis 76 millions de cartes de crédit utilisables en Russie et dans six autres pays*.

L'arme fiscale

Avec la monnaie, l'impôt est un des attributs de la souveraineté. La fiscalité joue un rôle clé dans la circulation et la répartition des richesses au niveau mondial en raison de l'extrême mobilité des capitaux et de la concurrence à laquelle se livrent les territoires pour les attirer. Dans une économie globalisée, la fiscalité est devenue un élément central de leur attractivité. Une industrie du secret, composée de cabinets d'avocats, de fiscalistes, de commissaires aux comptes, accompagne les stratégies d'optimisation fiscale de leurs clients en exploitant les différences entre législations nationales, tout en pesant sur leur élaboration. L'optimisation et la fraude se retrouvent dans les « paradis fiscaux », dont il n'existe pas de définition juridique universellement reconnue mais qui participent au contrôle du système financier mondial.

Avec la crise de 2008, le débat s'est fortement politisé : la lutte contre l'évasion fiscale est apparue comme la réponse naturelle des États, par nature impécunieux, décidés à récupérer leur dû pour pouvoir financer leurs

* Arménie, Biélorussie, Kazakhstan, Kirghizistan, Ouzbékistan et Turquie, ainsi qu'en Abkhazie et en Ossétie du Sud, régions indépendantistes de Géorgie.

dépenses sociales. En septembre 2009, Nicolas Sarkozy déclarait par exemple : « Les paradis fiscaux, le secret bancaire, c'est terminé. » Au-delà des effets d'annonce, les États continuent à lutter entre eux pour le contrôle de la finance *off-shore* gérée par les paradis fiscaux, qui s'inscrivent fondamentalement dans des logiques de puissance. Les États-Unis et le Royaume-Uni ont joué un rôle précurseur en la matière.

En 1880 et en 1898, les États du New Jersey et du Delaware accordèrent des franchises aux sociétés décidant de domicilier leur siège social dans leur circonscription. De nombreuses entreprises domiciliées dans les États voisins (New York, Massachusetts) délocalisèrent juridiquement leur siège sans déplacer physiquement leurs activités. En 1906, la justice britannique rendit la célèbre décision *De Beers* : une entreprise de diamants en Afrique du Sud était assujettie à l'impôt britannique à partir du moment où elle était contrôlée depuis Londres et quelle que fût la nationalité de ses dirigeants. De nombreuses entreprises décidèrent alors de transférer leur organe de contrôle à l'étranger.

En 1929, la justice britannique rendit une autre célèbre décision, celle de l'Egyptian Delta Land, reconnaissant qu'une société anglaise de promotion immobilière en Égypte dont le conseil d'administration siégeait au Caire n'était pas soumise à la législation britannique, ce qui revenait à homologuer la domiciliation fictive. Dans la pratique, les dirigeants ne faisaient que déplacer les réunions du conseil d'administration en dehors du Royaume-Uni. Une société enregistrée à Londres pouvait domicilier à l'étranger son organe de contrôle pour que ses revenus de sources étrangères échappent à l'impôt, indépendamment de la nationalité de ses dirigeants. Ces décisions ne peuvent se comprendre que dans le cadre de l'Empire britannique, qui rendait possibles ces délocalisations des organes de contrôle et s'en trouvait renforcé par l'émergence en son sein des places de Hong Kong, des Bermudes ou des Bahamas.

En Europe continentale, la Suisse joua un rôle décisif en punissant de plusieurs années de prison toute atteinte au secret bancaire par une loi de 1934. Après la crise de 1929, elle renforça son système bancaire grâce au secret, ce qui lui permit de drainer des capitaux de France, d'Allemagne et d'Italie. Ces trois exemples historiques illustrent les leviers principaux à la disposition des paradis fiscaux pour attirer des capitaux étrangers : la domiciliation fictive, la fiscalité à taux réduit et le secret bancaire[26]. Produits de l'histoire et de la géographie, les paradis fiscaux fonctionnent comme des circuits de dérivation pour des États qui souhaitent orienter les flux financiers. Ils jouissent d'une sorte de protection tacite, comme dans le cas de Monaco avec la France, du Liechtenstein avec l'Allemagne et l'Autriche, de Chypre avec la Russie, de Jersey et Guernesey avec le Royaume-Uni, de Saint-Marin avec l'Italie ou d'Andorre avec l'Espagne et la France.

Dans leur panorama de l'évasion fiscale, les économistes Emmanuel Saez et Gabriel Zucman décrivent le dispositif américain autour du « Bermuland », c'est-à-dire des Bermudes et de l'Irlande, où les entreprises américaines auraient accumulé plus de 3 000 milliards de dollars de bénéfices[27]. 60 % des profits réalisés par les multinationales américaines hors du territoire des États-Unis sont déclarés dans des pays à fiscalité réduite. En 2016, elles ont enregistré plus de bénéfices au Bermuland qu'au Royaume-Uni, au Japon, en France et au Mexique réunis. Elles déclarent à Porto Rico, aux Pays-Bas, à Singapour, dans les îles Caïman et aux Bahamas plus de profits qu'en Chine. Autre donnée significative : 95 % des 17 millions de salariés employés par des multinationales américaines en dehors du territoire des États-Unis le sont dans des pays à fiscalité relativement élevée, comme le Royaume-Uni, le Canada, le Mexique ou la Chine. Cela indique la déconnexion entre les centres *off-shore* et les lieux de production réelle.

Cette déconnexion existe grâce à un mécanisme fondamental, celui du prix de transfert, enseigné dans toutes les *business schools*. La taxation des entreprises repose sur le principe suivant : les filiales d'une même entreprise multinationale doivent être traitées comme des entités autonomes. Par exemple, Apple Irlande est une société distincte d'Apple États-Unis, qui déclare ses bénéfices en Irlande. Les différences des taux d'imposition entre pays (12,5 % en Irlande contre 21 % aux États-Unis) encouragent naturellement à privilégier les pays à faible taux. En théorie, les filiales d'un même groupe doivent échanger biens, services et actifs à un prix de marché en respectant le principe de pleine concurrence. Dans la pratique, elles bénéficient d'une grande marge de manœuvre pour facturer les transactions intra-groupe, en particulier pour des actifs immatériels comme des logos ou des brevets.

En 2010, les États-Unis ont adopté la loi Foreign Account Tax Compliance Act (FATCA) qui impose aux banques étrangères de communiquer au Trésor américain toutes les informations sur les comptes détenus à l'étranger par des contribuables américains, y compris les Américains « accidentels* ». En décembre 2017, Donald Trump a baissé le taux d'impôt sur les sociétés de 35 % à 21 %. Vis-à-vis des personnes physiques et morales, les États-Unis restent le pays qui dispose du plus de prise sur le système fiscal mondial. En tête des pays qui encaissent le plus d'impôt sur les sociétés par rapport à leur revenu national se trouvent Malte, le Luxembourg, Hong Kong, Chypre et l'Irlande. Pour contrecarrer l'optimisation et le dumping fiscal, les États du G20 sont parvenus, en 2021, à un accord de principe sur un impôt minimum mondial sur les bénéfices avec un taux fixé à 15 %.

L'arme juridique

À partir des années 2000, les États-Unis ont renforcé un arsenal pour conduire une véritable politique juridique extérieure justifiée par les luttes contre le terrorisme et la corruption[28]. De nombreuses lois ont une portée extraterritoriale. Adopté après le 11 septembre 2001, le Patriot Act a été modifié par le Freedom Act

* Personnes nées aux États-Unis, ayant une autre nationalité, considérées comme américaines par le fisc américain.

en 2015, qui s'applique à tous les pays, comme la France, ayant signé un accord de coopération judiciaire avec les États-Unis. Il autorise les autorités américaines à obtenir des informations sur le détenteur d'une messagerie mail, sur le contenu des messages ou des documents stockés dans le *cloud* par le biais d'un traité d'assistance judiciaire mutuelle*. Dans cet arsenal, mentionnons deux textes pénalisant directement les Européens. Le premier – International Traffic in Arms Regulations (ITAR) –, adopté en 1976, oblige à soumettre à l'approbation des autorités américaines toute exportation d'un système d'armes ayant au moins un composant américain. Le second – Clarifying Lawful Overseas Use of Data Act (Cloud Act) –, adopté en 2018, autorise la justice américaine à obtenir des fournisseurs de données numériques toutes les informations non personnelles des personnes morales de toutes nationalités, quel que soit leur lieu de stockage. Plus largement, il suffit d'invoquer un critère de rattachement comme l'usage du dollar, l'implication d'un ressortissant américain ou l'utilisation d'un logiciel pour établir la compétence du procureur américain. Ce dispositif législatif fait dire à Patrick Calvar, ancien DGSI (2012-2017), que « la lutte antiterroriste semble de plus en plus fréquemment servir de prétexte à un espionnage économique de la part de pays alliés[29] ».

* Mutual Legal Assistance Treaty (MLAT) : traité de coopération policière et judiciaire lors d'enquêtes visant à faciliter la mise en œuvre des conventions fiscales. Les États-Unis ont conclu un MLAT avec la France en 1998 et avec l'UE en 2003.

Les entreprises étrangères poursuivies le sont au titre de la lutte contre la corruption dans le cadre du Foreign Corrupt Practices Act (FCPA), promulgué en 1977, et des programmes de sanctions. Supervisées par l'Office of Foreign Assets Control (OFAC), ces procédures instrumentalisent le droit dans la guerre économique que livrent les États-Unis. En 2006, l'entreprise pétrolière norvégienne Statoil était la première à être poursuivie par le Department of Justice (DoJ) pour corruption. En septembre 2019, sur les 597 actions initiées au titre du FCPA, 34 % concernaient des étrangers, qui ont payé les amendes les plus élevées[30]. Parallèlement, les États-Unis ont multiplié les régimes de sanctions à l'encontre de la Corée du Nord, du Soudan, de la Syrie, de Cuba, de l'Iran, du Venezuela ou de la Russie. En septembre 2019, l'OFAC gérait 30 régimes de sanctions et tenait à jour une liste (actualisée tous les deux mois) d'environ 5 500 personnes pour lesquelles toute transaction à destination ou en provenance des États-Unis, ou en transit aux États-Unis, est interdite.

La plupart des entreprises poursuivies choisissent de collaborer avec la justice américaine pour éviter les délais de procédure, les effets de réputation et, surtout, les interdictions d'accès au marché américain. Dès lors s'ouvre un processus de « coopération » pour conduire des enquêtes, confiées à des cabinets d'avocats internationaux, qui transmettent les informations demandées sans passer par le truchement des justices nationales. Dans certains cas, les *monitors* restent plusieurs mois dans l'entreprise avec un accès aux comptes, ce qui leur permet d'avoir connaissance d'informations confidentielles sur son fonctionnement et ses marchés, et de pouvoir provoquer le départ de certains de ses dirigeants. Ces procédures masquent aussi de vastes opérations d'intelligence économique à l'encontre de concurrents d'entreprises américaines, qui facilitent des opérations de rachat ou de prise de contrôle.

Les États-Unis pratiquent « un nouvel art de gouverner dans le contexte inédit de la globalisation » qui exploite le décalage entre un marché déterritorialisé et des États régulateurs qui ne le sont guère[31]. En établissant un lien direct avec les très grandes entreprises par le canal judiciaire, ils se présentent comme le régulateur global de référence. Parallèlement, ils considèrent que les sanctions économiques à l'encontre des « États voyous » s'inscrivent dans la défense de leur sécurité nationale. Pour les Européens, il apparaît urgent de trouver des parades, tout en se préparant au jour où la Chine leur demandera à son tour de choisir entre le respect des injonctions américaines ou l'accès à son marché à ses conditions. Nous en sommes proches.

***

Les États-Unis exploitent un système panoptique unique qui leur permet de contrôler la plupart des nœuds névralgiques de la mondialisation. « Global » reste l'adjectif définissant le mieux leur puissance et leur stratégie de moyens. Elles reposent sur un système de surveillance et sur la maîtrise simultanée des « espaces communs » :

mer, air, espace et datasphère. Les trois premiers correspondent à des milieux physiques distincts innervés par le quatrième. Grâce au dollar et au droit, garantis par leur supériorité militaire écrasante, les États-Unis conservent un redoutable pouvoir de structuration, et donc de déstructuration. Avec Donald Trump, le multilatéralisme n'a plus été vu comme une rente diplomatique autorisant les États-Unis à toucher régulièrement des bénéfices de leadership mais comme un actif déprécié coûtant plus cher qu'il ne rapporte. Le réinvestissement attendu de Joe Biden dans le multilatéralisme passera aussi par un renforcement de ces différents moyens de contrôle.

Les intentions de la Chine : pour les stratèges chinois, le meilleur moyen de remporter la victoire, « c'est de contrôler et non de tuer[32] ». Tirant des enseignements de la crise asiatique de 1998, ils définissent la « guerre financière » comme une arme « hyperstratégique » facile à mettre en œuvre, qui permet d'agir secrètement et de produire des graves destructions, « même si aucune goutte de sang n'est versée ». Pour l'heure, la Chine, en dépit de la taille de son économie, ne dispose pas des atouts du dollar ni de la profondeur, de la diversification et de la liquidité des marchés financiers américains. Son objectif est de parvenir à augmenter la part du renminbi (yuan) dans les réserves des banques centrales : 2 % en 2019 contre 61 % pour le dollar. Cependant, cette part a doublé entre 2016 et 2019. Pékin veut accélérer cette dynamique. En 2016, la Chine est parvenue à imposer sa monnaie dans le panier de monnaies du FMI malgré les résistances américaines. Parallèlement, elle continue à construire un système financier alternatif notamment pour financer ses investissements à l'étranger, tout en s'appuyant les technologies de *blockchain** pour accélérer le développement d'une monnaie nationale digitale, domaine dans lequel elle est en avance par rapport aux autres économies avancées. Elle va accélérer dans cette voie pour développer sa puissance financière.

Les intentions des États-Unis : en signant un ordre exécutif sur la « sécurisation des technologies de l'information et de la communication et de la chaîne logistique » en mai 2019, Donald Trump a traduit la volonté de l'appareil d'État américain de maîtriser la transition technologique de la 4G à la 5G, en exerçant une pression directe sur ses alliés. Pour comprendre leur attitude à l'égard de la 5G, il faut se rappeler comment ils ont pris le contrôle de la 3G aux dépens des Européens (réussite européenne, la 2G avait permis l'émergence d'acteurs comme Nokia et Ericsson). Deux entreprises américaines – Qualcomm et Broadcom – possèdent toujours la plupart des brevets liés à la 3G et à la 4G. Il est certain que les États-Unis vont continuer à vouloir renforcer le système dollar et à innover en matière financière. Il en va de la perception de leur puissance

* *Blockchain* (chaîne de blocs) : système informatique permettant d'assurer des transactions d'ordinateur à ordinateur de façon sécurisée et traçable.

et de leur crédibilité par l'ensemble des acteurs économiques mondiaux qui, dans leur très grande majorité, sont exposés aux États-Unis. De ce point de vue, ces acteurs doivent se préparer à des décisions unilatérales susceptibles de modifier, du jour au lendemain, des règles du jeu ou un ordonnancement, comme la fin de convertibilité dollar/or en 1971 ou le retrait de l'Accord de Paris en 2018, permettant à Washington de continuer à exercer son pouvoir de structuration. Joe Biden est revenu dans l'Accord de Paris au premier jour de sa présidence, ce qui ne signifie pas que les États-Unis ne prendront pas d'autres décisions unilatérales à l'avenir en matière environnementale, économique ou financière.

Les intentions de l'UE : en devenant la deuxième monnaie mondiale pour les opérations de change, les émissions de dette, les prêts et paiements internationaux, l'euro contribue à définir l'identité internationale des Européens. Le plan de relance décidé en mai 2020 pour sortir de la récession provoquée par la crise sanitaire doit servir à renforcer la cohésion de la zone euro même si le différentiel franco-allemand s'est fortement accentué avec la Covid-19. L'UE entend réformer son secteur bancaire et soutenir ses multinationales, notamment dans leurs rapports avec les plateformes numériques, qui captent une part grandissante des échanges commerciaux. Dans le discours, elle comprend les enjeux du cloud contrôlé par ces dernières. Dans les faits, elle ne parvient pas à s'en affranchir. C'est pourquoi l'UE entend recourir à l'arme fiscale, à condition toutefois que les capitales européennes parviennent à s'entendre en orientant les travaux du G7 et du G20. Il lui faut aussi renouveler sa conception et sa pratique des sanctions économiques, et inventer les moyens de réagir aux futures sanctions américaines et chinoises à son encontre. En ce sens, les dirigeants de l'UE doivent comprendre que la distinction entre le civil et le militaire n'est pas pertinente dans le champ numérique, dans la mesure où, sur le réseau, chaque terminal est à la fois une arme contre nous ou avec nous, « selon qui le contrôle[33] ».

Épilogue

La France en quête d'une grande stratégie

La scène se passe au large de Terre-Neuve en juin 1755. Pris dans un épais brouillard, trois navires français – l'*Alcide*, le *Lys* et le *Dauphin-Royal* – perdent le contact avec le reste de leur escadre et se retrouvent à portée de voix du HMS *Dunkirk*, un vaisseau britannique de 60 canons. Par trois fois, le commandant de l'*Alcide*, Toussaint Hocquart de Blincourt (1700-1772), crie : « Sommes-nous en paix ou en guerre ? – En paix, en paix », lui répond Richard Howe (1726-1799), le capitaine anglais, avant d'ouvrir le feu et de déclencher la guerre de Sept Ans, qualifiée par Winston Churchill (1874-1965) de première guerre mondiale. À Londres, Newcastle (1693-1768), Premier ministre, insistait sur le fait « que les intentions seraient dans le sens de la guerre, mais qu'on ne la déclarerait pas[1] ! ». Cet épisode illustre une double évidence : la duplicité est inhérente aux affaires stratégiques ; un conflit majeur commence toujours par un incident mineur. La rencontre entre les causes profondes, invisibles et silencieuses, et les petites causes, visibles et sonores, tient à la fortune et à la *virtù*.

En dépit de l'éclatement de la Yougoslavie, des conflits gelés, des interventions extérieures et des attaques terroristes sur son sol, l'Europe occidentale se pense à l'abri de la guerre depuis la chute de l'URSS. Ses dirigeants ont assimilé la construction européenne à un projet fondamentalement pacifique, appelé à servir de modèle de gouvernance, dans le cadre d'un libre-échange globalisé. Même si elle s'inscrit dans ce mouvement, la France conserve encore une forme de singularité. À rebours des autres puissances, les Européens ont fait le choix d'une inexorable démilitarisation et s'en remettent à la protection des États-Unis dans le cadre de l'OTAN. En outre, leur participation symbolique aux coalitions dirigées par ces derniers, en Afghanistan ou au Levant, n'a pas permis d'atteindre des résultats politiques tangibles – c'est le moins qu'on puisse dire après la reprise de Kaboul par les Talibans en août 2021 –, ce qui conduit certains à dresser un constat général d'impuissance militaire, au risque d'une double méprise. D'une part, l'action militaire pourrait bien tenter des États désireux de prendre des gages au mépris du droit international pour produire leur ordre. D'autre part, la vocation première de la puissance militaire reste défensive : à défaut d'imposer sa volonté, il s'agit d'être en mesure de ne pas subir celle de l'autre.

Ni paix ni guerre

Souvent trop limités aux spécialistes, les débats stratégiques partent de l'existant, c'est-à-dire des appareils de défense, pour analyser les menaces. Ces appareils ont été façonnés en vue d'une « grande guerre » dans des rapports de puissance à puissance, alors qu'ils ont surtout été utilisés, au cours des trois dernières décennies, dans des « petites guerres », comme en Afghanistan ou au Sahel, face à des combattants « irréguliers », lesquels recourent à la ruse pour contourner la force. Force et ruse représentent les deux faces d'un même affrontement visant, pour les uns, à imposer un système de règles et, pour les autres, à le transgresser en attendant de pouvoir prendre l'ascendant. À l'instar des autres pays européens, la France compte fondamentalement sur la diplomatie et le droit international pour canaliser la violence entre États et prévenir les conflits.

Sans remonter aux deux guerres mondiales, quelques chiffres doivent être rappelés pour apprécier le niveau actuel de violence auquel la France fait face. Indépendamment des victimes civiles, 92 000 combattants de l'Union française sont tombés pendant la guerre d'Indochine et 24 000 membres des « forces de l'ordre » pendant la guerre d'Algérie*. Depuis 1963, la France a

* En Indochine : 20 000 militaires métropolitains, 11 000 légionnaires, 15 000 Africains et Nord-Africains, 46 000 réguliers et supplétifs « indochinois ». Parmi les 24 000 morts en Algérie figurent 6 000 soldats et supplétifs musulmans.

conduit 120 opérations extérieures (opex) sur 17 théâtres différents. Situé dans le parc André-Citroën à Paris, le monument aux morts pour la France en opex comptait 549 noms lors de son inauguration le 11 novembre 2019, soit environ dix morts par an*. La classe politique et l'opinion se sont habitués à des pertes humaines très faibles pour assurer la sécurité extérieure du pays. Ils tiennent ce niveau pour acquis. Rien ne l'est. Pour s'en convaincre, il suffit de constater les conséquences sur notre législation, notre débat public et notre posture de défense des attaques terroristes menées sur le territoire national. Depuis 2012, la France a subi 19 attaques djihadistes (selon les services de police, 32 attaques auraient été déjouées depuis 2017). Samuel Paty (1973-2020), décapité à la sortie du collège où il enseignait, a été la 264e victime en France de cette offensive globale. Pour mémoire, entre mars 1961 et avril 1962, l'Organisation de l'armée secrète (OAS) a réalisé plus de 1 000 attentats, qui ont fait plus de 100 morts et blessés chaque mois. Au début des années 1980, les terroristes d'Action directe ont assassiné 12 personnes.

Profondément différents dans leur nature, la lutte contre le terrorisme et l'état d'urgence lié à la crise sanitaire conduisent Jean-Marie Burguburu, président de la Commission nationale consultative des droits de

* À ce chiffre, il faut ajouter les décès des membres des services de renseignement, qui ne sont pas rendus publics, ainsi que les militaires morts en opex indifféremment de la mention « mort pour la France », qui n'est pas attribuée à tous. On en comptait 616 en 2011.

l'homme, au constat suivant, au lendemain de l'assassinat de Samuel Paty : « En temps de paix, la République n'a jamais connu une telle restriction des libertés[2]. » À la suite de chaque attentat, le risque de « guerre civile » est souligné par des personnalités politiques ou d'anciens chefs militaires, qui rappellent, sans forcément s'en rendre compte, l'objectif poursuivi par les djihadistes, qui est de détruire la cohésion nationale. Ce thème est directement repris par des candidats à l'élection présidentielle. À cet égard, il n'est jamais inutile de se remémorer la rhétorique de Daech. En septembre 2014, il exhortait ses émules à tuer « de n'importe quelle manière » les « incroyants », et « en particulier les méchants et sales Français[3] ». En dépit des interdits religieux, les idéologues de Daech et d'Al-Qaïda préconisent la dissimulation et la tromperie à leurs adeptes et leur recommandent d'adopter le mode de vie occidental pour préparer leurs actions terroristes.

Des débats controversés portent sur les liens entre djihadisme et islamisme, lequel se définit par « le refus assumé de distinguer l'islam comme religion, l'islam comme culture et l'islam comme idéologie » couplé au « souci de soumettre l'espace social, voire l'espace politique, à un régime spécifique de règles religieuses promues et interprétées par des groupes spécialisés[4] ». Les salafistes et les Frères musulmans, qui en sont les principaux promoteurs, ne cachent guère leurs intentions, tout en entretenant une ambiguïté fondamentale sur l'usage de la violence. Youssef al-Qaradawi, le théologien égyptien des Frères musulmans, ne déclarait-il pas en 1999 : « L'islam va retourner en Europe, comme un conquérant et un vainqueur, après en avoir été expulsé à deux reprises. Cette fois-ci, la conquête ne se fera pas par l'épée, mais par le prosélytisme et l'idéologie[5] » ?

Cependant, dans la perspective des prochaines élections présidentielles en France, le débat sur la sécurité nationale gagnerait à ne pas se focaliser exclusivement sur la double question, si sensible soit-elle, du djihadisme et de l'islamisme, devenue, dans l'espace public, la principale porte d'entrée vers des sujets éminemment complexes comme les séparatismes, la laïcité, l'immigration ou le respect des musulmans dans la société. Chacun de ces sujets mérite un effort de discernement et ne peut se traiter en réaction après chaque attaque terroriste ou en fonction de provocations électoralistes. Autrement dit, il faut savoir ne pas surenchérir politiquement et administrativement, en dépit des morts, en dépit des symboles, mais poursuivre la lutte, avec des moyens de police, de justice et de renseignement adaptés, en faisant preuve d'endurance stratégique. Même si le temps électoral et le temps stratégique ne coïncident pas, le débat sur la sécurité nationale devrait concilier quatre paramètres, indépendamment de l'indispensable attention à porter à la fragilité de notre tissu social : la lutte contre le terrorisme appelée à perdurer, le regain de la compétition des puissances, la course technologique et les contraintes budgétaires aggravées par la crise sanitaire.

Sans doute faut-il commencer par reconnaître la situation suivante : le positionnement diplomatique de notre pays connaît un rendement décroissant au moment où sa sécurité exige des coûts croissants. L'effet ciseaux entre ces deux tendances est prévisible : une propension plus élevée à prendre des coups et une capacité plus limitée à en porter. C'est pourquoi les budgets des ministères des Armées, de l'Intérieur, de la Justice, de l'Europe et des Affaires étrangères revêtent un caractère absolument prioritaire dans le contexte actuel de durcissement des menaces. C'est une chose d'en affirmer le principe en période électorale, c'en est une autre de tenir des trajectoires au cours d'un mandat présidentiel, et au-delà dans un contexte de profonde crise et sociale. Les effets des politiques d'aide au développement, d'armement ou pénales se mesurent à l'échelle d'une génération. Sans même évoquer l'activité économique qui détermine la vitalité d'un pays, l'aspect budgétaire n'est qu'un des aspects nécessaires du changement de logiciel auquel nous devons nous livrer pour comprendre les intentions stratégiques des autres. À mes yeux, une focalisation excessive sur nos problèmes nationaux nous empêche d'en voir les tenants et les aboutissants. Confrontés au djihadisme, nous nous déchirons sur la laïcité ou la liberté d'expression sans bien comprendre qu'il s'agit d'une offensive orchestrée au niveau mondial. Face au cours pris par la mondialisation, nous préférons parler de notre modèle social plutôt que de comprendre les mécanismes d'un capitalisme de plateforme, qui sont devenus les interfaces de la rivalité sino-américaine. Essentiellement inductive, l'approche réaliste repose, à la différence de l'approche rationnaliste basée sur des concepts, sur la qualité des observations faites, des informations glanées et des analyses réalisées sur les capacités et les intentions des adversaires, des partenaires et des neutres[6].

Bataille de récits

En explorant les ressorts souterrains de la mondialisation apparaissent des enchevêtrements difficiles à démêler entre logiques de paix et de guerre, affaires intérieures et extérieures, activités civiles et militaires. L'asymétrie des interdépendances entre ceux qui les subissent et ceux qui les instrumentalisent entraîne des conflits sans violence armée. De manière paradoxale, les « guerres invisibles » reflètent les réticences à recourir à la force. Les substituts à son emploi se multiplient, comme par exemple les sanctions économiques, les opérations cyber, la corruption ou les manipulations de l'information, dont les effets ne doivent nullement être minorés sous prétexte qu'elles n'exercent pas une violence physique directe. Ces manipulations visent à acquérir une supériorité informationnelle à partir de laquelle il est possible de jouer sur la conscience, la perception et les calculs stratégiques de l'adversaire. Ces « guerres invisibles » cherchent moins à contraindre les corps qu'à contrôler les esprits.

Les grandes puissances, mais aussi les djihadistes ou les activistes de causes diverses se livrent actuellement à une bataille des récits qui mobilise d'importants moyens médiatiques. Elle vise à imposer leur vision du monde en fonction de leurs propres références culturelles. C'est pourquoi, là encore, il est indispensable de bien connaître celles de l'autre pour comprendre la chronologie dans laquelle il inscrit son action. Henry Kissinger faisait récemment le constat suivant sur le personnel diplomatique américain : « Nous manquons de gens expérimentés, mais encore plus important, de gens capables de penser la politique étrangère en tant que processus historique[7]. » Or, la manière dont celle-ci a été conçue et conduite par Donald Trump a des répercussions profondes pour ses successeurs dans la mesure où elle n'a plus servi à formaliser le rapport au monde des États-Unis mais à en nier la réalité complexe. Au cœur de sa communication politique se trouvent les « faits alternatifs », qui ne sont qu'une manière de gouverner par le mensonge.

Hannah Arendt a démonté les mécanismes qui conduisent du mensonge à la violence en rappelant que « la tromperie n'entre jamais en conflit avec la raison, car les choses auraient pu se passer effectivement de la façon dont le menteur le prétend[8] ». Analysant les mensonges officiels pendant la guerre du Vietnam, elle accordait un rôle considérable à une « presse libre et non corrompue » capable de jouer pleinement son rôle de « quatrième pouvoir », en soulignant l'absolue nécessité du « droit à une information véridique et non manipulée, sans quoi la liberté d'opinion n'est plus qu'une cruelle mystification[9] ». « Mystification », le mot caractérise bien les années Trump, lequel a fait de nombreux émules. De ce point de vue, l'élection de Joe Biden n'en marque certainement pas le terme.

Quel horizon stratégique ?

La remarque de Henry Kissinger invite à replacer la politique étrangère de la France dans différentes chronologies pour en apprécier la portée réelle. Ses cycles entrecroisent ceux d'autres acteurs. Sur le plan stratégique, le cycle ouvert par la guerre de Corée court jusqu'en 2049, date à laquelle la République populaire de Chine doit être reconnue comme la première puissance mondiale après avoir, entre autres choses, réintégré Taïwan. Les options du général MacArthur (1880-1964) consistant à enrôler les volontaires de l'armée de Tchang Kaï-chek (1887-1975), à bombarder la Chine et à recourir à l'arme nucléaire ont été rejetées par le comité des chefs d'état-major car elles auraient conduit à mener « la mauvaise guerre, au mauvais endroit, au mauvais moment, contre le mauvais ennemi ». Soixante-dix ans plus tard, elles ne sont pas oubliées par les dirigeants chinois.

Le cycle stratégique dans lequel la France est inscrite ne commence ni en 1956 avec l'expédition de Suez ni en 1957 avec le traité de Rome, mais en 1962 avec la fin de la guerre d'Algérie, l'élection au suffrage universel du président de la République allant de pair avec l'acquisition de l'arme nucléaire, qui permet à Paris de tenir une position singulière au sein de l'Alliance atlantique. Ce cycle est en train de se refermer sous l'effet combiné de plusieurs facteurs : une OTAN en état de « mort cérébrale », selon la formule utilisée par Emmanuel Macron en 2019 ; une loi de programmation militaire

(2019-2025) de remontée en puissance ; des attaques djihadistes récurrentes sur le territoire national ; une opération Barkhane qui « n'arrêtera pas l'islamisation de la bande sahélo-saharienne », selon un responsable français[10] ; des tensions de puissance à puissance avec la Turquie, membre de l'OTAN, préoccupantes pour les équilibres régionaux. Autrement dit, en dépit du discours sur l'autonomie stratégique européenne, la France pourrait bien se retrouver seule, ou avec un petit nombre de partenaires, pour gérer des crises de nature différente. Une des principales conséquences d'Aukus est la profonde détérioration de la relation avec Londres, pourtant allié clé dans le domaine nucléaire depuis les accords de Lancaster (2010).

À grands traits, trois options se dessinent pour la France en matière stratégique. Dans le cadre de la rivalité sino-américaine, la première consiste à concevoir principalement une stratégie de présence et de souveraineté dans le monde à partir de ses différents points d'appui et de son domaine maritime. La deuxième privilégie la sécurité européenne, à la fois sur ses flancs est et sud, en accordant plus de ressources à ce dernier. En théorie et en pratique, cette stratégie s'élabore et se conduit en lien avec ses alliés. Dans les deux cas, la France doit concilier sa vocation maritime et son destin continental en se rappelant que son histoire n'a été qu'un « interminable roulis entre la terre et la mer[11] ». Dans les deux cas, elle ne peut faire l'économie d'une réflexion sur l'OTAN. Si cette dernière est considérée en état de « mort cérébrale » à Paris, ce n'est évidemment pas le cas dans les autres capitales européennes, qui veulent continuer à se prémunir contre Moscou et ne semblent guère pressées de réfléchir à la manière dont les États-Unis pourraient utiliser l'Alliance atlantique dans leur confrontation avec la Chine. Pour ses membres, y compris la France, l'OTAN assure leur sécurité collective, mais le partage du fardeau pour l'administration américaine pourrait devoir se transformer en partage du risque. Fondamentalement réactive, la troisième option serait pour Paris de ramener sa stratégie internationale à la seule lutte contre le djihadisme. En réalité, la France va devoir concilier cette lutte avec le retour de la compétition de puissance, qui se ressent aussi bien dans le domaine géopolitique que géoéconomique.

Esprit de Berlin ou de Pékin ?

Sur le plan politique, en 1989, la répression de la place Tian'anmen et la fin du mur de Berlin ont ouvert un cycle. Trente ans plus tard, est-ce l'esprit de Berlin ou celui de Pékin qui souffle sur la mondialisation ? La Chine et l'Allemagne jouent un rôle moteur dans la mondialisation, qui donne désormais lieu à une profonde divergence entre deux modèles de capitalisme : d'un côté, un modèle occidental qui repose sur une séparation des pouvoirs et, de l'autre, un modèle chinois qui repose sur une fusion des pouvoirs au bénéfice exclusif du PCC. La mise au pas de Hong Kong a acté la fin du principe « un pays, deux systèmes ». À la faveur de la crise sanitaire, la mondialisation prend une teinte chinoise au moment où l'éclat occidental pâlit.

Le cycle actuel de la France a été ouvert en 2005 par les émeutes urbaines qui ont contraint le gouvernement à instaurer l'état d'urgence pour la première fois depuis la guerre d'Algérie. Avec le terrorisme et la crise sanitaire, celui-ci s'est banalisé. Cette année-là, le non au référendum sur le traité établissant une Constitution pour l'Europe l'emporte et marque une rupture dans le rapport entre la France et la construction européenne. L'élection d'Emmanuel Macron, pro-européen convaincu, en mai 2017, relance une dynamique européenne sans signifier pour autant une conversion de l'opinion en sa faveur. Si les Français comprennent sans doute la nécessité pour l'UE d'incarner « une puissance ferme, rapide et audible dans un monde brutal que les Européens redécouvrent », comme l'écrit le secrétaire d'État chargé des Affaires européennes Clément Beaune[12], il n'est pas dit qu'ils se retrouvent dans le jeu institutionnel européen et surtout que leurs dirigeants parviennent à convaincre leurs partenaires de faire le choix de la puissance.

C'est bien l'évolution de l'UE qui est la question princeps pour Paris. La première option réside dans l'avènement d'une Europe puissante comme Paris l'espère depuis 1957 en raison des contraintes extérieures. La deuxième option reste celle de l'aménagement du *statu quo* avec une UE centrée sur l'Allemagne. Celle-ci chercherait une forme d'équidistance entre Washington et Pékin, en resserrant la relation sécuritaire avec l'administration Biden dans une logique de renforcement de l'Alliance atlantique et en s'efforçant de développer les relations commerciales et les investissements croisés avec la Chine. Si pour Paris, l'équidistance systématique est actuellement présentée « comme le choix des non-puissances[13] », elle pourrait bien être privilégiée par Berlin, qui y trouve la manière d'asseoir son modèle. La troisième option consisterait à discuter l'argument de l'échelle continentale basé sur l'idée d'un système multipolaire équilibré ayant désormais valeur de modèle : est-il si sûr que le monde s'organise autour d'« un oligopole d'une demi-douzaine d'États continentaux formant un concert mondial comme il y a eu un concert européen[14] » ? La question ne peut être écartée d'un revers de main.

*It's the economy, stupid**

Sur le plan économique, le cycle ultralibéral amorcé par les politiques de Ronald Reagan et de Margaret Thatcher est indissociable de l'ouverture commerciale de la Chine. Il est clos par le principe de « découplage » de l'administration Trump, qui ne considérait plus la mondialisation comme favorable aux intérêts des États-Unis. À l'inverse, la Chine, forte de ses prouesses en matière de développement, veut imposer son modèle

* Cette phrase a été utilisée lors de la campagne présidentielle victorieuse de Bill Clinton en 1992 pour insister sur l'attention que portait le candidat au niveau de vie de ses concitoyens.

d'ouverture économique et d'hermétisme idéologique, tout en devenant parfaitement indépendante en matière de technologies critiques. Les vingt dernières années ont vu la consolidation d'un capitalisme de plateforme, qui a créé des monopoles ultrapuissants dont dépendent des pans entiers de l'économie. Ces entreprises disposent de moyens financiers considérables au moment où les États connaissent des niveaux d'endettement record accentués par la crise sanitaire.

En ce qui concerne la France, son taux de croissance est inférieur à celui de l'Allemagne depuis vingt ans. Son taux de chômage reste beaucoup plus élevé. La crise sanitaire est en train d'accentuer ce différentiel entre les deux économies. La France connaît un déficit budgétaire depuis 1975. Sa balance commerciale est lourdement déficitaire depuis 2002. Avant la crise sanitaire, la dette publique représentait plus de 34 000 euros par habitant, chiffre qui place la France parmi les pays les plus endettés de la zone euro. Tout cela est parfaitement connu et reflète l'appauvrissement tendanciel de notre pays et la dégradation de son appareil productif. Au niveau mondial, un produit exporté sur trente est d'origine française, et un sur douze d'origine allemande. Les conséquences économiques et sociales de la crise sanitaire sont, à ce stade, difficiles à évaluer, mais il est certain que la puissance ne peut se concevoir sur la durée sans accumulation de richesses.

La crise sanitaire rend à ce stade toutes les anticipations économiques hasardeuses tant les repères habituels volent en éclats, ne serait-ce que pour les ratios d'endettement ou les taux d'intérêt. Elle vient perturber trois secteurs postindustriels principalement alimentés par la dette publique et privée : l'aide sociale et la santé, la grande distribution et les BTP[15]. Les deux premiers vont être profondément transformés par le numérique alors que le troisième se trouve au cœur de la transition écologique. Fondamentalement, la très forte tertiarisation de l'économie française conditionne son positionnement international. Dès lors, la question porte moins sur les différentes options que sur l'identification des lignes technologiques sur lesquelles réorganiser l'appareil de production français en fonction de ceux de ses principaux partenaires économiques. Cela conduit à penser la technologie en matière de souveraineté nationale et européenne. La politique étrangère commençant chez soi, l'accélération du décrochage économique de la France altère mécaniquement sa capacité d'entraînement. Cela conduit à suivre les convergences entre l'industrie, les services et le numérique, en s'intéressant à la montée du local qui porte une « énergie irremplaçable[16] ».

Fin de la matrice catholique

Le fait religieux mérite une attention particulière dans la mesure où il s'exprime très différemment selon les aires géographiques observées. Dans le monde musulman, l'année 1979 ouvre un cycle à travers la révolution islamiste en Iran et la prise d'otages à La Mecque. S'accélèrent alors une islamisation des sociétés et une surenchère entre chiites et sunnites, principal moteur des crises et des guerres au Moyen-Orient, qui se sont propagées au-delà de celui-ci, notamment en Europe. Les débats internes à l'islam revêtent une importance cruciale pour orienter le cours de la politique internationale, compte tenu à la fois du poids géopolitique des pays arabo-musulmans et de l'influence politique grandissante des populations immigrées d'origine musulmane qui résident en Europe.

Pour la France, 1965 marque l'ouverture d'un cycle, celui de l'effondrement de la pratique de la religion catholique. Longtemps considérée comme la « fille aînée de l'Église », la France est devenue un pays déchristianisé dans lequel la population des prêtres diocésains pourrait avoir disparu dans vingt-cinq ans[17]. Cette mutation capitale est masquée par les controverses actuelles sur la laïcité, qui oublient souvent la dialectique historique entre l'Église catholique et la République, laquelle est désormais confrontée au regain de religiosité de sa population musulmane. De multiples lignes de faille religieuses, éducatives, géographiques, sociales, générationnelles, idéologiques ou ethnoculturelles traversent un corps social qui est en voie d'« archipélisation[18] ».

Relier environnement et technologie

La technologie et l'environnement ne peuvent se penser l'une sans l'autre. En tendance, la compréhension des mécanismes du système-Terre est de plus en plus largement partagée et la protection des biens communs se trouve au cœur des efforts de gouvernance mondiale. Cependant, les réponses pour se prémunir contre le dérèglement climatique, la perte de la biodiversité et les pollutions s'élaborent, à un moment ou un autre, dans un cadre national. À sa manière, la crise sanitaire rappelle à quel point les États demeurent l'armature d'un système international de plus en plus hétérogène. En temps de crise, les citoyens, y compris au sein de l'UE, se tournent spontanément vers leurs autorités gouvernementales d'autant plus que les allégeances émotionnelles restent très nationales.

Avec des exemples comme la géo-ingénierie pour le climat ou le « traçage » pour la Covid-19, les outils technologiques sont souvent présentés comme les réponses « naturelles » à apporter aux défis environnementaux et sanitaires. Sur le plan technologique, l'Arpanet (l'ancêtre d'Internet) est lancé en 1969 par la Darpa (Agence américaine pour les projets de recherche avancée de défense) et fait du contrôle des réseaux d'information la condition du maintien de la suprématie américaine. Sur le plan environnemental, la première conférence mondiale sur le climat remonte à 1979. La sortie des États-Unis de l'Accord de Paris n'empêche pas les engagements des autres pays à atteindre la neutralité carbone. Pour la France, le Grenelle de l'environnement (2007) ou la Convention citoyenne pour le climat (2020) ont marqué des étapes politiques importantes. Dans le domaine technologique, les taux d'équipement individuel numérique sont très élevés (en 2018, 86 % des Français disposaient d'une connexion Internet à domicile). En revanche, le taux de robotisation de son industrie reste inférieur à celui de l'Allemagne ou de la Corée. Si la « souveraineté numérique » est de plus en plus revendiquée au plan politique, sa mise en œuvre requiert une volonté et une ingéniosité constantes, ainsi que des moyens financiers massifs à moins d'être prêt à renoncer à certains services désormais considérés comme indispensables par leurs utilisateurs. Elle conditionne néanmoins l'autonomie de pensée, et donc d'action.

Avec l'Accord de Paris, la diplomatie française a remporté un succès qui l'a crédibilisée pour aborder les enjeux liés aux biens communs. Dans le domaine environnemental, les scénarios alarmistes prévalent et envisagent des effondrements de systèmes, mais l'ensemble des acteurs, à de rares exceptions, sont convaincus de la nécessité de repenser leurs actions pour limiter les contraintes liées au dérèglement climatique, à la perte de la biodiversité et aux pollutions. Dans le domaine technologique, les coalitions diplomatiques sont beaucoup plus clivées en raison des intérêts de puissance qui le sous-tendent. Ce domaine devrait devenir prioritaire pour la diplomatie française, qui pourrait y trouver l'occasion de jouer dans la durée son rôle de puissance d'équilibre. Une question de cohésion importante se pose ; si l'ensemble des forces politiques convergent, de près ou de loin, sur la nécessité de placer l'écologie au cœur de leurs programmes, elles ne se retrouvent pas forcément dans une lecture partagée des dangers qui menacent le pays, en particulier dans le domaine de la sécurité. C'est un point de vulnérabilité dont il faut avoir conscience.

Nécessaire grande stratégie

Une grande stratégie correspond pour un État à la capacité de construire un projet de puissance, à l'image des individus qui cherchent à donner un sens et un ordre à la diversité de leurs actions en dépit du tourbillon de la vie. Servant de boussole, elle comporte un volet invisible, les intentions véritables, et un volet visible, les priorités affichées, qui sont mises en scène par l'État pour exprimer ce qu'il entend être vis-à-vis des autres pays. Elle correspond à une mise en cohérence de l'ensemble des moyens pour éviter la guerre, tout en disposant des ressorts moraux et matériels pour la gagner, si elle advenait.

La France est en quête d'une grande stratégie. Absente du débat public, cette notion permettrait pourtant de construire un rapport au monde pour notre pays, moins réactif et plus prospectif, et ainsi de l'inscrire dans d'autres temporalités que celles des seuls mandats présidentiels. Sa prise en compte impliquerait une réappropriation des questions stratégiques par les élites politiques, économiques, médiatiques et académiques allant bien au-delà des discours convenus sur la politique étrangère, ainsi qu'une réelle ouverture aux réalités du monde de leur part. Elle nécessiterait de renforcer notre résilience. Son élaboration demanderait des efforts intellectuels, en particulier dans son articulation avec le projet européen. Ces efforts devraient commencer par relier les dimensions stratégiques, politiques, économiques, technologiques et religieuses pour examiner leurs interactions avec le système-Terre. En effet, ce sont les transformations intentionnelles, résultant de projets politiques, et les transformations non intentionnelles, produites notamment par les dégradations environnementales, qui doivent être anticipées simultanément pour poser les termes non seulement de l'affrontement mais aussi de la coopération.

Penser une grande stratégie est à contre-courant de l'immédiateté qui régit la vie publique. Cela implique d'accepter, quelle que soit sa complexité, un héritage accumulé par les générations précédentes, de ne pas le dilapider par facilité et de le transmettre à tous les membres de la communauté nationale. La grande stratégie doit permettre d'épouser les variations du temps en intégrant les différentes parties prenantes : « De là vient qu'une république a une plus longue vie et jouit pendant plus longtemps d'une bonne fortune qu'un principat, car elle peut mieux s'accommoder à la diversité des circonstances, à cause de la diversité des citoyens qui s'y trouvent[19] », nous rappelle Machiavel. Il n'existe ni fortune ni *virtù* sans lucidité.

Notes

Prologue

1. Cité *in* Pierre Hassner, « On ne badine pas avec la force » (1971), *La Terreur et l'Empire*, Paris, Seuil, 2003.

2. Qiao Liang et Wang Xiangsui, *La Guerre hors limites*, Paris, Payot et Rivages, 2003, p. 39.

3. Robert Blackwill et Jennifer Harris, *War by Other Means. Geoeconomics and Statecraft*, Cambridge, The Belknap Press of Harvard University Press, 2016, p. 8-9.

4. « La Chine dominera le monde. Entretien avec le général Qiao Liang », Wei Dongsheng et Zhuang Lei pour *Bauhinia* (Zijing), revue chinoise publiée à Hong Kong. Entretien traduit par Laurent Gayard, *Conflits*, 7 mai 2020.

5. Pankaj Mishra, *From the Ruins of Empire. The Revolt Against the West and the Remaking of Asia*, Londres, Penguin Books, 2013, p. 8.

6. Kishore Mahbubani, *L'Occident (s')est-il perdu ? Une provocation*, Paris, Fayard, 2019, p. 114-115.

7. Parag Khanna, *The Future is Asian. Commerce, Conflict and Culture in the 21st Century*, New York, Simon & Schuster, 2019, p. 11.

8. Yan Xuetong, *Leadership and the Rise of Great Powers*, Princeton, Princeton University Press, 2019, p. 2-24.

9. Sulmaan Wasif Khan, *Haunted by Chaos. China's Grand Strategy from Mao Zedong to Xi Jinping*, Cambridge, Harvard University Press, 2018, p. 4-5.

10. Shoshana Zuboff, *The Age of Surveillance Capitalism*, Londres, Profile Books, 2019.

11. Frédérick Douzet, « Éditorial. Du cyberespace à la datasphère. Enjeux stratégiques de la révolution numérique », *Hérodote*, nos 2-3, 2020 : « La datasphère peut se concevoir comme la représentation d'un nouvel ensemble spatial formé par la totalité des données numériques et des technologies qui la sous-tendent, ainsi que de leurs interactions avec le monde physique, humain et politique dans lequel elle est ancrée. »

12. Thierry de Montbrial, *L'Action et le système du monde*, Paris, PUF, 2011, chap. 1. L'auteur distingue « problème praxéologique », « problème politique » et « problème international », et confère un statut particulier aux problèmes internationaux.

13. Cité *in* Jean-Claude Cousseran, Philippe Hayez, *Leçons sur le renseignement*, Paris, Odile Jacob, 2017, p. 268.

14. Hannah Arendt, *Du mensonge à la violence*, Paris, Calmann-Lévy, 1972 ; « Pocket », 2002, p. 8-9.

1
Conflits

1. « La Chine dominera le monde. Entretien avec le général Qiao Liang », art. cit.

2. Graham Allison, *Destined for War. Can America and China Escape Thucydides's Trap ?*, Boston, Houghton Mifflin Harcourt, 2017.

3. *La Guerre hors limites* cité *in* Bertrand Oliva, *Un sentiment d'inachevé. Réflexions sur l'efficacité des opérations*, Paris, Éditions de l'École militaire, 2018, p. 67.

4. François Jullien, *Conférence sur l'efficacité*, Paris, PUF, 2005, p. 32-33.

5. Cité *in* Ronan Farrow, *Paix en guerre. La fin de la diplomatie et le déclin de l'influence américaine*, Paris, Calmann-Lévy, 2019 ; « Le Livre de poche », 2020, p. 54.

6. Eliot Cohen, *The Big Stick*, New York, Basic Books, 2018, p. XIII.

7. *Ibid.*, p. 10.

8. Michael Mandelbaum, « Is Major War Still Obsolete ? », *Survival*, vol. 61, n° 5, 2019, p. 65-71.

9. Wang Jisi, « World Politics Enters a New Stage », *International and Strategic Studies Report*, n° 62, mai 2018.

10. Richard McGregor, *The Party*, Londres, Penguin Books, 2012, chap. 4.

11. Q. Liang et W. Xiangsui, *op. cit.*, p. 28.

12. François Gipouloux, « La Chine : un hégémon bienveillant », *Commentaire*, n° 171, automne 2020, p. 561.

13. Cité in *ibid.*

14. Voir Jean-Loup Samaan, « La stratégie indopacifique de l'administration Trump : une difficile émergence », *Politique étrangère*, n° 3, 2019.

15. James Stavridis, *Sea Power*, New York, Penguin Press, 2017, p. 2-3.

16. Entretien avec l'auteur, août 2020.

17. Cité *in* Pierre-Antoine Donnet, *Le Leadership mondial en question*, La Tour d'Aigues, Éditions de l'Aube, 2020, p. 154-155.

18. Carsten Jensen, *La Première Pierre*, Paris, Phébus, 2017, p. 646.

19. Sur ces notions, voir Élie Tenenbaum, *Partisans et centurions. Une histoire de la guerre irrégulière au XXe siècle*, Paris, Perrin, 2018, p. 405-413.

20. Qiao Liang et Wang Xiangsui, cités par Angelo Michele Ristuccia, « L'asymétrie, guerre hors limites ou terrorisme ? », *in* Bruno Durieux (dir.), *La Guerre par ceux qui la font*, Monaco, Éditions du Rocher, 2016, p. 38-43.

21. Cité *in* R. Farrow, *op. cit.*, p. 491.

22. *Ibid.*, p. 504.

23. Alain Antil, « Violence sans fin au Sahel », *Études*, n° 4274, septembre 2020.

24. J.-G. Le Flem et B. Oliva, *op. cit.*

25. Corentin Brustlein, « La victoire aujourd'hui, de l'évanescence au dépassement », *Politique étrangère*, n° 3, 2018, p. 36.

26. Michael Mandelbaum, *Mission Failure*, Oxford, Oxford University Press, 2016, p. 309.

27. Entretien avec l'auteur, septembre 2019.

28. Dorothée Schmid, « Turquie : le syndrome de Sèvres, ou la guerre qui n'en finit pas », *Politique étrangère*, n° 1, 2014, p. 199-213.

29. Ce paragraphe s'appuie sur C. Brustlein, art. cit.

30. Q. Liang et W. Xiangsui, *op. cit.*, p. 84.

31. Bruno Latour et Vincent Desportes, « Regards sur les nouveaux espaces de conflictualité », *in* Benoît Pelopidas et Frédéric Ramel (dir.), *Guerres et conflits armés au XXI*[e] *siècle*, Paris, Presses de Sciences Po, 2018, p. 187-188.

2
Environnement

1. Paul N. Edwards, « Gouverner le système-Terre », *in* Dominique Pestre (dir.), *Histoire des sciences et des savoirs*, t. III, *Le siècle des technosciences*, Paris, Seuil, 2015, p. 404.

2. Jean-Michel Valantin, *L'Aigle, le Dragon et la Crise planétaire*, Paris, Seuil, 2020, p. 13.

3. David Keith et Hadi Dowlatabadi, « A Serious Look at Geoengineering », *Eos. American Geophysical Union*, vol. 73, n° 27, 1992 ; Simon Dalby, « Geoengineering. The Next Era of Geopolitics ? », *Geography Compass*, vol. 9, n° 4, 2015.

4. Clive Hamilton, *Les Apprentis sorciers du climat. Raisons et déraisons de la géo-ingénierie*, Paris, Seuil, 2013.

5. Pablo Servigne et Raphaël Stevens, *Comment tout peut s'effondrer. Petit manuel de collapsologie à l'usage des générations présentes*, Paris, Seuil, 2015. Le terme vient du latin *collapsus*, « qui est tombé en un seul bloc ».

6. Bruno Durieux, *Contre l'écologisme. Pour une croissance au service de l'environnement*, Paris, Éditions de Fallois, 2019, p. 27.

7. Yale Center for Environmental Law & Policy, *Environmental Performance Index 2020*. Classement construit sur la pondération de 32 indicateurs allant des émissions de CO_2 à la qualité de l'eau potable.

8. Laurent Testot et Laurent Aillet (dir.), *Collapsus*, Paris, Albin Michel, 2020, p. 38-39.

9. Cité *in* Nathaniel Rich, *Perdre la Terre. Une histoire de notre temps*, Paris, Éditions du Sous-Sol, 2019, p. 34-35.

10. *Ibid.*, p. 11.

11. *Ibid.*, p. 26.

12. *Ibid.*, p. 27.

13. Thibaud Voïta, « La puissance énergétique chinoise. De géant du charbon à champion vert ? », *in* Thierry de Montbrial et Dominique David (dir.), *Ramses 2019*, Paris, Dunod, 2018, p. 119.

14. Gilles Ramstein et Sylvestre Huet, *Le Climat en 100 questions*, Paris, Tallandier, 2020, p. 202.

15. Notes de l'auteur, novembre 2019.

16. Anatol Lieven, « Climate Change and State. A Case for Environmental Realism », *Survival*, vol. 62, n° 2, avril-mai 2020, p. 7-26.

17. La plupart des chiffres et références de ce paragraphe se trouvent *in* François Gemenne et Aleksandar Rankovic, *Atlas de l'anthropocène*, Paris, Presses de Sciences Po, 2019.

18. Laurent Delcourt, « Pêche et mondialisation. Enjeux et défis », Centre tricontinental (CETRI), mars 2017.

19. François Jarrige et Thomas Le Roux, *La Contamination du monde. Une histoire des pollutions à l'âge industriel*, Paris, Seuil, 2017, p. 17.

20. *Ibid.*, p. 210.

21. F. Gemenne et A. Rankovic, *op. cit.*, p. 85.

22. *Ibid.*, p. 88.

23. Eugénie Joltreau, « (De)globalization of International Plastic Waste Trade. Stakes at Play and Perspectives », *Édito Énergie*, Ifri, 19 septembre 2019.

24. Cité *in* Laura Parker, « La Chine refuse l'importation de déchets plastiques, provoquant une crise sans précédent », *National Geographic*, 2019.

25. Jeremy Rifkin, *Le New Deal vert mondial*, Paris, Les Liens qui libèrent, 2019.

26. Stéphane Grumbach, « Gouvernance numérique et changement climatique », *Hérodote*, n°s 177-178, 2020, p. 26.

27. Jean-François Boittin, « Politique américaine de l'énergie et de l'environnement. D'Obama à Trump, continuités et ruptures », *Études de l'Ifri*, Ifri, janvier 2018.

28. Adnan Amin, « La transition énergétique dans les décennies à venir », *Politique étrangère*, n° 1, 2019.

29. *Ibid.*

30. Irena, *A New World. The Geopolitics of the Energy Transformation*, 2019, p. 60.

31. John Seaman, « Rare Earths and China. A Review of Changing Criticality in the New Economy », *Notes de l'Ifri*, Ifri, janvier 2019.

32. Lola Vallejo, Aleksandar Rankovic, Michel Colombier, Sébastien Treyer et Judith Voss-Stempin, « Neutralité carbone : relever le défi mondial pour une action climatique ambitieuse », Iddri, *Policy Brief*, n° 4, 2018.

33. Jean-Baptiste Fressoz, *L'Apocalypse joyeuse. Une histoire du risque technologique*, Paris, Seuil, 2020, p. 23 et p. 217.

34. Charles Merlin, « Les petits réacteurs modulaires dans le monde : perspectives géopolitiques, technologiques, industrielles et énergétiques », *Études de l'Ifri*, Ifri, mai 2019.

35. Charles Merlin, « Le renouveau du secteur nucléaire aux États-Unis. De *Make America Great Again* à l'*Energy Dominance* », *Études de l'Ifri*, Ifri, septembre 2020.

36. Mike Pompeo, communiqué de presse, 9 juin 2020.

37. Cité *in* Christophe Bonneuil et Jean-Baptiste Fressoz, *L'Événement Anthropocène*, Paris, Seuil, 2016, p. 111.

3
Commerce

1. Sébastien Jean, « Le commerce international en crise systémique », CEPII, *L'Économie mondiale 2020*, Paris, La Découverte, 2019, p. 37.

2. François Gipouloux, *La Méditerranée asiatique*, Paris, CNRS Éditions, 2009 ; « Biblis », 2018, p. 375.

3. Ronald Findlay et Kevin O'Rourke, *Power and Plenty ? Trade, War, and the World Economy in the Second Millennium*, Princeton, Princeton University Press, 2007, p. XIX.

4. *Ibid.*, p. 105.

5. David Landes, *Richesse et pauvreté des nations. Pourquoi des riches ? Pourquoi des pauvres ?*, Paris, Albin Michel, 2000, p. 64-69.

6. Serge Gruzinski, *Les Quatre Parties du monde. Histoire d'une mondialisation*, Paris, La Martinière, 2004 ; « Points », 2006, p. 13.

7. D. Landes, *op. cit.*, p. 97.

8. F. Gipouloux, *op. cit.*, p. 169.

9. Entretien avec l'auteur, mars 2017.

10. Guillaume Calafat, *Une mer jalousée. Contribution à l'histoire de la souveraineté (Méditerranée, XVIIe siècle)*, Paris, Seuil, 2019, p. 19-21.

11. Tony Corn, « Global Colbert », *Le Débat*, vol. 205, n° 3, mai-août 2019.

12. Thierry Sarmant et Mathieu Stoll, *Le Grand Colbert*, Paris, Tallandier, 2019, p. 171.

13. Friedrich List, *Système national d'économie politique*, Paris, Gallimard, 1998, p. 502-503.

14. Jean-Marie Siroën, « Les guerres commerciales de Trump. Haro sur le multilatéralisme », *Politique étrangère*, n° 4, 2018, p. 90-96.

15. Communication américaine à l'OMC, WT/DS548/13, 6 juillet 2018.

16. Weijian Shan, « The Unwinnable Trade War », *Foreign Affairs*, n° 6, 2019.

17. Chad Bown et Douglas Irwin, « Trump's Assault on the Global Trading System », *Foreign Affairs*, n° 5, 2019, p. 133.

18. François Lafargue, « Zheng He, le symbole des ambitions retrouvées de la Chine », *Questions internationales*, n° 88, 2017, p. 110-115.

19. F. Gipouloux, « La Chine : un hégémon bienveillant », art. cit.

20. Fondation pour l'innovation politique, *L'Europe face aux nationalismes économiques américain et chinois (2)*, novembre 2019, p. 18.

21. Notes de l'auteur, Berlin, octobre 2019.

22. *Ibid.*

23. Philippe Norel, *L'Histoire économique globale*, Paris, Seuil, 2009, p. 146.

24. Alice Ekman (dir.), « La France face aux nouvelles routes de la soie chinoises », *Études de l'Ifri*, Ifri, octobre 2018, p. 17-24.

25. Gabriel Grésillon, « Le supplice chinois des ports européens », *Les Échos Week-end*, 18 octobre 2019, p. 29.

26. Jérôme Laprée, *Chine/États-Unis : quelles guerres économiques ?*, Versailles, VA Éditions, 2018, p. 43.

27. Jonathan Holslag cité *in* G. Grésillon, art. cit.

28. PwC, *The Long View. How will the Global Economic Order Change by 2050 ?*, février 2017, p. 4-7.

29. BDI, *Partner and Systemic Competitor. How Do We Deal with China's State-Controlled Economy ?*, janvier 2019.

30. Anne-Sophie Alsif, Vincent Charlet et Clément Lesniak, *La France est-elle exposée au risque protectionniste ?*, Paris, Presses des Mines, 2019, p. 46.

31. Entretien avec l'auteur, Paris, avril 2019.

32. Robert Boyer, *Les Capitalismes à l'épreuve de la pandémie*, Paris, La Découverte, 2020, p. 133.

33. Entretien avec l'auteur, Paris, juin 2019.

34. Fondation Nicolas Hulot et Institut Veblen, *Mettre le commerce au service de la transition écologique et sociale*, octobre 2019, p. 12.

4
Inégalités

1. Esther Duflo, « Il faut cesser de se méfier des pauvres », *Le Monde*, 5-6 janvier 2020.

2. Thomas Piketty, *Capital et Idéologie*, Paris, Seuil, 2019, p. 19.

3. Branko Milanović, *Inégalités mondiales*, Paris, La Découverte, 2019, p. 31.

4. Walter Scheidel, *The Great Leveler*, Princeton, Princeton University Press, 2017, p. 6.

5. Jacques Véron, *Faut-il avoir peur de la population mondiale ?*, Paris, Seuil, 2020, p. 86-97.

6. Bruno Tertrais, *Le Choc démographique*, Paris, Odile Jacob, 2020, p. 12.

7. J. Véron, *op. cit.*, p. 103-104.

8. Voir le débat entre François Héran et Stephen Smith à la suite de la parution du livre de ce dernier, *La Ruée vers l'Europe*, Paris, Grasset, 2018.

9. Cité *in* Pierre Buhler, *La Puissance au XXIe siècle*, Paris, CNRS Éditions, 2011, p. 197.

10. B. Tertrais, *op. cit.*, p. 71-72.

11. Nicholas Eberstadt, « With Great Demographics Comes Great Power », *Foreign Affairs*, juillet-août 2019. Ce paragraphe s'appuie sur cet article. Pour les chiffres sur la Russie, voir Tatiana Kastouéva-Jean, *La Russie de Poutine en 100 questions*, Paris, Tallandier, 2018 ; « Texto », 2020, p. 184-186.

12. Paul Collier, *Exodus*, Paris, Éditions de l'Artilleur, 2019, p. 388.

13. J. Véron, *op. cit.*, chap. 9.

14. Bastien Alex et François Gemenne, « Impacts du changement climatique sur les flux migratoires à l'horizon 2030 », ministère de la Défense, DGRIS, Observatoire des enjeux géopolitiques de la démographie, rapport n° 1, mai 2016, p. 42-43. Les citations de ce paragraphe en sont extraites.

15. Entretien avec l'auteur, juillet 2020.

16. François Héran, *Migrations et Sociétés*, Paris, Collège de France/Fayard, 2018. Les citations de ce paragraphe en sont extraites.

17. *Immigration et Intégration. Table ronde autour de Pierre Brochand*, Fondation Res Publica, n° 19, octobre 2019, p. 24-114. Les citations de ce paragraphe en sont extraites.

18. François Héran, *Avec l'immigration. Mesurer, débattre, agir*, Paris, La Découverte, 2017, p. 239.

19. *Immigration et Intégration. Table ronde autour de Pierre Brochand*, *op. cit.*, p. 45 et p. 49.

20. Gaël Giraud, Felipe Korreales et Cecilia Poggi, « Les inégalités dans le monde : où en est-on ? », *Études*, n° 1, 2019, p. 18.

21. Kenneth Pomeranz, *Une grande divergence*, Paris, Albin Michel, 2010, p. 439.

22. *Ibid.*

23. T. Piketty, *op. cit.*, p. 263-267.

24. Éditorial, « Les entreprises doivent affronter leur passé négrier », *Le Monde*, 9-10 août 2020.

25. Selon l'expression de David Goodhart citée par Christophe Guilluy, *No society*, Paris, Flammarion, 2018, p. 28.

26. *Ibid.*, p. 19.

27. Pierre Veltz, *La France des territoires. Défis et promesses*, La Tour d'Aigues, Éditions de l'Aube, 2019, p. 18-21.

28. B. Milanović, *op. cit.*, p. 152.

29. Jacques Lévy cité *in* Gilles Ardinat, *Géographie de la compétitivité*, Paris, PUF, 2013, p. 6.

30. Sébastien Jean, *in* CEPII, *L'Économie mondiale 2021*, Paris, La Découverte, 2020, p. 20.

31. Notes de l'auteur, juin 2020.

32. B. Milanović, *op. cit.*, p. 190.

33. *Ibid.*, p. 195.

5
Numériser

1. Shoshana Zuboff, *L'Âge du capitalisme de surveillance*, Paris, Zulma, 2020.

2. Thierry Breton, « La guerre des données industrielles débute maintenant et l'Europe sera son principal champ de bataille », *Les Échos*, 17 février 2020.

3. Conseil européen, « Le règlement général sur la protection des données », 11 avril 2016.

4. Clément Tonon, « La GovTech, nouvelle frontière de la souveraineté numérique », *Études de l'Ifri*, Ifri, novembre 2020.

5. T. Breton, art. cit.

6. James Kynge et Nic Fildes, « Huawei. The Indispensable Telecoms Company », *Financial Times*, 31 janvier 2020.

7. Entretien avec l'auteur, Anssi, mai 2020.

8. Ren Zhengfei, « Le nouveau monde, c'est lui ! », entretien, *Le Point*, 4 juillet 2019.

9. Entretien avec l'auteur, Washington, mai 2019, « Top Lines. Fifth Generation (5G) Wireless Technology ».

10. Thomas Gomart, Julien Nocetti et Clément Tonon, « L'Europe : sujet ou objet de la géopolitique des données ? », *Études de l'Ifri*, Ifri, juillet 2018, p. 15-16.

11. Commission européenne, *Livre Blanc. Intelligence artificielle. Une approche européenne axée sur l'excellence et la confiance*, 19 février 2020, p. 5.

12. *Ibid.*

13. Entretien avec Andrew Ng, « Why Artificial Intelligence is "The New Electricity" », *The Wall Street Journal*, 27 juin 2017, cité *in* Kai Strittmatter, *Dictature 2.0*, Paris, Tallandier, 2020, p. 206.

14. Graham Allison, « Is China Beating America to AI Supremacy ? », *The National Interest*, 22 décembre 2019.

15. Kai-Fu Lee, *IA. La plus grande mutation de l'histoire*, Paris, Les Arènes, 2019, p. 139.

16. Entretien avec l'auteur, Dassault Systèmes, Vélizy, janvier 2020.

17. Dorothée Kohler et Jean-Daniel Weisz, « Transformation numérique de l'industrie : l'enjeu franco-allemand », *Notes du Cerfa*, n° 145, Ifri, décembre 2018, p. 22-25.

18. Richard Baldwin, *The Globotics Upheaval. Globalization, Robotics and the Future of Work*, Oxford, Oxford University Press, 2019, p. 2-12.

19. Patrick Allard, « La Chine, championne technologique ou géant empêtré ? », *Politique étrangère*, n° 1, 2020, p. 131.

20. In *Guangming Daily*, journal du Parti destiné aux intellectuels, 7 mai 2018, cité *in* K. Strittmatter, *op. cit.*, p. 212.

21. Les citations proviennent de K. Strittmatter, *op. cit.*, chap. « L'œil ».

22. Alice Ekman, « La Smart City chinoise : nouvelle sphère d'influence ? », *Études de l'Ifri*, Ifri, décembre 2019, p. 18-19.

23. Notes de l'auteur, novembre 2019.

24. Lindsay Maizland et Andrew Chatzky, « Huawei. China's Controversial Tech Giant », Council on Foreign Relations, blog, juin 2019.

25. Cité *in* K. Strittmatter, *op. cit.*, p. 219.

26. P. Allard, « La Chine, championne technologique ou géant empêtré », art. cit., p. 133.

27. Guillaume Poupard, entretien in *Les Échos*, 21 janvier 2020.

28. *Ibid.*

29. *Revue stratégique de défense et de sécurité nationale 2017*, p. 35.

30. Institut Montaigne, *Cybermenace : avis de tempête*, novembre 2018.

31. « Google Linked to Internet Disruptions in Japan, *The Japan Times*, 26 août 2017.

32. SGDSN, *Revue stratégique de cyberdéfense*, février 2018, p. 51.

33. Jean-Louis Gergorin et Léo Isaac-Dognin, *Cyber. La guerre permanente*, Paris, Éditions du Cerf, 2018, p. 204-206.

34. J.-L. Gergorin et L. Isaac-Dognin, *op. cit.*, p. 250-251.

35. Pierre Bellanger, « De la souveraineté numérique », *Le Débat*, n° 170, 2012, p. 152.

36. Zhao Tingyang, *Tianxia. Tout sous un même ciel*, Paris, Éditions du Cerf, 2018, p. 13-29.

37. Michael Hayden, *Playing to the Edge. American Intelligence in the Age of Terror*, New York, Penguin Books, 2016, p. 422.

38. Christopher Wylie, *Mindfuck. Le complot Cambridge Analytica pour s'emparer de nos cerveaux*, Paris, Grasset, 2020, p. 20 et p. 416.

6
Innover

1. Cité *in* William McNeill, *La Recherche de la puissance*, Paris, Economica, 1992, p. 51.

2. Alisée Pornet, « De l'atelier à la R&D : le rattrapage technologique comme outil de la puissance chinoise », *Revue internationale et stratégique*, n° 155, 2019, p. 118-119.

3. W. McNeill, *op. cit.*, p. 7.

4. David Edgerton, « L'État entrepreneur de science », *in* D. Pestre (dir.), *op. cit.*, p. 80.

5. Anne Rasmussen, « Sciences et guerres », *in* D. Pestre (dir.), *op. cit.*, p. 51.

6. IISS, Military Balance Blog, 14 février 2020.

7. Martial Foucault, « Les budgets de défense en France, entre déni et déclin », Ifri, *Focus stratégique*, n° 36, avril 2012, p. 10.

8. Étienne de Durand, « Europe : d'une démilitarisation l'autre », *Politique étrangère*, n° 1, 2014, p. 111.

9. Cité *in* A. Rasmussen, « Sciences et guerre », art. cit., p. 61.

10. Colin Gray, *La Guerre au XXIe siècle*, Paris, Economica, 2007, p. 87.

11. Clayton Christensen, *The Innovator's Dilemma*, New York, Collins Business Essentials, 2006, p. XVI.

12. Daniel Drezner, « Technological Change and International Relations », *International Relations*, 1-18, 2019.

13. SGDSN, *Chocs futurs. Étude prospective à l'horizon 2030 : impacts des transformations et ruptures technologiques sur notre environnement stratégique et de sécurité*, mai 2017.

14. Anti Access/Area Denial.

15. Guillaume Garnier, « Les chausse-trapes de la remontée en puissance, défis et écueils du redressement militaire », Ifri, *Focus stratégique*, n° 52, mai 2014, p. 7.

16. Discours d'Emmanuel Macron, École de Guerre, 7 février 2020.

17. Entretien avec l'auteur, mai 2020.

18. Notes de l'auteur, mai 2020.

19. Notes de l'auteur, mai et octobre 2020.

20. *Revue stratégique de défense et de sécurité nationale*, 2017, p. 66.

21. Notes de l'auteur, août 2017.

22. Alec Ross, *The Industries of the Future*, New York, Simon & Schuster, 2017, p. 186.

23. D. Edgerton, « L'État entrepreneur de science », art. cit., p. 69.

24. Eric Schmidt et Jared Cohen, *The New Digital Age. Reshaping the Future of People, Nations and Business*, New York, Alfred A. Knopf, 2013, p. 83.

25. « Le nouveau monde, c'est lui ! », entretien in *Le Point*, 4 juillet 2019.

26. Andrew Kennedy et Darren Lim, « The Innovation Imperative. Technology and US-China Rivalry in the 21st Century », *International Affairs*, vol. 94, n° 3, 2018, p. 553-572.

27. Andrew Kennedy, « China's Innovation Trajectories », *Survival*, n° 3, 2018, p. 80-81.

28. Xinhua, 21 août 2018.

29. Fabio Rugge (éd.), *The Global Race for Technological Superiority*, Brookins et Ispi, 2019, p. 70.

30. Council on Foreign Relations, *Innovation and National Security*, Independent Task Force, n° 77, 2019, p. 28-29.

31. Discours de Donald Reagan sur l'état de l'Union, 25 janvier 1984.

32. Entretien avec l'auteur, Les Mureaux, janvier 2020.

33. P. Allard, « La Chine, championne technologique ou géant empêtré ? », art. cit.

34. Kave Salamatian, « Trump contre Huawei. Enjeux géopolitiques de la 5G », *Hérodote*, nos 177-178, 2020, p. 207.

35. D. Edgerton, « L'État entrepreneur de science », art. cit., p. 73.

36. Christophe Lécuyer, « Manager l'innovation », *in* D. Pestre (dir.), *op. cit.*, p. 437.

37. Pierre Bellanger, « Trois empires et un garde-manger », *Le Débat*, n° 209, 2020, p. 63.

7
Dissimuler

1. John Le Carré, *Retour de service*, Paris, Seuil, 2020.

2. Roberto Saviano, *Gomorra*, Paris, Gallimard, 2007. Les citations de ce paragraphe sont extraites du chap. « Le port ».

3. Christopher Andrew, *The Secret World. A History of Intelligence*, New Haven, Yale University Press, 2018, p. 3-6.

4. Sherman Kent, *Strategic Intelligence for American World Policy*, Princeton, Princeton University Press, 1949 ; rééd. 1966, p. VII.

5. J.-C. Cousseran et P. Hayez, *op. cit.*, p. 265.

6. Gabriel Robin, « Diplomatie et prévision. Du refus des préjugés au devoir de clairvoyance », *in* Paul Dahan, *Prévoir le monde de demain*, Paris, CNRS Éditions, 2020, p. 177.

7. Cité *in* J.-C. Cousseran et P. Hayez, *op. cit.*, p. 255.

8. *Ibid.*, p. 258.

9. « Deux ex-agents de la DGSE condamnés pour trahison au profit de la Chine », *Le Monde*, 10 juillet 2020.

10. John Keegan, *Intelligence in War*, New York, Alfred A. Knopf, 2003, p. 347-348.

11. Notes de l'auteur, mars 2020.

12. C. Andrew, *op. cit.*, p. 708-709.

13. Entretien avec l'auteur, septembre 2019.

14. Entretien avec l'auteur, janvier 2020.

15. C. Andrew, *op. cit.*, p. 701.

16. Cité *in* J.-C. Cousseran et P. Hayez, *op. cit.*, p. 171.

17. Bernard Émié, « Notre ADN reste l'action secrète et la lutte clandestine… », entretien, *Le Figaro*, 16 juin 2020.

18. Notes de l'auteur, HEC (2008-2010).

19. Jacques de Saint Victor, « Collusion État/mafia : comment la démocratie, le capitalisme et la corruption favorisent-ils les liens politico-criminels », *Diplomatie. Les grands dossiers*, n° 52, août-septembre 2019, p. 9.

20. Ce paragraphe reprend différents chapitres de Jacques de Saint Victor, *Un pouvoir invisible. Les mafias et la société démocratique (XIXe-XXIe siècle)*, Paris, Gallimard, 2012, p. 115.

21. Pierre Delval, « Contrefaçon crapuleuse : une mainmise du crime organisé sur le commerce mondial », *Diplomatie. Les grands dossiers*, *op. cit.*, p. 48 ; Clotilde Champeyrache, *La Face cachée de l'économie*, Paris, PUF, 2019, p. 87.

22. Entretien avec Ilias Chatzis, « Esclavage, trafic sexuel, migrants, travail forcé : lorsque l'humain est au cœur du trafic », *Diplomatie. Les grands dossiers*, *op. cit.*, p. 56-57.

23. Entretien avec Céline Sissler-Bienvenu, « Les espèces sauvages : un trafic qui bat des records », *Diplomatie. Les grands dossiers*, *op. cit.*, p. 82-84.

24. Matthias Nowak, « Enjeux du trafic d'armes : l'Afrique de l'Ouest dans la tourmente », *Diplomatie. Les grands dossiers*, *op. cit.*, p. 53.

25. Éric Vernier, « Lutte antiblanchiment et nouvelles technologies : le jeu du chat et de la souris », *Diplomatie. Les grands dossiers*, *op. cit.*, p. 77.

26. C. Champeyrache, *op. cit.*, p. 168-173.

27. Cité in *ibid.*, p. 194.

28. *Ibid.*, p. 127.

29. Philip Zelikow, Eric Edelman, Kristofer Harrison et Celeste Ward, « The Rise of Strategic Corruption. How States Weaponize Graft », *Foreign Affairs*, juillet-août 2020.

30. Entretien avec l'auteur, mai 2020.

31. Edward Snowden, *Mémoires vives*, Paris, Seuil, 2019 ; « Points », 2020, p. 9-14.

32. Cité *in* R. McGregor, *op. cit.*, p. 17.

33. E. Snowden, *op. cit.*, p. 434.

34. Entretien avec l'auteur, mai 2020.

8
Contrôler

1. Cité *in* Adam Tooze, *Crashed. Comment une décennie de crise financière a changé le monde*, Paris, Les Belles Lettres, 2018, p. 160-161.

2. Cité *in* Antoine Coppolani, *Richard Nixon*, Paris, Fayard, 2013, p. 455-456.

3. François Villeroy de Galhau, « Zone euro : tenir le cap dans un monde incertain », Banque de France, 28 mars 2019.

4. Robert Keohane, *Après l'hégémonie. Coopération et désaccord dans l'économie politique internationale*, Bruxelles, Éditions de l'Université de Bruxelles, 2015 (1984).

5. Cité (avec une légère modification), *in* R. Keohane, *op. cit.*, p. 243-244.

6. Cité *in* James Barr, *Lords of the Desert. Britain's Struggle with America to Dominate the Middle East*, Londres, Simon & Schuster, 2019, p. 174.

7. *Ibid.*, p. 287.

8. Cité *in* A. Tooze, *op. cit.*, p. 506.

9. Jean-Claude Trichet, « L'avenir du système monétaire et financier international », *Politique étrangère*, n° 1, 2019, p. 41-42.

10. Notes de l'auteur, février 2020.

11. A. Tooze, *op. cit.*, p. 100.

12. *Ibid.*, p. 30.

13. « Le dollar : une monnaie internationale incontestée », entretien avec Jacques de Larosière, *Questions internationales*, n° 102, mars-avril 2020, p. 46.

14. A. Tooze, *op. cit.*, p. 26.

15. Cité in *ibid.*, p. 251.

16. Cité in *ibid.*, p. 202.

17. Elsa Conesa, « BlackRock, Blackstone… : les nouvelles pieuvres de Wall Street », *Les Échos*, 6 février 2020.

18. Notes de l'auteur, octobre 2019.

19. Olivier Basso, *Politique de la Très Grande Entreprise. Leadership et démocratie planétaire*, Paris, PUF, 2015, p. 28-29.

20. PwC, *Global Top 100 Companies by Market Capitalisation*, juillet 2019.

21. Pierre Veltz, *La Société hyper-industrielle. Le nouveau capitalisme productif*, Paris, Seuil, 2017, p. 93.

22. R. Blackwill et J. Harris, *op. cit.*, p. 3-4.

23. Barry Eichengreen, *Un privilège exorbitant. Le déclin du dollar et l'avenir du système monétaire international*, Paris, Odile Jacob, 2011, p. 15.

24. Henry Farrell et Abraham Newman, « Weaponized Interdependence », *International Security*, n° 1, 2019, p. 42-79.

25. Vladimir Poutine, discours au club Valdaï, 24 octobre 2014.

26. Pierre-Alexis Blevin, *Les Paradis fiscaux*, Paris, PUF, « Que sais-je ? », 2019, p. 11-13.

27. Emmanuel Saez et Gabriel Zucman, *Le Triomphe de l'injustice. Richesse, évasion fiscale et démocratie*, Paris, Seuil, 2020, p. 111-112.

28. Marion Leblanc-Wohrer, « Le droit, arme économique et géopolitique des États-Unis », *Politique étrangère*, n° 4, 2019.

29. Cité *in* J.-C. Cousseran et P. Hayez, *op. cit.*, p. 291.

30. *Ibid.*, p. 41.

31. Antoine Garapon et Pierre Servan-Schreiber, *Deals de justice. Le marché américain de l'obéissance mondialisée*, Paris, PUF, 2020, p. 11-12.

32. Q. Liang et W. Xiangsui, *op. cit.*, p. 60.

33. P. Bellanger, « Trois empires et un garde-manger », art. cit., p. 63.

Épilogue

1. Edmond Dziembowski, *La Guerre de Sept Ans*, Paris, Perrin, 2015 ; « Tempus », 2018, p. 84.

2. Entretien, *Le Monde*, 23 octobre 2020.

3. Cité *in* Pierre Vermeren, *Déni français. Notre histoire secrète des liaisons franco-arabes*, Paris, Albin Michel, 2019, p. 176.

4. Bernard Rougier, *Les Territoires conquis de l'islamisme*, Paris, PUF, 2020.

5. Cité *in* P. Vermeren, *op. cit.*, p. 235.

6. Tony Corn, « Une histoire contrefactuelle de la France libre : De Gaulle, Catroux, et les Alliés », article non publié.

7. Cité *in* R. Farrow, *op. cit.*, p. 54.

8. Hannah Arendt, *Du mensonge à la violence*, *op. cit.*, p. 10-11.

9. *Ibid.*, p. 49.

10. Entretien avec l'auteur, octobre 2020.

11. Paul Morand cité *in* Tony Corn, « La longue durée et le grand large. Identité française et politique étrangère », *Revue des deux mondes*, septembre 2020, p. 167.

12. Clément Beaune, « L'Europe, par-delà le Covid-19 », *Politique étrangère*, n° 3, 2020, p. 10.

13. *Ibid.*, p. 26.

14. G. Robin, art. cit., p. 188.

15. Pierre Vermeren, *La France qui déclasse*, Paris, Tallandier, 2019, p. 50-51.

16. Pierre Veltz, *La France des territoires. Défis et promesses*, *op. cit.*, p. 11.

17. Guillaume Cuchet, *Comment notre monde a cessé d'être chrétien*, Paris, Seuil, 2018 ; Jérôme Fourquet, *L'Archipel français*, Paris, Seuil, 2019 ; « Points », 2020, p. 45.

18. J. Fourquet, *L'Archipel français*, *op. cit.*

19. Machiavel, *Discours sur la première décade de Tite-Live*, Paris, Gallimard, 2004, p. 435.

Acronymes

AIE : Agence internationale de l'énergie
AKP : *Adalet ve Kalkinma Partisi* (Parti de la justice et du développement, Turquie)
ALPC : armes légères et de petit calibre
AMF : Autorité des marchés financiers
ANSSI : Agence nationale de la sécurité des systèmes d'information
APL : Armée populaire de libération (Chine)
Arpanet : Advanced Research Projects Agency Network
BCE : Banque centrale européenne
BITD : base industrielle et technologique de défense
BND : Bundesnachrichtendienst (Service fédéral de renseignement)
B&R : *Belt and Road Initiative*
BRI : Banque des règlements internationaux
BSS : bande sahélo-saharienne
CEE : Communauté économique européenne
CEO : Chief Operating Officer
CGU : conditions générales d'utilisation
CIA : Central Intelligence Agency
COP : Conférence des parties
Darpa : Defense Advanced Research Projects Agency
DDT : dichlorodiphényltrichloroéthane
DGSE : Direction générale de la sécurité extérieure
DGSI : Direction générale de la sécurité intérieure
DoJ : Department of Justice
E7 : Chine, Inde, Indonésie, Brésil, Russie, Mexique et Turquie
ÉAU : Émirats arabes unis
EFR : état final recherché
EI : État islamique

ENR : énergies renouvelables
EPR : European Pressurized Reactor
ESPAS : European Strategy and Policy Analysis System
FATCA : Foreign Account Tax Compliance Act
FBI : Federal Bureau of Investigation
FCPA : Foreign Corrupt Practices Act
FMI : Fonds monétaire international
FTN : firmes transnationales
GES : gaz à effet de serre
G5 Sahel : Mali, Mauritanie, Burkina Faso, Niger et Tchad
G7 : États-Unis, Japon, Allemagne, France, Royaume-Uni, Canada et Italie
G20 : Afrique du Sud, Allemagne, Arabie Saoudite, Argentine, Australie, Brésil, Canada, Chine, Corée du Sud, États-Unis, France, Inde, Indonésie, Italie, Japon, Mexique, Royaume-Uni, Russie, Turquie et Union européenne
GAFAMI : Google, Amazon, Facebook, Apple, Microsoft et IBM
GATT : General Agreement on Tariffs and Trade
GCHQ : Government Communications Headquarters
GIEC : Groupe d'experts intergouvernemental sur l'évolution du climat
GPS : Global Positioning System
GWOT : Global War on Terrorism
HUMINT : Human Intelligence
IA : intelligence artificielle
IDE : investissements directs étrangers
IEI : initiative européenne d'intervention
Ifri : Institut français des relations internationales
IMINT : Imagery Intelligence
Irena : Agence internationale pour les énergies renouvelables
ITAR : International Traffic in Arms Regulation
LPM : loi de programmation militaire
NAC : nouveaux animaux de compagnie
NASA : National Aeronautics and Space Administration
NASDAQ : National Association of Securities Dealers Automated Quotations
NSA : National Security Agency
OAS : Organisation de l'armée secrète
OCDE : Organisation de coopération et de développement économiques
ODD : objectifs de développement durable
OECE : Organisation européenne de coopération économique

OFAC : Office of Foreign Assets Control
OIAC : Organisation pour l'interdiction des armes chimiques
OMC : Organisation mondiale du commerce
ONG : organisation non gouvernementale
ONU : Organisation des Nations unies
ONUDC : Office des Nations unies contre les drogues et le crime
OPEP : Organisation des pays exportateurs de pétrole
OSCE : Organisation pour la sécurité et la coopération en Europe
OTAN : Organisation du traité de l'Atlantique Nord
OTASE : Organisation du traité de l'Asie du Sud-Est
P5+1 : États-Unis, Russie, Chine, France, Grande-Bretagne et Allemagne
PCC : Parti communiste chinois
P-DG : président-directeur général
PIB : produit intérieur brut
PME : petites et moyennes entreprises
R&D : recherche et développement
RFA : République fédérale d'Allemagne
RGPD : Règlement général sur la protection des données
RMA : « révolution dans les affaires militaires »
SGDSN : Secrétariat général de la défense et de la sécurité nationale
SIGINT : Signals Intelligence
SMR : Small and Modular Reactors
SOCMINT : Social media intelligence
SWIFT : Society for Worldwide Interbank Financial Telecommunications
TAAF : Terres australes et antarctiques françaises
TFTP : Terrorist Finance Tracking Program
TIC : technologies de l'information et de la communication
UE : Union européenne
UEP : Union européenne de paiements
URSS : Union des républiques socialistes soviétiques
VOC : *Vereenigde Oostindische Compagnie* (Compagnie unie des Indes orientales)
ZEE : zone économique exclusive

Bibliographie

Abdelal, Rawi, *Capital Rules. The Construction of Global Finance*, Londres, Harvard University Press, 2007.

–, *National Purpose in the World Economy. Post-Soviet States in Comparative Perspective*, Londres, Cornell University Press, 2001.

Abis, Sébastien, *Géopolitique du blé. Un produit vital pour la sécurité mondiale*, Paris, Armand Colin/Iris, 2015.

Acemoglu, Daron, Robinson, James, Why *Nations Fail. The Origins of Power, Prosperity, and Poverty*, New York, Crown Business, 2012.

Adelman, Jeremy, *Worldly Philosopher. The Odyssey of Albert O. Hirschman*, Princeton, Princeton University Press, 2013.

Andrew, Christopher, *The Secret World. A History of Intelligence*, Londres, Yale University Press, 2018.

Ardinat, Gilles, *Géographie de la compétitivité*, Paris, PUF, 2013.

Badie, Bertrand, *Quand le Sud réinvente le monde. Essai sur la puissance de la faiblesse*, Paris, La Découverte, 2018.

–, *Nous ne sommes plus seuls au monde. Un autre regard sur l'« ordre international »*, Paris, La Découverte, 2016.

Baldwin, Richard, *The Great Convergence. Information, Technology and the New Globalization*, Cambridge, Harvard University Press, 2016.

–, *The Globotics Upheaval. Globalization, Robotics, and the Future of Work*, Oxford, Oxford University Press, 2019.

Barr, James, *Une ligne dans la sable. Le conflit franco-britannique qui façonna le Moyen-Orient*, Paris, Perrin, 2017.

–, *Lords of the Desert. Britain's Struggle with America to Dominate the Middle East*, Londres, Simon & Schuster, 2018.

Basso, Olivier, *Politique de la Très Grande Entreprise*, Paris, PUF, 2015.

Bayart, Jean-François, *L'Impasse national-libérale. Globalisation et repli identitaire*, Paris, La Découverte, 2017.

Beck, Ulrich, *La Société du risque*, Paris, Flammarion, 2008.

Blackwill, Robert, Harris, Jennifer, *War by Other Means. Geoeconomics and Statecraft*, Cambridge, The Belknap Press of Harvard University Press, 2016.

Bonneuil, Christophe, Fressoz, Jean-Baptiste, *L'Événement Anthropocène. La Terre, l'histoire et nous*, Paris, Seuil, 2016.

Bouissou, Jean-Marie, *Les Leçons du Japon. Un pays très incorrect*, Paris, Fayard, 2019.

Boulanger, Philippe, *La Géographie, reine des batailles*, Paris, Perrin/Ministère des Armées, 2020.

Boulay, Guilhem, Grandclément, Antoine, *Introduction à la géographie économique*, Paris, Armand Colin, 2019.

Bourg, Dominique, *Le Marché contre l'humanité*, Paris, PUF, 2019.

Boyer, Robert, *Les Capitalismes à l'épreuve de la pandémie*, Paris, La Découverte, 2020.

Buhler, Pierre, *La Puissance au XXI*[e] *siècle. Les nouvelles définitions du monde*, Paris, CNRS Éditions, 2011.

Calafat, Guillaume, *Une mer jalousée. Contribution à l'histoire de la souveraineté (Méditerranée, XVII*[e] *siècle)*, Paris, Seuil, 2019.

Cattaruzza, Amaël, *Géopolitique des données numériques, Pouvoir et conflits à l'heure du Big Data*, Paris, Le Cavalier bleu, 2019.

Chaliand, Gérard, *Des guérillas au reflux de l'Occident*, Paris, Passés Composés, 2020.

Champeyrache, Clotilde, *La Face cachée de l'économie. Néolibéralisme et criminalités*, Paris, PUF, 2019.

Charentenay (de), Pierre, *Face à la crise climatique*, Marseille, Publications Chemins de Dialogue, 2020.

Chavagneux, Christian, Marieke, Louis, *Le Pouvoir des multinationales*, Paris, PUF, 2018.

Chélini-Pont, Blandine, Dubertrand, Roland, Zuber, Valentine, *Géopolitique des religions. Un nouveau rôle du religieux dans les relations internationales ?*, Paris, Le Cavalier bleu, 2019.

Choplin, Armelle, Pliez, Olivier, *La Mondialisation des pauvres. Loin de Wall Street et de Davos*, Paris, Seuil, 2018.

Christensen, Clayton, *The Innovator's Dilemma*, New York, HarperCollins, 2006.

Cohen, Eliot, *The Big Stick. The Limits of Soft Power and the Necessity of Military Force*, New York, Basic Books, 2018.

Collier, Paul, *Exodus. Immigration et multiculturalisme au XXI*[e] *siècle*, Paris, Éditions de l'Artilleur, 2019.

Cousseran, Jean-Claude, Hayez, Philippe, *Leçons sur le renseignement*, Paris, Odile Jacob, 2017.

Coutau-Bégarie, Hervé, *2030, la fin de la mondialisation ?*, Perpignan, Tempora, 2008.

Crowley, Roger, *Conquerors. How Portugal Forged the First Global Empire*, New York, Random House, 2015.

Dahan, Paul (dir.), *Prévoir le monde de demain*, Paris, CNRS Éditions, 2020.

Delmas, Philippe, *Un pouvoir implacable et doux. La Tech ou l'efficacité pour seule valeur*, Paris, Fayard, 2019.

Delsol, Chantal, *Le Crépuscule de l'universel*, Paris, Éditions du Cerf, 2020.

Deluermoz, Quentin, Singaravélou, Pierre, *Pour une histoire des possibles*, Paris, Seuil, 2019.

Diamond, Jared, *Effondrement. Comment les sociétés décident de leur disparition ou de leur survie*, Paris, Gallimard, 2006.

–, *Bouleversement. Les nations face aux crises et au changement*, Paris, Gallimard, 2020.

Donnet, Pierre-Antoine, *Le Leadership mondial en question. L'affrontement entre la Chine et les États-Unis*, La Tour d'Aigues, Les Éditions de l'Aube, 2020.

Durieux, Benoît, *La Guerre par ceux qui la font. Stratégie et incertitude*, Monaco, Éditions du Rocher, 2016.

Durieux, Bruno, *Contre l'écologisme. Pour une croissance au service de l'environnement*, Paris, Éditions de Fallois, 2019.

Duterme, Renaud, *Petit manuel pour une géographie de combat*, Paris, La Découverte, 2020.

Eichengreen, Barry, *Un privilège exorbitant. Le déclin du dollar et l'avenir du système monétaire international*, Paris, Odile Jacob, 2011.

Escobar, Arturo, *Sentir-Penser avec la terre*, Paris, Seuil, 2018.

Farrell, Henry, Newman, Abraham, *Of Privacy and Power. The Transatlantic Struggle over Freedom and Security*, Princeton, Princeton University Press, 2019.

Farrow, Ronan, *Paix en guerre. La fin de la diplomatie et le déclin de l'influence américaine*, Paris, Calmann-Lévy, 2019.

Filiu, Jean-Pierre, *Algérie, la nouvelle indépendance*, Paris, Seuil, 2019.

Findlay, Ronald, O'Rourke, Kevin, *Power and Plenty. Trade, War, and the World Economy in the Second Millennium*, Princeton, Princeton University Press, 2007.

Fourquet, François, *Penser la longue durée. Contribution à une histoire de la mondialisation*, Paris, La Découverte, 2018.

Freedman, Lawrence, *Strategy. A History*, Oxford, Oxford University Press, 2013.

Fressoz, Jean-Baptiste, *L'Apocalypse joyeuse. Une histoire du risque technologique*, Paris, Seuil, 2020.

Galeotti, Mark, *We Need to Talk about Putin. Why the West Gets Him Wrong*, Londres, Penguin, 2019.

Garapon, Antoine, Servan-Schreiber, Pierre, *Deals de justice. Le marché américain de l'obéissance mondialisée*, Paris, PUF, 2013.

Gayraud, Jean-François, *Théorie des hybrides. Terrorisme et crime organisé*, Paris, CNRS Éditions, 2017.

Gergorin, Jean-Louis, Isaac-Dognin, Léo, *Cyber. La guerre permanente*, Paris, Les Éditions du Cerf, 2018.

Gipouloux, François, *La Méditerranée asiatique. Villes portuaires et réseaux marchands en Chine, au Japon et en Asie du Sud-Est, XVI*e*-XXI*e* siècle*, Paris, CNRS Éditions, 2009.

Giraud, Pierre-Noël, *L'Inégalité du monde. Économie du monde contemporain*, Paris, Gallimard, 2019.

Graeber, David, *Dette. 5 000 ans d'histoire*, Paris, Les Liens qui libèrent, 2013

Grataloup, Christian, *Vision(s) du monde. Histoire critique des représentations de l'Humanité*, Paris, Armand Colin, 2018.

Gray, Colin, *La Guerre au XXI*e* siècle. Un nouveau siècle de feu et de sang*, Paris, Economica, 2007.

Grigas, Agnia, *The New Geopolitics of Natural Gas*, Londres, Harvard University Press, 2017.

Grosser, Pierre, *1989. L'année où le monde a basculé*, Paris, Perrin, 2019.

Grousset, René, *Bilan de l'histoire*, Paris, Desclée de Brouwer, 2016.

Gruzinski, Serge, *Les Quatre Parties du monde. Histoire d'une mondialisation*, Paris, La Martinière, 2004.

Haass, Richard, *The World. A Brief Introduction*, New York, Penguin Press, 2020.

Hamilton, Clive, *Les Apprentis sorciers du climat. Raisons et déraisons de la géo-ingénierie*, Paris, Seuil, 2013.

Hayden, Michael, *Playing to the Edge. American Intelligence in the Age of Terror*, New York, Penguin Books, 2016.

Heisbourg, François, *Le Temps des prédateurs. La Chine, les États-Unis, la Russie et nous*, Paris, Odile Jacob, 2020.

Helm, Dieter, *Burn Out. The Endgame for Fossil Fuels*, Londres, Yale University Press, 2017.

Héran, François, *Migrations et sociétés*, Paris, Fayard/Collège de France, 2018.

–, *Avec l'immigration. Mesurer, débattre, agir*, Paris, La Découverte, 2017.

Hill, Christopher, *The Future of British Foreign Policy. Security and Diplomacy in a World after Brexit*, Cambridge, Polity Press, 2019.

Hirschman, Albert, *National Power and the Structure of Foreign Trade*, Berkeley, University of California Press, 1945.

–, *Les Passions et les Intérêts*, Paris, PUF, 1980.

Innerarity, Daniel, *Le Futur et ses ennemis. De la confiscation de l'avenir à l'espérance politique*, Paris, Climats, 2008.

Jaffrelot, Christophe, *L'Inde de Modi. National populisme et démocratie ethnique*, Paris, Fayard, 2019.

Jarrige, François, Le Roux, Thomas, *La Contamination du monde. Une histoire des pollutions à l'âge industriel*, Paris, Seuil, 2017.

Jullien, François, *Conférence sur l'efficacité*, Paris, PUF, 2005.

Kateb, Alexandre, *Les Économies arabes en mouvement. Un nouveau modèle de développement pour la région MENA*, Louvain-la-Neuve, De Boeck, 2019.

Keegan, John, *Intelligence in War. Knowledge of the Enemy from Napoleon to Al-Qaeda*, New York, Alfred A. Knopf, 2003.

Keohane, Robert, *Après l'hégémonie. Coopération et désaccord dans l'économie politique internationale*, Bruxelles, Éditions de l'université de Bruxelles, 2015.

Kent, Sherman, *Strategic Intelligence for American World Policy*, Princeton, Princeton University Press, 1949.

Kepel, Gilles, *Sortir du chaos. Les crises en Méditerranée et au Moyen-Orient*, Paris, Gallimard, 2018.

Kershaw, Ian, *L'Europe en enfer (1914-1949)*, Paris, Seuil, 2016.

–, *L'Âge global. L'Europe, de 1950 à nos jours*, Paris, Seuil, 2020.

Khan, Sulmaan Wasif, *Haunted by Chaos, China's Grand Strategy from Mao Zedong to Xi Jinping*, Cambridge, Harvard University Press, 2018.

Khanna, Parag, *The Future is Asian. Commerce, Conflict, and Culture in the 21st Century*, New York, Simon & Schuster, 2019.

Klein, Naomi, *No logo. La Tyrannie des marques*, Arles, Actes Sud, 2001.

Kundnani, Hans, *The Paradox of German Power*, Londres, Hurst & Company, 2014.

Laprée, Jérôme (dir.), *Chine/États-Unis. Quelles guerres économiques ?*, Versailles, VA Éditions, 2018.

Laïdi, Ali, *Le Droit, nouvelle arme de guerre économique*, Arles, Actes Sud, 2019.

Le Corre, Philippe, Sepulchre, Alain, *L'Offensive chinoise en Europe*, Paris, Fayard, 2015.

Le Flem, Jean-Gaël, Oliva, Bertrand, *Un sentiment d'inachevé. Réflexions sur l'efficacité des opérations*, Paris, Éditions de l'École militaire, 2018.

Lepercq, Thierry, *Hydrogène, le nouveau pétrole. Des 7 batailles de l'énergie naît un nouveau monde décarboné*, Paris, Le Cherche Midi, 2019.

Lilti, Antoine, *L'Héritage des Lumière. Ambivalences de la modernité*, Paris, Gallimard/Seuil, 2019.

Lorenzi, Jean-Hervé, Berrebi, Mickaël, Dockès, Pierre, *La Nouvelle Résistance. Face à la violence technologique*, Paris, Eyrolles, 2019.

Lovell, Julia, *La Guerre de l'opium (1839-1842)*, Paris, Buchet Chastel, 2017.

Maalouf, Amin, *Le Naufrage des civilisations*, Paris, Grasset, 2019.

Maçaes, Bruno, *The Dawn of Eurasia. On the Trail of the New World Order*, New Haven, Yale University Press, 2018.

Mafféï, Benoît, Greggio, Rodolphe, *Après la COP21. Géopolitiques de la transition énergétique*, Paris, Éditions Technip, 2016.

Mahbubani, Kishore, *L'Occident (s')est-il perdu ? Une provocation*, Paris, Fayard, 2019.

Mandelbaum, Michael, *Mission Failure. America and the World in the Post-Cold War Era*, Oxford, Oxford University Press, 2016.

Mantoux, Étienne, *La Paix calomniée ou les conséquences économiques de M. Keynes*, Paris, L'Harmattan, 2002.

Masson, Philippe, *De la mer et de sa stratégie*, Paris, Tallandier, 1986.

McGregor, Richard, *The Party. The Secret World of China's Communist Rulers*, Londres, Penguin Books, 2012.

–, *Xi Jinping. The Backlash*, Sydney, Penguin/Lowy Institute, 2019.

McNeill, William, *The Pursuit of Power. Technology, Armed Force, and Society since A.D. 1000*, Chicago, The University of Chicago Press, 1982.

Meunier, Nicolas, Sollogoub, Tania, *Économie du risque pays*, Paris, La Découverte, 2005.

Michel, Aurélia, *Un monde en nègre et blanc. Enquête sur l'ordre racial*, Paris, Seuil, 2020.

Middelaar (Van), Luuk, *Quand l'Europe improvise. Dix ans de crises politiques*, Paris, Gallimard, 2018.

Milanović, Branko, *Inégalités mondiales. Le destin des classes moyennes, les ultra-riches et l'égalité des chances*, Paris, La Découverte, 2016.

–, *Capitalism, Alone. The Future of the System That Rules the World*, Cambridge, The Belknap Press of Harvard University Press, 2019.

Miller, Douglas, *You Can't Do Business with Hitler*, Boston, Little, Brown and Company, 1941.

Miller, Tom, *China's Asian Dream. Empire Building Along the New Silk Road*, Londres, Zed Books, 2017.

Mishra, Pankaj, *Age of Anger. A History of the Present*, Londres, Allen Lane, 2017.

Mishra, Pankaj, *From the Ruins of Empire. The Revolt Against the West and the Remaking of Asia*, Londres, Allen Lane, 2012.

Mitchell, Timothy, *Carbon Democracy. Le pouvoir politique à l'ère du pétrole*, Paris, La Découverte, 2017.

Musso, Pierre, *Le Temps de l'État-entreprise. Berlusconi, Trump, Macron*, Paris, Fayard, 2019.

Norel, Philippe, *L'Histoire économique globale*, Paris, Seuil, 2009.

Obadia, Nathalie, *Géopolitique de l'art contemporain. Une remise en cause de l'hégémonie américaine ?*, Paris, Le Cavalier bleu, 2019.

Otto, Friederike, *La Fureur du temps. Enquête au cœur du changement climatique*, Paris, Tana Éditions, 2019.

Parker, Geoffrey, *La Révolution militaire*, Paris, Gallimard, 1993.

Patrick, Stewart, *The Sovereignty Wars. Reconciling America with the World*, Washington, CFR/Brookings, 2019.

Pasco, Xavier, *Le Nouvel Âge spatial. De la guerre froide au New Space*, Paris, CNRS Éditions, 2017.

Pelopidas, Benoît, Ramel, Frédéric (dir.), *Guerres et conflits armés au XXIe siècle*, Paris, Presses de Science Po, 2018.

Pestre, Dominique (dir.), *Histoire des sciences et des savoirs*, 3 t., Paris, Seuil, 2015.

Pomeranz, Kenneth, *Une grande divergence. La Chine, l'Europe et la construction de l'économie mondiale*, Paris, Albin Michel/Éditions de la Maison des sciences de l'homme, 2010.

Piketty, Thomas, *Capital et Idéologie*, Paris, Seuil, 2019.

Pitte, Jean-Robert, *La Planète catholique. Une géographie culturelle*, Paris, Tallandier, 2020.

Ramstein, Gilles, Huet, Sylvestre, *Le Climat en 100 questions*, Paris, Tallandier, 2020.

Ricard Lanata, Xavier, *La Tropicalisation du monde*, Paris, PUF, 2019.
Rich, Nathaniel, *Perdre la terre. Une histoire de notre temps*, Paris, Seuil, 2019.
Riedel, Bruce, *Saudi Arabia and the United States since FDR*, Washington, Brookings Institution Press, 2018.
Rifkin, Jeremy, *Le New Deal vert mondial*, Paris, Les Liens qui libèrent, 2019.
Rioux, Rémy, *Réconciliations*, Paris, Débats publics, 2019.
Roche, Nicolas, *Pourquoi la dissuasion*, Paris, PUF, 2017.
Ross, Alec, *The Industries of the Future*, New York, Simon & Schuster, 2016.
Saez, Emmanuel, Zucman, Gabriel, *Le Triomphe de l'injustice. Richesse, évasion fiscale et démocratie*, Paris, Seuil, 2020.
Schake, Kori, *America vs the West. Can the Liberal World Order Be Preserved?*, Sydney, Penguin/Lowy Institute, 2018.
Scheidel, Walter, *The Great Leveler. Violence and the History of Inequality from the Stone Age to the Twenty-First Century*, Princeton, Princeton University Press, 2017.
Segal, Adam, *The Hacked World Order. How Nations Fight, Trade, Maneuver, and Manipulate in the Digital Age*, New York, Public Affairs, 2016.
Shiva, Vandana, *Qui nourrit réellement l'humanité ?*, Arles, Actes Sud, 2020.
Simonin, Jean-François, *La Tyrannie du court terme. Quels futurs possibles à l'heure de l'anthropocène ?*, Paris, Les Éditions Utopia, 2018.
Slaughter, Anne-Marie, *The Chessboard and the Web. Strategies of Connection in a Networked World*, New Haven, Yale University Press, 2017.
Smith, Stephen, *La Ruée vers l'Europe. La jeune Afrique en route pour le Vieux Continent*, Paris, Grasset, 2018.
Strittmatter, Kai, *Dictature 2.0. Quand la Chine surveille son peuple (et demain le monde)*, Paris, Tallandier, 2020.
Srnicek, Nick, *Capitalisme de plateforme. L'hégémonie de l'économie numérique*, Montréal, Lux, 2018.
Szabo, Stephen, *Germany, Russia, and the Rise of Geo-Economics*, Londres, Bloomsbury, 2015.
Tenenbaum, Élie, *Partisans et centurions. Une histoire de la guerre irrégulière au XXe siècle*, Paris, Perrin, 2018.
Tertrais, Bruno, *Le Choc démographique*, Paris, Odile Jacob, 2020.

Testot, Laurent, *Cataclysmes. Une histoire environnementale de l'humanité*, Paris, Payot, 2017.

Testot, Laurent, Aillet, Laurent (dir.), *Collapsus*, Paris, Albin Michel, 2020.

Tooze, Adam, *Crashed. Comment une décennie de crise financière a changé le monde*, Paris, Les Belles Lettres, 2018.

–, *Le Déluge (1916-1931). Un nouvel ordre mondial*, Paris, Les Belles Lettres, 2015.

Valantin, Jean-Michel, *L'Aigle, le Dragon et la Crise planétaire*, Paris, Seuil, 2020.

–, Jean-Michel, *Géopolitique d'une planète déréglée. Le choc de l'anthropocène*, Paris, Seuil, 2017.

Veltz, Pierre, *La Société hyper-industrielle. Le nouveau capitalisme productif*, Paris, Seuil, 2017.

Vernon, Raymond, *In the Hurricane's Eyes. The Troubles Prospects of Multinational Enterprises*, Cambridge, Harvard University Press, 1998.

Véron, Jacques, *Faut-il avoir peur de la population mondiale ?*, Paris, Seuil, 2020.

Welzer, Harald, *Les Guerres du climat. Pourquoi on tue au XXI*[e] *siècle*, Paris, Gallimard, 2009.

Wright, Thomas, *All Measures Short of War*, New Haven, Yale University Press, 2017.

Wylie, Christopher, *Mindfuck. Le complot Cambridge Analytica pour s'emparer de nos cerveaux*, Paris, Grasset, 2020.

Xuetong, Yan, *Leadership and the Rise of Great Powers*, Princeton, Princeton University Press, 2019.

Zacharie, Arnaud, *Mondialisation et National-Populisme. La nouvelle grande transformation*, Bruxelles, Le Bord de l'eau, 2019.

Zajec, Olivier, *Introduction à l'analyse géopolitique*, Monaco, Éditions du Rocher, 2016.

Zuboff, Shoshana, *The Age of Surveillance Capitalism. The Fight for a Human Future at the New Frontier of Power*, New York, Public Affairs, 2019.

Ouvrages sur la France

Algan, Yann, Cazenave, Thomas (dir.), *L'État en mode start-up*, Paris, Eyrolles, 2017.

Bantigny, Ludivine, *La France à l'heure du monde. De 1981 à nos jours*, Paris, Seuil, 2013.

Beaufre, André, *Le Drame de 1940*, Paris, Perrin, 2020.

Boucheron, Patrick (dir.), *Histoire mondiale de la France*, Paris, Seuil, 2017.

Bozo, Frédéric, *La Politique étrangère de la France depuis 1945*, Paris, Flammarion, 2012.

Chivvis, Christopher, *The French War on Al Qa'ida in Africa*, New York, Cambridge University Press, 2016.

Cuchet, Guillaume, *Comment notre monde a cessé d'être chrétien*, Paris, Seuil, 2018.

Duval, Guillaume, *La France ne sera plus jamais une grande puissance ? Tant mieux !*, Paris, La Découverte, 2017.

Dziembowski, Edmond, *La Guerre de Sept Ans*, Paris, Perrin, 2015.

Frank, Robert, *Le Prix du réarmement français (1935-1939)*, Paris, Publications de la Sorbonne, 2017.

–, *La Hantise du déclin. La France de 1914 à 2014*, Paris, Belin, 2014.

Fumaroli, Marc, *Quand l'Europe parlait français*, Paris, Éditions de Fallois, 2001.

Georgiou, Christakis, *Les Grandes Firmes françaises et l'Union européenne*, Vulaines-sur-Seine, Éditions du Croquant, 2016.

Gildea, Robert, *L'Esprit impérial. Passé colonial et politiques du présent*, Paris, Passés/Composés, 2020.

Gouttman, Alain, *La Grande Défaite (1870-1871)*, Paris, Perrin, 2015.

Gueniffey, Patrice, *Napoléon et de Gaulle. Deux héros français*, Paris, Perrin, 2017.

Guilluy, Christophe, *Fractures françaises*, Paris, François Bourin Éditeur, 2010.

–, *No Society. La fin de la classe moyenne occidentale*, Paris, Flammarion, 2018.

Guisnel, Jean, Tertrais, Bruno, *Le Président et la Bombe*, Paris, Odile Jacob, 2016.

Jackson, Julian, *De Gaulle. Une certaine idée de la France*, Paris, Seuil, 2019.

Juvin, Hervé, *France, le moment politique*, Monaco, Éditions du Rocher, 2018.

Husson, Édouard, *Paris-Berlin : la survie de l'Europe*, Paris, Gallimard, 2019.

Kepel, Gilles, Jardin, Antoine, *Terreur dans l'Hexagone. Genèse du djihad français*, Paris, Gallimard, 2015.

Lamy, Pascal, *Quand la France s'éveillera*, Paris, Odile Jacob, 2014.

Lefebvre, Maxime, *La Politique étrangère de la France*, Paris, PUF, coll. « Que sais-je ? », 2019.

Luizard, Pierre-Jean, *La République et l'islam. Aux racines du malentendu*, Paris, Tallandier, 2019.

Lutfalla, Michel (dir.), *Une histoire de la dette publique en France*, Paris, Classiques Garnier, 2019.

Manent, Pierre, *Situation de la France*, Paris, Desclée de Brouwer, 2015.

Marseille, Jacques, *Empire colonial et capitalisme français. Histoire d'un divorce*, Paris, Albin Michel, 2005.

Montferrand, Bernard (de), Thiériot, Jean-Louis, *France-Allemagne. L'heure de vérité*, Paris, Tallandier, 2011.

Noiriel, Gérard, *Le Creuset français. Histoire de l'immigration (XIXe-XXe siècle)*, Paris, Seuil, 1988 ; rééd. 2006.

Petitfils, Jean-Christophe, *Histoire de la France. Le vrai roman national*, Paris, Fayard, 2018.

Revault d'Allonnes, David, *Les Guerres du président*, Paris, Seuil, 2015.

Rosanvallon, Pierre, *Notre histoire intellectuelle et politique (1968-2018)*, Paris, Seuil, 2018.

Roussellier, Nicolas, *La Force de gouverner. Le pouvoir exécutif en France (XIXe-XXIe siècle)*, Paris, Gallimard, 2015.

Sarmant, Thierry, *1715. La France et le monde*, Paris, Perrin, 2017.

Sarmant, Thierry, Stoll, Mathieu, *Le Grand Colbert*, Paris, Tallandier, 2019.

Soutou, Georges-Henri, *La Guerre froide de la France (1941-1990)*, Paris, Tallandier, 2018.

Todd, Emmanuel, *Les Luttes de classes en France au XXIe siècle*, Paris, Seuil, 2020.

Veltz, Pierre, *La France des territoires, défis et promesses*, La Tour d'Aigues, Éditions de l'Aube, 2020.

Vermeren, Pierre, *La France en terre d'islam. Empire colonial et religions (XIXe-XXe siècles)*, Paris, Belin, 2016 ; « Texto », 2020.

–, *La France qui déclasse. Les Gilets jaunes, une jacquerie au XXIe siècle*, Paris, Tallandier, 2019.

–, *Déni français. Notre histoire secrète des liaisons franco-arabes*, Paris, Albin Michel, 2019.

Zemmour, Éric, *Le Suicide français*, Paris, Albin Michel, 2014.

Rapports, études et notes

Abdelal, Rawi, Bros, Aurélie, « Sanctions and the End of Trans-Atlanticism. Iran, Russia and the Unintended Division of the West », *Notes de l'Ifri*, Ifri, janvier 2020.

Alsif, Anne-Sophie, Charlet, Vincent, Lesniak, Clément, *La France est-elle exposée au risque protectionniste ?*, Paris, Presses des Mines, 2019.

Béraud-Sudreau, Lucie, « La politique française de soutien à l'export de défense. Raisons et limites d'un succès », *Focus stratégique*, n° 73, Ifri, juin 2017.

Blackwill, Robert, *Implementing Grand Strategy Toward China*, Council on Foreign Relations, Council Special Report, n° 85, January 2020.

Boittin, Jean-François, « Politique américaine de l'énergie et de l'environnement : d'Obama à Trump, continuités et ruptures », *Études de l'Ifri*, Ifri, janvier 2018.

Chatham House, *Artificial Intelligence and International Affairs. Disruption Anticipated*, Chatham House Report, juin 2018.

Council on Foreign Relations, *Rebuilding Trust Between Silicon Valley and Washington*, Council Special Report, n° 78, 2017.

–, *Innovation and National Security, Keeping Our Edge*, Independent Task Force Report, n° 77, 2019.

Dumas, Françoise, *L'Évolution de la conflictualité dans le monde*, Assemblée nationale, Commission de la Défense nationale et des forces armées, rapport d'information n° 3283, septembre 2020.

Ekman, Alice (dir.), « La France face aux nouvelles routes de la soie chinoises », *Études de l'Ifri*, Ifri, octobre 2018.

ESPAS (European Strategy and Policy Analysis System), *Global Trends to 2030. Challenges and Choices for Europe*, avril 2019.

Eyl-Mazzega, Marc-Antoine, Mathieu, Carole, « La dimension stratégique de la transition énergétique. Défis et réponses pour la France, l'Allemagne et l'Union européenne », *Études de l'Ifri*, Ifri, avril 2019.

Fondation Nicolas Hulot, Institut Veblen, *Mettre le commerce au service de la transition écologique et sociale*, octobre 2019.

Fondation pour l'innovation politique, *L'Europe face aux nationalismes économiques américain et chinois*, 2019.

Fondation Res Publica, *Immigration et Intégration*, n° 19, 2019.

–, *Défis énergétiques et politique européenne*, n° 125, 2019.

–, *Quelle recomposition géopolitique du capitalisme ?*, n° 127, 2020.

Foucault, Martial, « Les budgets de défense en France, entre déni et déclin », Ifri, *Focus stratégique*, n° 36, avril 2012.

Garnier, Guillaume, « Les chausse-trapes de la remontée en puissance, défis et écueils du redressement militaire », Ifri, *Focus stratégique*, n° 52, mai 2014.

Gattolin, André, Rapin, Jean-François, *Rapport d'information sur la politique spatiale de l'Union européenne*, Sénat, juillet 2019.

Gauvain, Raphaël, Urso, Claire (d'), Damais, Alain, Jemai, Samira, *Rétablir la souveraineté de la France et de l'Europe et protéger nos entreprises des lois et mesures à portée extraterritoriale*, Assemblée nationale, juin 2019.

Gomart, Thomas, Martin, Éric-André (dir.), « L'Europe face à la réalité sino-américaine : le coronavirus comme catalyseur », *Études de l'Ifri*, Ifri, mars 2020.

–, Nocetti, Julien, Tonon, Clément, « L'Europe : sujet ou objet de la géopolitique des données ? », *Études de l'Ifri*, Ifri, juillet 2018.

Horowitz, Michael, « Artificial Intelligence, International Competition, and the Balance of Power », *Texas National Security Review*, n° 3, mai 2018.

Inspection générale des Finances et Conseil général de l'économie, *La Politique de la concurrence et les intérêts stratégiques de l'UE*, avril 2019.

Irena (International Renewable Energy Agency, EAU), *A New World. The Geopolitics of the Energy Transformation*, 2019.

IRSEM et CAPS, *Les Manipulations de l'information : un défi pour nos démocraties*, ministère des Armées et ministère de l'Europe et des Affaires étrangères, août 2018.

Kohler, Dorothée, Weisz, Jean-Daniel, « Transformation numérique de l'industrie : l'enjeu franco-allemand », *Notes du Cerfa*, Ifri, décembre 2018.

Martin, Éric-André, « L'Union européenne va-t-elle se laisser acheter ? Le filtrage des investissements étrangers en Europe », *Études de l'Ifri*, Ifri, mars 2019.

–, « La politique de sanctions de l'Union européenne. Ambition multilatérale contre logique de puissance », *Études de l'Ifri*, Ifri, octobre 2019.

Mélenchon, Jean-Luc, Son-Forget, Joachim, *Mers et océans : quelle stratégie pour la France ?*, Assemblée nationale, juin 2019.

Merlin, Charles, « Les petits réacteurs modulaires dans le monde : perspectives géopolitiques, technologiques, industrielles et énergétiques », *Études de l'Ifri*, Ifri, mai 2019.

Montaugé, Franck, Longuet, Gérard, *Rapport fait au nom de la commission d'enquête sur la souveraineté numérique*, Sénat, octobre 2019.

Nocetti, Julien, « Intelligence artificielle et politique internationale : les impacts d'une rupture technologique », *Études de l'Ifri*, Ifri, novembre 2019.

Ministère des Armées, *Stratégie spatiale de défense*, 2019.

NIDS (National Institute for Defense Studies, Japan), *China Security Report 2020. China Goes to Eurasia*, novembre 2019.

Politique étrangère, « 2019-2029. Quel monde dans dix ans ? », n° 1, 2019.

Prospective et Stratégie, « Hervé Coutau-Bégarie et la prospective de la mondialisation », n° 8, 2017.

PwC (PricewaterhouseCoopers), *The Long View. How will the Global Economic Order Change by 2050?*, février 2017.

Rugge, Fabio (dir.), *The Global Race for Technological Superiority*, Brookings & Ispi, 2019.

Seaman, John, « China and the New Geopolitics of Technical Standardization », *Notes de l'Ifri*, Ifri, janvier 2020.

SGDSN, *Chocs Futurs. Étude prospective à l'horizon 2030 : impacts des transformations et ruptures technologiques sur notre environnement stratégique et de sécurité*, 2017.

Tenenbaum, Élie, Paglia, Morgan, Ruffié, Nathalie, « Confettis d'empire ou points d'appui ? L'avenir de la stratégie française de présence et de souveraineté », *Focus stratégique*, n° 94, Ifri, février 2020.

Vadcar, Corinne, *Mutation des chaînes de valeur mondiales : quelles stratégies des entreprises ?*, Paris, CCI Paris Île-de-France, 2015.

Valladão, Alfredo, « Masters of the Algorithms. The Geopolitics of the New Digital Economy from Ford to Google », *Wider Atlantic Policy Paper Series*, GMF/OCP Policy Center, mai 2014.

Atlas et instruments de travail

Atlas de l'École de guerre. Une géopolitique du monde, Paris, Éditions de l'École de guerre, 2019.
Atlas historique mondial, Paris, Les Arènes/L'Histoire, 2019.
Atlas de l'Anthropocène, Paris, Presses de Sciences Po, 2019.
France 2020. Les données clés, Paris, La Documentation française, 2019.

Index des noms de personnes

Table

PEFC
10-31-2541

Certifié PEFC

Ce produit est issu de forêts gérées durablement et de sources contrôlées

www.pefc-france.org

Réalisation : Nord Compo à Villeneuve-d'Ascq

Achevé d'imprimer en novembre 2022
par Normandie Roto Impression s.a.s. à Lonrai
N° d'imprimeur : 2205426
Dépôt légal : mars 2022
ISBN : 979-10-210-5261-1
N° d'édition : 4713
Impression en France